문동균 한국사

이걸로 사료는 끝!

구성과 특징

Color 디자인 구성을 통한
집중력과 가독성 UP!

반드시 다시 출제될
필수 사료만 모아 적중도 UP!

사료 분석의 핵심이 되는
KEYWORD 분석으로
사료형 문제 해결 능력 UP!

사료별 THEME 수록을 통한
사료 전체에 대한 빠른 이해도 UP!

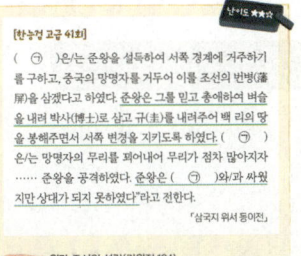
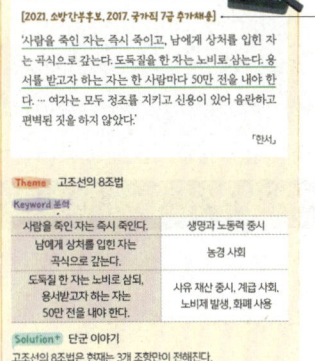

사료별 난이도 분석을 통해 고난이도 사료에 대한 집중도 UP!

사료의 핵심이 되는 내용을 밑줄로 강조하여 실전에서의 빠른 사료 분석 능력 UP!

공무원 시험, 한국사 능력 검정 시험 등 출제 이력 기재를 통해 빈출 사료에 대한 집중도 UP!

사료에 대한 추가 설명 또는 관련된 주제에 대한 핵심 이론 수록을 통해 사료에 대한 이해 및 복습 효과 UP!

목차

PART 01 / 국가의 형성

Chapter 01 고조선 ·· 008
Chapter 02 여러 나라의 성장 ·· 010

PART 02 / 고대 사회의 발전

Chapter 01 고대의 정치 ·· 018
Chapter 02 고대의 사회 ·· 033
Chapter 03 고대의 경제 ·· 035
Chapter 04 고대의 문화 ·· 037

PART 03 / 중세 사회의 발전

Chapter 01 중세의 정치 ·· 044
Chapter 02 중세의 사회 ·· 060
Chapter 03 중세의 경제 ·· 064
Chapter 04 중세의 문화 ·· 066

PART 04 / 근세 사회의 발달

Chapter 01 근세의 정치 ·· 074
Chapter 02 근세의 사회 ·· 088
Chapter 03 근세의 경제 ·· 090
Chapter 04 근세의 문화 ·· 092

PART 05 / 근대 사회의 태동

Chapter 01 근대 태동기의 정치 ·· 100
Chapter 02 근대 태동기의 사회 ·· 105
Chapter 03 근대 태동기의 경제 ·· 109
Chapter 04 근대 태동기의 문화 ·· 113

PART 06 / 근대 사회의 전개

- Chapter 01 　외세의 침략적 접근과 개항 ·· 120
- Chapter 02 　개화 정책의 추진과 반발 ·· 124
- Chapter 03 　동학 농민 운동과 갑오개혁 ·· 129
- Chapter 04 　러시아 VS 일본 대립기 ·· 133
- Chapter 05 　일본 독주기 ·· 136
- Chapter 06 　개항 이후의 경제와 사회 ·· 141
- Chapter 07 　근대 문물의 수용과 근대 문화의 형성 ···················· 143

PART 07 / 민족 독립 운동의 전개

- Chapter 01 　일제의 침략과 민족의 수난 ·· 148
- Chapter 02 　3·1 운동과 대한민국 임시 정부 ································ 154
- Chapter 03 　무장 독립 전쟁의 전개 ·· 160
- Chapter 04 　사회·경제적 민족 운동 ·· 166
- Chapter 05 　민족 문화 수호 운동 ·· 171

PART 08 / 현대 사회의 발전

- Chapter 01 　광복과 대한민국의 수립 ·· 176
- Chapter 02 　민주주의의 시련과 발전 ·· 181
- Chapter 03 　통일 정책과 평화 통일의 과제 ·································· 189
- Chapter 04 　경제 성장과 사회·문화의 변화 ·································· 191

PART 1
국가의 형성

Chapter 01   고조선

Chapter 02   여러 나라의 성장

CHAPTER 01 고조선

[2021. 법원직 9급, 2018. 지방직 7급] 난이도 ★★☆

옛날 환인의 아들 환웅이 천부인 3개와 3,000명의 무리를 이끌고 태백산 신단수 밑에 내려왔는데, 이 곳을 신시라 하였다. 그는 풍백, 우사, 운사로 하여금 인간의 360여 가지의 일을 주관하게 하였는데 그 중에서 곡식, 생명, 질병, 형벌, 선악 등 다섯 가지 일이 가장 중요한 것이었다. 이로써 인간 세상을 교화시키고 인간을 널리 이롭게 하였다. 이 때 곰과 호랑이가 사람이 되기를 원하므로 환웅은 쑥과 마늘을 주고 …… 곰은 금기를 지켜 21일 만에 여자로 태어났고 환웅과 혼인하여 아들을 낳았다. 이가 곧 단군왕검이었다.

Theme 삼국유사의 단군 신화(단군 이야기)

Keyword 분석

환인의 아들	선민사상
풍백, 우사, 운사	농경 사회
인간을 널리 이롭게	홍익인간의 건국 이념
곰과 호랑이	토테미즘
단군왕검	제정일치 [단군(제사장) + 왕검(정치적 군장)]

Solution+ 단군 이야기

단군 이야기에 비친 고조선의 사회상을 파악해야 한다.

[2018. 국가직 7급] 난이도 ★★★

주나라가 쇠약해지자 연나라가 스스로 왕을 칭하고 동쪽으로 침략하려 하였다. (㉠)의 후(侯) 역시 스스로 왕을 칭하고 군사를 일으켜 연나라를 공격하려 하였는데, 대부인 예(禮)가 간하여 중지하였다.

Theme 연나라와 대립할 만큼 강성(기원전 4세기 경)

Keyword 분석

· ㉠은 고조선
· 기원전 4세기경 요서 지방을 경계로 연나라와 대립

Solution+ 단군 조선

건국	· 기원전 2333년 · 청동기 문화를 바탕으로 성립
기원전 4세기경	요서 지방을 경계로 중국의 연과 대립할 정도로 강성 → 기원전 3세기 초 연나라 장수 진개의 침략을 받아 서쪽 땅을 잃고 쇠퇴
기원전 3세기경	· 부왕, 준왕과 같은 강력한 왕 등장 → 왕위 세습 · 상, 대부, 장군 등의 관직을 둠

[2016. 법원직 9급] 난이도 ★★★

노관이 한을 배반하고 흉노로 도망한 뒤, 연나라 사람 위만도 망명하여 오랑캐 복장을 하고 동쪽으로 패수를 건너 준에게 항복하였다.
- 『위략』 -

Theme 위만의 망명

Keyword 분석

· 오랑캐 복장(호복) = 조선인의 복장
· 준에게 항복 : 기원전 2세기 고조선 준왕 때 망명

Solution+ 위만 조선의 단군 조선 계승 근거

· 입국 시 상투, 조선인의 옷(오랑캐옷)
· '조선'을 그대로 국호로 사용
· 토착민 출신 고위 관리 多

[한능검 고급 41회] 난이도 ★★☆

(㉠)은/는 준왕을 설득하여 서쪽 경계에 거주하기를 구하고, 중국의 망명자를 거두어 이를 조선의 번병(藩屛)을 삼겠다고 하였다. 준왕은 그를 믿고 총애하여 벼슬을 내려 박사(博士)로 삼고 규(圭)를 내려주어 백 리의 땅을 봉해 주면서 서쪽 변경을 지키도록 하였다. (㉠)은/는 망명자의 무리를 꾀어내어 무리가 점차 많아지자 …… 준왕을 공격하였다. 준왕은 (㉠)와/과 싸웠지만 상대가 되지 못하였다"라고 전한다. - 『삼국지』 위서 동이전 -

Theme 위만 조선의 성립(기원전 194)

Keyword 분석
- ㉠은 위만
- 위만은 수도인 왕검성에 쳐들어가 준왕을 몰아내고 스스로 왕이 됨 (기원전 194)

[2016. 법원직 9급] 난이도 ★★☆

원봉 3년 여름(B.C.108), 니계상 삼이 사람을 시켜서 조선왕 우거를 죽이고 항복했다. …… 이로써 드디어 조선을 평정하고 사군을 삼았다. - 『사기 조선전』 -

Theme 고조선의 멸망(한 무제의 침입)

Keyword 분석
- 사군을 삼았다. → 한사군 설치(낙랑, 진번, 임둔, 현도)

Solution+ 고조선의 멸망(기원전 108)
- 한(漢) 무제의 침략
- 고조선은 1차의 접전(패수)에서 대승을 거둠
- 위만의 손자 우거왕은 약 1년에 걸쳐 한에 대항
- 지배층의 내분 → 왕검성이 함락되어 멸망

[출제 예상] 난이도 ★★★

위만은 군사의 위세(철제 무기)와 재물을 얻고 그 주변의 소읍(小邑)을 침략해 항복시키니, 진번(眞番)·임둔(臨屯)이 모두 와서 복속하였고 고조선의 영역은 사방 수천 리가 되었다.

Theme 위만 조선의 성장

Keyword 분석
- 위만 조선의 철기 문화 본격적 수용
- 진번과 임둔 등을 복속시킴 → 영역 확장

Solution+ 위만 조선의 성립과 발전

성립 (기원전 194)	위만이 수도인 왕검성에 쳐들어가 준왕을 몰아내고 왕위 차지
발전	· 철기 문화의 본격적 수용(처음 수용×) · 활발한 정복 사업 → 진번·임둔 등 복속 · 중계 무역 이익 독점('예'와 '진'의 '한'과의 직접 교역 차단)

[2024. 지방직 9급, 2023. 법원직 9급] 난이도 ★★☆

'사람을 죽인 자는 즉시 죽이고, 남에게 상처를 입힌 자는 곡식으로 갚는다. 도둑질을 한 자는 노비로 삼는다. 용서를 받고자 하는 자는 한 사람마다 50만 전을 내야 한다. …… 여자는 모두 정조를 지키고 신용이 있어 음란하고 편벽된 짓을 하지 않았다.' - 『한서』 -

Theme 고조선의 8조법

Keyword 분석

사람을 죽인 자는 즉시 죽인다.	생명과 노동력 중시
남에게 상처를 입힌 자는 곡식으로 갚는다.	농경 사회
도둑질 한 자는 노비로 삼되, 용서받고자 하는 자는 50만 전을 내야 한다.	사유 재산 중시, 계급 사회, 노비제 발생, 화폐 사용

Solution+ 8조법의 전래 현황
고조선의 8조법은 현재는 3개 조항만이 전해진다.

CHAPTER 02 여러 나라의 성장

[2022. 소방간부후보, 2021. 국회직 9급]

나라에는 왕이 있다. 가축 이름을 관명으로 삼았다. 관명에는 마가·우가·저가·구가 등이 있다. …(중략)… 제가들은 별도로 사출도를 주관하는데, 큰 곳은 수천 가이며, 작은 곳은 수백 가였다.

Theme 부여의 사출도

Keyword 분석
- 왕이 있다. → 연맹왕국[5부족 연맹체 : 중앙(왕) + 마가·우가·저가·구가]
- 마가·우가·저가·구가 → 사출도라 불린 지역을 관할함

[2024. 국회직 9급, 2014. 지방직 9급]

살인자는 사형에 처하고 그 가족은 노비로 삼았다. 도둑질을 하면 12배로 변상케 했다. 남녀 간에 음란한 짓을 하거나 부인이 투기하면 모두 죽였다. 투기하는 것을 더욱 미워하여, 죽이고 나서 시체를 산 위에 버려서 썩게 했다. 친정에서 시체를 가져가려면 소와 말을 바쳐야 했다.

Theme 부여의 4조목

Keyword 분석
- 살인죄 : 사형(가족은 노비로-연좌제)
- 절도죄 : 12배 배상(1책 12법)
- 간음죄·투기죄 : 사형

[2015. 지방직 7급]

구릉과 넓은 못이 많아서 동이 지역 중에서 가장 넓고 평탄한 곳이다. 토질은 오곡을 가꾸기에는 알맞지만, 과일은 생산되지 않았다. 사람들 체격이 매우 크고, 성품이 강직하고 용맹하며, 근엄하고 후덕하여 다른 나라를 노략질하지 않았다.
　　　　　　　　　　　　　　 - 『삼국지』 위서 동이전 -

Theme 부여의 지리적 위치

Keyword 분석
- 동이 지역 중 가장 넓고 평탄 → 만주 송화강 유역 평야지대 → 농경·목축 발달(반농반목)
- 토질은 오곡을 가꾸기에 적당 → but 오과(五果, 복숭아·자두·살구·밤·대추)와 같은 과실은 생산되지 않음
- 특산물 : 말, 주옥(적옥), 모피

Solution+ 중국과 우호적 관계
- 근엄하고 후덕하여 다른 나라를 노략질하지 않았다. → 부여에 대한 우호적 입장에서 서술

[2024. 서울시 9급, 2021. 지방직 9급, 2019. 지방직 9급]

은력(殷曆) 정월에 하늘에 제사를 지내며 나라에서 대회를 열어 연일 마시고 먹고 노래하고 춤추는데, 영고(迎鼓)라고 한다. 이때 형옥(刑獄)을 중단하여 죄수를 풀어 주었다.

Theme 부여의 제천행사

Keyword 분석
- 부여의 제천행사 영고 : 12월에 시행(수렵 사회의 전통)

[2019. 국회직 9급, 2016. 서울시 9급] 난이도 ★★★

풍속에 장마와 가뭄이 연이어 오곡이 익지 않을 때, 그때마다 왕에게 허물을 돌려 '왕을 마땅히 바꾸어야 한다.'라거나 혹은 '왕은 마땅히 죽어야 한다.' 라고 하였다.

Theme 연맹왕국인 부여의 특징(왕권 미약)

Keyword 분석
· 흉년, 재해 발생시 왕에게 책임을 물음

Solution+ 부여의 정치
· 중앙(왕) + 마가·우가·저가·구가 = 5부족 연맹체
· 1세기 초에 이미 왕호 사용
· 흉년, 재해 발생시 왕에게 책임을 물음, 가(加)들이 왕 추대 → 왕권 미약

[2021. 지방직 9급, 2017. 지방직 9급] 난이도 ★★★

국내에 있을 때의 의복은 흰색을 숭상하며, 흰 베로 만든 큰 소매 달린 도포와 바지를 입고 가죽신을 신는다. 외국에 나갈 때는 비단옷·수 놓은 옷·모직옷을 즐겨입는다.

Theme 부여의 의복 문화

Keyword 분석
· 흰색 숭상(흰 옷)

Solution+ 부여 지배층의 의복 문화
부여의 지배층들은 평소에 흰색 의복에 가죽신을 즐겨 신었는데, 이것이 바로 부여 지배층의 의복 문화였다고 할 수 있다. 부여의 지배층은 외국에 나갈 때는 비단옷이나 수놓은 옷, 모직 옷 또는 갖옷을 즐겨 입었다고 한다.

[2017. 국가직 7급] 난이도 ★★★

형벌이 엄하여 사람을 죽인 자는 사형에 처하고, 그 집안 사람들을 노비로 삼았다. 도둑질을 하면 12배를 변상하게 하였다. …(중략)… 성책(城柵)의 축조는 모두 둥근 형태로 하는데, 마치 감옥과 같았다. …(중략)… 사람이 죽으면 여름 철에는 모두 얼음을 사용하여 장사를 지냈다. …(중략)… 장사를 후하게 지냈으며, 곽(槨)은 사용하였으나 관(棺)은 쓰지 않았다.
 - 『삼국지』 -

Theme 부여의 장례 풍습(얼음 사용)

Keyword 분석
· 여름에 사람이 죽으면 얼음을 넣어 장사

Solution+ 부여의 옥갑
수백 개의 옥을 꿰어 만든 장례 용구로서 한에서 천자나 제후가 죽었을 때 죽은 사람의 온몸을 감쌌다. 한의 옥갑은 부여에 들어와 국왕의 장례에 사용되었다.

[2021. 계리직] 난이도 ★★★

지금 (   )의 창고에는 옥으로 된 벽(璧)·규(珪)·찬(瓚) 등 여러 대에 걸쳐 내려온 물건이 있어 대대로 보물로 여기는데, 원로들이 말하길 선대(先代) 왕이 하사받은 것이라 한다. 그 인문(印文)은 '예왕지인(濊王之印)' 이다.
 - 『삼국지』, 위서 동이전 -

Theme 부여의 인장

Keyword 분석
· 괄호에 들어갈 국가는 부여
· 부여의 예왕지인 인장

Solution+ 예왕지인(濊王之印)
계리직 고난도 사료로 출제되었다. '부여왕은 예왕지인이라는 도장을 나라의 옥쇄로 사용하였다'라는 정도만 알고 넘어가도 충분하다.

[2017. 지방직 9급] 난이도 ★★★

부여의 별종(別種)이라 하는데, 말이나 풍속 따위는 부여와 많이 같지만 기질이나 옷차림이 다르다.
- 『삼국지』 위서 동이전 -

Theme 부여의 영향을 받은 고구려

Keyword 분석
· 부여의 별종(別種) → 고구려는 부여 출신 주몽이 건국

Solution+ 부여에서 갈라져 나온 고구려

고구려는 부여의 별종(別種)"이며, 말이나 풍속이 부여와 비슷한 점이 많다고 기록되어 있다. '별종'이라는 것은 본류에서 갈라져 나온 새로운 지파를 의미하는데, 이는 고구려 건국 설화의 내용과도 부합한다.

[2024. 서울시 9급, 2021. 소방간부후보] 난이도 ★★☆

그 나라의 동쪽에 큰 굴이 하나 있는데, 수혈이라 한다. 10월에 온 나라에서 크게 모여 수신을 맞이하여 나라의 동쪽에 모시고 가서 제사를 지내는데, 나무로 만든 수신을 신의 좌석에 모신다. 감옥이 없고, 범죄자가 있으면 제가들이 모여 의논하여 사형에 처하고 처자는 노비로 삼는다. 그 혼인하는 풍속은 말로써 미리 정하고, 여자의 큰 집 뒤에 작은 집을 짓는데, 이를 서옥이라 한다.

Theme 고구려의 풍속

Keyword 분석
· 고구려의 제천행사
  - 동맹(10월) : 추수 감사제
  - 국동대혈(수혈)에서 제사
· 중대 범죄자는 제가 회의를 통해 사형 및 그 가족은 노비로 삼음
· 서옥제 : 혼인을 정한 뒤 신부 집 뒤꼍에 조그만 집을 짓고, 거기서 자식을 낳아 장성하면 아내를 데리고 신랑 집으로 돌아가는 제도

[2022. 법원직 9급] 난이도 ★★☆

(가)에서는 본래 소노부에서 왕이 나왔으나 점점 미약해져서 지금은 계루부에서 왕위를 차지하고 있다. 절노부는 대대로 왕실과 혼인을 하였으므로 그 대인은 고추가(古鄒加)의 칭호를 더하였다. 모든 대가(大加)들은 스스로 사자·조의·선인을 두었는데, 그 명단을 모두 왕에게 보고하여야 한다. …… 감옥은 없고 범죄자가 있으면 제가들이 모여서 평의하여 사형에 처하고 처자는 몰수하여 노비로 삼는다.
- 『삼국지』 위서 동이전 -

Theme 고구려의 5부족과 제가 회의

Keyword 분석
· (가)에 해당하는 나라는 고구려
· 5부족[계루부, 절노부, 소노부(연노부), 순노부, 관노부] 연맹체
· 초기에는 소노부에서 왕 배출 → 이후 계루부 고씨가 왕족, 절노부가 왕비족으로 정착
· 중죄인의 처형 등 국가의 중대사는 제가 회의를 통해 결정

Solution+ 고구려

위치	· 졸본 산간 지역(압록강 지류 동가강) · 졸본성 → 국내성 천도(1c 유리왕)
정치	· 5부족 연맹체, 부여의 별종 · 1세기 초에 이미 왕호 사용 · 왕 아래 상가, 고추가 등 대가 존재 · 제가회의 : 가(加, 부족장)들의 회의
경제	· 약탈 경제 → 부경(약탈물 보관 창고) · 특산물 : 맥궁
사회·문화	· 서옥제(노동력 중시, 모계사회 유습) · 1책 12법, 형사취수제 · 점복 : 부여의 우제점복과 비슷 · 혼인 때부터 수의 마련 · 장례 때에 금·은, 돈, 폐백을 후하게 사용(후장) · 돌무지무덤 조성 : 무덤 앞에 소나무와 잣나무를 심기도 함
제천행사	동맹(10월)

[2020. 지방직 7급, 2017. 지방직 9급 추가채용]

- "큰 산과 깊은 골짜기가 많고 넓은 들은 없어 산골짜기에 의지하여 살면서 산골의 물을 식수로 한다. 좋은 전지(田地)가 없으므로 부지런히 농사를 지어도 식량이 충분하지 못한다. …… 그 나라 사람들의 성질은 흉악하고 급하며 노략질하기를 좋아한다. …… 그 나라의 대가(大家)들은 농사를 짓지 않으므로, 앉아서 먹는 인구(坐食者)가 만 여 명이나 되는데, 하호들이 먼 곳에서 양식, 고기, 소금을 운반하여 그들에게 공급한다."

  - 『삼국지』 위서 동이전 -

- 큰 창고가 없고 집집마다 작은 창고가 있어 부경(桴京)이라고 부른다.

  - 『삼국지』 -

Theme 고구려의 약탈 경제

Keyword 분석
- 졸본 산간 지역(압록강 지류 동가강) 위치
- 사람들 성품 흉악, 급하고 노략질 좋아함 → 약탈 경제 및 중국과 대립 (부여와는 상반된 평가).
- 좌식자(坐食者, 전사 집단)
- 부경(약탈물 보관 창고)

Solution+ 약탈 경제

고구려는 지리적 요건으로 나라 안에서 생산되지 않은 각종 물품을 전쟁을 통해 획득하거나 피정복민에게 공물을 받아 보충하였다.

[2021. 소방직, 2019. 지방직 9급]

고구려 개마대산 동쪽에 있는데 개마대산은 큰 바닷가에 맞닿아 있다. …… 그 나라 풍속에 여자 나이 10살이 되기 전에 혼인을 약속한다. 신랑 집에서 맞이하여 장성하도록 길러 아내를 삼는다. 성인이 되면 다시 친정으로 돌아가게 한다. 여자의 친정에서는 돈을 요구하는데, 돈을 지불한 후 다시 신랑 집으로 돌아온다.

Theme 옥저의 위치와 혼인 풍습

Keyword 분석
- 위치 : 함경도 동해안 → 고구려 개마대산 동쪽
- 민며느리제 : 여자가 어렸을 때 남자 집에서 성장 후 남자가 예물을 치르고 혼인 → 일종의 매매혼

Solution+ 옥저

위치	함경도 동해안 (고구려 개마대산 동쪽)
정치	• 읍군, 삼로라는 군장이 부족 통치(군장 국가) • 연맹왕국으로 성장하지 못함.
경제	• 어물과 소금, 해산물 풍부 → 고구려에 소금, 어물 등을 공납으로 바침. • 토지가 비옥하고 농사가 잘됨.
풍속	• 민며느리제 • 가족 공동묘제

[2022. 국가직 9급, 2020. 지방직 9급] 난이도 ★★★

- 이 나라는 대군왕이 없으며, 읍락에는 각각 대를 잇는 장수(長帥)가 있다. …… 이 나라의 토질은 비옥하며, 산을 등지고 바다를 향해 있어 오곡이 잘 자라며 농사짓기에 적합하다. 사람들의 성질은 질박하고, 정직하며 굳세고 용감하다. 소나 말이 적고, 창을 잘 다루며 보전(步戰)을 잘한다. 음식, 주거, 의복, 예절은 고구려와 흡사하다. 그들은 장사를 지낼 적에는 큰 나무 곽(槨)을 만드는데 길이가 십여 장(丈)이나 되며 한쪽 머리를 열어 놓아 문을 만든다.
  – 『삼국지』 위서 동이전 –
- 가족이 죽으면 시체를 가매장하였다가 나중에 그 뼈를 추려서 가족 공동 무덤인 커다란 목곽에 안치하였다.
- 목곽 입구에는 죽은 자가 먹을 양식으로 쌀을 담은 항아리를 매달아 놓기도 하였다.
  – 『삼국지』 위서 동이전 –

Theme 옥저의 가족 공동 무덤

Keyword 분석
- 밑줄 친 '이 나라'는 옥저
- 대군왕이 없음 → 왕이 없음(군장 국가)
- 가족 공동 무덤(골장제, 세골장) : 시체를 가매장 후 뼈를 추려 목곽(나무 덧널)에 안치, 목곽 입구에 쌀 항아리를 매달아 놓음

Solution+ 옥저의 장례 풍습(가족 공동 무덤)
옥저에서는 길이가 10여 장이나 되는 큰 나무 곽을 만들어 한 쪽에 문을 만들어 두었다가 사람이 죽으면 가매장을 하여 살이 다 썩으면 뼈만 가려 곽 속에 안치한다고 하였다. 곽은 가족 공용이며 죽은 사람의 숫자대로 나무로 사람의 모습을 새겨두고, 질그릇 솥에 쌀을 담아 곽의 문에 매달아 놓았다고 한다.

[2021. 법원직 9급, 2019. 국가직 9급] 난이도 ★☆☆

남쪽으로는 진한과, 북쪽으로는 고구려·옥저와 맞닿아 있고 동쪽으로는 큰 바다에 닿았다. …… 해마다 10월이면 하늘에 제사를 지내는데 밤낮으로 술마시며 노래 부르고 춤추니, 이를 '무천'이라고 한다. 또 호랑이를 신으로 여겨 제사 지낸다.

Theme 동예의 위치와 제천행사

Keyword 분석
- 위치 : 강원도 북부 동해안
- 제천 행사 : 무천(10월)
- 호랑이를 신으로 여김 → 범토템

[2022. 경찰간부후보] 난이도 ★★☆

낙랑의 단궁이 그 지역에서 나온다. 바다에서 반어의 껍질이 나오며, 땅은 기름지고 무늬 있는 표범이 많다. 또 과하마가 나는데 후한의 환제때 헌상하였다.

Theme 동예의 특산물(단궁, 과하마, 반어피)

Keyword 분석
- 동예의 특산물 : 단궁, 과하마, 반어피

Solution+ 동예의 경제

해산물 풍부	토지 비옥, 해산물 풍부, 농경, 어로 등 경제생활 윤택
방직 기술	명주와 삼베를 짜는 등 방직 기술 발달
특산물	단궁(활), 과하마(키 작은 말), 반어피(바다 표범의 가죽)

[2023. 국회직 9급, 2019. 국가직 7급]

㉠ 에는 대군장이 없고, 후(侯)·읍군·삼로 등이 있어서 하호를 통치하였다. ㉠ 의 풍습은 산천을 중요시하여 산과 하천마다 구분이 있어 함부로 들어가지 못하였다.

Theme 동예의 특징

Keyword 분석
· 대군장이 없음 → 왕이 없음(군장 국가)
· 후·읍군·삼로라는 군장이 지배
· 책화 : 다른 부족의 영역을 침범하면 노비와 소, 말로 변상

Solution+ 동예

정치	읍군·삼로
경제	· 방직 기술 발달(명주·삼베) · 특산물 : 단궁·과하마·반어피
사회	· 책화, 족외혼 · 병을 앓거나 사람이 죽으면 옛 집을 버리고 새 집을 지어 삶 · 범토템(호랑이 숭배) · 집터 : 철(凸)자형, 여(呂)자형
제천 행사	무천(10월)

[2014. 지방직 9급]

귀신을 믿기 때문에 국읍에 각각 한 사람씩 세워 천신에 대한 제사를 주관하게 했다. 이를 천군이라 했다. 여러국(國)에는 각각 소도라고 하는 별읍이 있었다. 큰나무를 세우고 방울과 북을 매달아 놓고 귀신을 섬겼다. 다른 지역에서 거기로 도망쳐 온 사람은 누구든 돌려 보내지 않았다.
― 『삼국지』 ―

Theme 제정 분리 사회 삼한

Keyword 분석
· 신지·읍차 : 각 소국을 통치하는 군장
· 천군 : 제사장으로 소도에서 종교 의례 주관

[2024. 법원직 9급, 2017. 국가직 9급 추가채용]

이 나라는 서쪽에 자리 잡고 있다. 그 민인은 토착하여 곡식을 심고 누에치기와 뽕나무를 가꿀 줄 알며 면포를 만든다. 각기 장수(長帥)가 있어 큰 세력을 지닌 이는 스스로 신지(臣智)라 하고 그 다음은 읍차(邑借)라 한다.
― 삼국지 ―

Theme 삼한의 군장

Keyword 분석
· 밑줄 친 '이 나라'는 삼한
· 大군장 : 신지·견지
· 小군장 : 읍차·부례

[2017. 지방직 7급]

해마다 5월이면 씨뿌리기를 마치고 귀신에게 제사를 지낸다. 떼를 지어 모여서 노래와 춤을 즐긴다. 술 마시고 노는데 밤낮을 가리지 않는다. …… 10월에 농사일을 마치고 나서도 이렇게 한다.
― 삼국지 위서 동이전 ―

Theme 삼한의 제천 행사

Keyword 분석
· 씨를 뿌리고 난 뒤인 5월(수릿날)과 가을 곡식을 거두어 들이는 10월에 계절제를 열어 하늘에 제사

Solution+ 삼한

정치	신지, 읍차
경제	· 저수지 축조 → 벼농사 발달 · 두레(공동 노동 조직) · 양잠 성행 → 비단옷 · 변한의 철 생산 多 → 낙랑·왜 수출
사회	· 두레(공동 노동 조직) · 제정 분리 사회 · 주거 : 반움집, 귀틀집
제천 행사	· 수릿날(5월), 계절제(10월)

PART 2
고대 사회의 발전

Chapter 01 고대의 정치

Chapter 02 고대의 사회

Chapter 03 고대의 경제

Chapter 04 고대의 문화

CHAPTER 01 고대의 정치

[2021. 지방직 9급, 2019. 서울시 9급] 난이도 ★★☆

북쪽 구지에서 이상한 소리로 부르는 것이 있었다. …(중략)… 구간(九干)들은 이 말을 따라 모두 기뻐하면서 노래하고 춤을 추었다. 자줏빛 줄이 하늘에서 드리워져서 땅에 닿았다. 그 줄이 내려온 곳을 따라가 붉은 보자기에 싸인 금으로 만든 상자를 발견하고 열어보니, 해처럼 둥근 황금알 여섯 개가 있었다. 알 여섯이 모두 변하여 어린아이가 되었다. …(중략)… 가장 큰 알에서 태어난 수로(首露)가 왕위에 올라 (가) 를/을 세웠다.
- 『삼국유사』 -

Theme 금관가야 건국

Keyword 분석
- 사료의 (가)는 금관가야
- 42년 금관가야 건국(김수로 = 뇌질청예) : 건국 설화(구지가)

Solution+ 『삼국유사』 가락국기에 전하는 수로왕 설화
9간의 무리가 구지봉에 모여 구지가를 부르자 하늘에서 금빛 알 6개가 내려오고, 이 알이 남자아이로 변하자 9간이 이들 중 한명을 추대하여 수로왕으로 삼았다고 한다.

[2019. 기상직 9급] 난이도 ★★★

"저는 아유타국의 공주로 성은 허이고 이름은 황옥이며 나이는 16살입니다. 본국에 있을 때 금년 5월에 부왕과 모후께서 저에게 말씀하시기를, '우리가 어젯밤 꿈에 함께 황천을 뵈었는데, 황천은 가락국의 왕 수로라는 자는 하늘이 내려보내서 왕위에 오르게 하였으니 곧 신령스럽고 성스러운 것이 이 사람이다. 또 나라를 새로 다스림에 있어 아직 배필을 정하지 못했으니 경들은 공주를 보내서 그 배필을 삼게 하라 하고, 말을 마치자 하늘로 올라갔다. 꿈을 깬 뒤에도 황천의 말이 아직도 귓가에 그대로 남아 있으니, 너는 이 자리에서 곧 부모를 작별하고 그곳을 향해 떠나라'라고 하였습니다. 저는 배를 타고 멀리 증조를 찾고, 하늘로 가서 반도를 찾아 이제 아름다운 모습으로 용안을 가까이 하게 되었습니다."

Theme 금관가야 수로왕의 왕비 허황옥(허황후) 설화

Keyword 분석
- 수로왕의 왕비 허황옥(허황후)은 인도 아유타국 출신

[2022. 경찰간부후보, 2017. 국가직 7급] 난이도 ★★★

시조는 이진아시왕이다. 그로부터 도설지왕까지 대략 16대 520년이다. 최치원이 지은 석이정전을 살펴보면, 가야산신 정견모주가 천신 이비가지에게 감응되어 이 나라 왕 뇌질주일과 금관국왕 뇌질청예 두 사람을 낳았는데, 뇌질주일은 곧 이진아시왕의 별칭이고 뇌질청예는 수로왕의 별칭이라고 한다.
- 『신증동국여지승람』 -

Theme 대가야 건국 설화

Keyword 분석
- 대가야 시조설화 : 이진아시왕(뇌질주일, 김수로와 형제)

[2020. 지방직 9급] 난이도 ★★★

이 나라는 삼한의 종족이며, 지금의 고령에 있었다. 건원 원년(479)에 그 국왕 하지(荷知)는 사신을 보내 남제에 공물을 바쳤다. 남제에서는 국왕 하지에게 "보국장군 본국왕"을 제수하였다.

Theme 대가야의 위치와 대외 교류

Keyword 분석
- 밑줄 친 '이 나라'는 대가야
- 고령에 위치
- 남제(남조의 제나라)에 조공

Solution+ 전기 가야 연맹과 후기 가야 연맹 비교

전기 가야 연맹 (김해 금관가야 중심)	후기 가야 연맹 (고령 대가야 중심)
· 풍부한 철을 바탕으로 성장 · 해상 활동에 유리한 입지 조건 → 낙랑, 왜와 교류 · 고구려군의 침략으로 쇠퇴 · 신라 법흥왕에 의해 금관가야 멸망(532) · 김해 대성동 유적지	· 철 생산과 농업을 바탕으로 성장 · 소백산맥 서쪽까지 세력 확장 · 신라 진흥왕에 의해 대가야 멸망(562) · 고령 지산동 유적지

[2023. 국회직 9급] 난이도 ★★★

모두 높은 데 올라가 남쪽을 바라보니 양산(楊山) 밑 나정(蘿井) 곁에 이상한 기운이 번개처럼 땅에 드리우더니 흰 말 한 마리가 무릎을 꿇고 절하는 시늉을 하고 있었다. 잠시 뒤 그곳을 다시 살펴보니 보랏빛 알 한 개가 있었다. …… 그 알을 쪼개어 보니 형용이 단정하고 아름다운 사내아이가 있었다. 놀랍고도 이상하여 아이를 동천(東泉)에서 목욕 시키니 몸에는 광채가 나고 새와 짐승들이 모조리 춤을 추며 천지가 진동하고 해와 달이 밝게 빛났다.

Theme 신라 시조 박혁거세 탄생 설화

Keyword 분석
- 나정(蘿井) : 경북 경주시에 있는 신라 시조 박혁거세의 탄강전설이 깃든 우물.

[2021. 국가직 9급] 난이도 ★★★

펄펄 나는 저 꾀꼬리
암수 서로 정답구나
외로울사 이 내 몸은
뉘와 더불어 돌아가랴

Theme 유리왕의 황조가

Keyword 분석
- 고구려 유리왕이 지은 황조가

Solution+ 황조가

2021 국가직 9급에서는 황조가를 제시하고 유리왕의 재위 기간에 있었던 사실을 묻는 문제가 출제되었는데 유리왕 때 졸본에서 국내성으로 천도한 내용이 정답으로 출제되었다.

[2018. 기상직 9급] 난이도 ★★★

내신좌평을 두어 왕명 출납을, 내두좌평은 물자와 창고를, 내법좌평은 예법과 의식을, 위사좌평은 숙위 병사를, 조정좌평은 형벌과 송사를, 병관좌평은 지방의 군사에 관한 일을 각각 맡게 하였다.
- 『삼국사기』 -

Theme 백제 고이왕의 체제 정비

Keyword 분석
- 백제의 6좌평

내신좌평	왕명의 출납 담당
내두좌평	창고와 재정 사무 담당
내법좌평	예법과 의식(의례 사무) 담당
위사좌평	숙위 군사 관장(국왕 호위)
조정좌평	형벌과 감옥 사무 관장
병관좌평	군사와 국방

Solution+ 고이왕(234~286)의 업적
- 왕위 형제 상속
- 6좌평 16관등제
- 율령 반포·관복제(자·비·청)
- 한강 유역 완전 장악
- 낙랑, 대방, 말갈을 밀어내면서 영토 확장

[2022. 소방간부후보, 2019. 지방직 9급]

근초고왕 26년(371) 겨울에 왕이 태자와 함께 정예군 3만 명을 거느리고 고구려에 침입하여 평양성을 공격하였다. 고구려 왕 사유(斯由)가 필사적으로 항전하다가 유시(流矢)에 맞아 숨졌다.
- 『삼국사기』

Theme 평양성 전투(371)

Keyword 분석
- 백제 근초고왕의 평양성 공격 → 고구려왕 사유(고국원왕) 유시(화살)에 맞아 전사

Solution⁺ 근초고왕(346~375)의 업적
- 평양성 전투 → 고국원왕 전사
- 마한 세력 정복
- 가야 지역에 대한 지배권 행사
- 요서·산둥 및 일본 규슈 지방 진출
- 왕위 부자 상속
- 고흥 『서기』 편찬(375)
- 아직기(일본 태자에게 한자 교육)·왕인(천자문·논어 전파 및 교육) 일본 파견

[2022. 소방간부후보]

진나라의 부견이 사신과 승려 순도를 파견하여 불상과 경문을 보내왔다. 이에 왕은 사신을 보내 답례하고 토산물을 바치도록 하였다.

Theme 고구려의 불교 수용

Keyword 분석
- 고구려는 4세기 소수림왕 때 중국 전진에서 온 순도에 의해 불교가 전래되어 수용됨

Solution⁺ 소수림왕(371~384)
- 중국 전진과 수교 → 불교 공인(372)
- 태학 설립(372), 율령 반포(373)

[2022. 서울시 9급 1차]

겨울 11월에 왕이 돌아가셨다. 옛 기록[古記]에 다음과 같이 전한다. "백제는 나라를 연 이래 문자로 일을 기록한 적이 없는데 이때에 이르러 박사(博士) 고흥(高興)을 얻어 『서기(書記)』를 갖추게 되었다."

Theme 백제의 역사서 편찬

Keyword 분석
- 자료의 밑줄 친 '왕'은 근초고왕
- 근초고왕 때 고흥의 『서기』 편찬(375)

[2022. 소방간부후보, 2019. 지방직 9급]

(영락) 6년 병신(丙申)에 왕이 직접 수군을 이끌고 백제를 토벌하였다. (백제왕이) 우리 왕에게 항복하면서 "지금 이후로는 영원히 노객(奴客)이 되겠습니다."라고 맹세하였다.

Theme 광개토대왕의 백제 공격(396)

Keyword 분석
- 광개토대왕의 백제(아신왕) 공격(396) → 한강 이북 진출

Solution⁺ 광개토 대왕의 백제 공략
396년에 백제에 대한 공격을 감행하여 한강 이북의 여러 성을 점령하고 한성을 포위하여 당시 백제 왕이었던 아신왕의 항복을 받았다. 또한 많은 전리품과 함께 영원히 노객(奴客, 신하)이 되겠다는 맹세를 받고 아신왕의 동생과 대신들을 인질로 잡아오는 대전과를 올렸다.

[2024. 법원직 9급, 2021. 소방직] 난이도 ★★★

신라가 사신을 보내 왕에게 말하기를, "왜인이 그 국경에 가득 차 성을 부수었으니, 노객은 백성 된 자로서 왕에게 귀의하여 분부를 청한다."고 하였다. …… 10년 경자(庚子)에 보병과 기병 5만을 보내 신라를 구원하게 하였다. …… 관군이 이르자 왜적이 물러가므로, 뒤를 급히 추격하여 임나가라(任那加羅)의 종발성에 이르렀다. 성이 곧 귀순하여 복종하므로, 순라병을 두어 지키게 하였다.

Theme 광개토대왕, 신라에 침입한 왜구 격퇴

Keyword 분석
- 400년의 사건(광개토대왕이 신라를 지원해 왜구 격퇴)
- 자료의 '노객'은 신라 내물마립간

Solution+ 광개토대왕(담덕, 391~413)
- '영락' 연호 사용
- 후연(요동)·비려·숙신 정벌
- 백제(아신왕) 공격(396) → 한강 이북 진출
- 신라(내물왕)를 지원해 왜구 격퇴(400)

[2022. 국가직 9급, 2019. 기상직 9급] 난이도 ★★★

백제 개로왕은 장기와 바둑을 좋아하였는데, 도림이 고하기를 "제가 젊어서부터 바둑을 배워 꽤 묘한 수를 알게 되었으니 개로왕께 알려드리기를 원합니다."라고 하였다. …(중략)… 개로왕이 (도림의 말을 듣고) 나라 사람을 징발하여 흙을 쪄서 성(城)을 쌓고 그 안에는 궁실, 누각, 정자를 지으니 모두가 웅장하고 화려하였다. 이로 말미암아 창고가 비고 백성이 곤궁하니, 나라의 위태로움이 알을 쌓아 놓은 것보다 더 심하게 되었다. 그제야 도림이 도망을 쳐 와서 그 실정을 고하니 이 왕이 기뻐하여 백제를 치려고 장수에게 군사를 나누어 주었다. - 『삼국사기』 -

Theme 고구려의 간첩 도림

Keyword 분석
- 밑줄 친 '이 왕'은 고구려 장수왕

Solution+ 도림
고구려의 간첩인 도림(道琳)의 건의에 따라 개로왕이 대규모 토목공사를 단행함으로써 국력이 쇠진한 것은 한성 함락의 주요 요인으로 꼽힌다.

[2023. 서울시 9급, 2023. 법원직 9급] 난이도 ★★☆

고구려왕 거련(巨連)이 군사 3만 명을 거느리고 와서 한성을 포위하였다. 임금이 성문을 닫고 나가 싸우지 못하였다. [중략] 임금은 상황이 어렵게 되자 어찌할 바를 모르다가 기병 수십 명을 거느리고 성문을 나가 서쪽으로 달아났는데, 고구려 병사가 추격하여 임금을 살해하였다.

Theme 고구려의 백제 한성 함락

Keyword 분석
- 거련은 고구려 장수왕의 이름
- 475년 고구려가 백제를 공격하여 한성 함락 → 백제 개로왕 살해

Solution+ 장수왕(거련, 413~491)
- 남북조 동시 다면 외교
- 평양 천도(427) → 남진 정책
- 백제 한성 함락(475) → 백제 개로왕 전사
- 흥안령 일대 지두우 분할 점령
- 한강 전 지역 및 죽령~남양만을 연결하는 영토 확보

[2018. 법원직 9급] 난이도 ★★★

고려대왕 상왕공과 신라 매금은 세세토록 형제같이 지내기를 원하며 수천(守天)하기 위하여 동으로 …… 동이 매금의 옷을 내려 주었다.

Theme 충주(중원) 고구려비

Keyword 분석
- 고구려가 신라를 「동이(東夷)」라 낮춰 칭하면서 동이매금(신라왕)에게 의복을 하사했다는 내용

Solution+ 충주(중원) 고구려비
- 한반도에 있는 유일한 고구려 비석
- 5세기 고구려와 신라의 관계 유추[신라토내당주(新羅土內幢主) → 신라 영토 안에 고구려 군대 주둔]
- 5세기 장수왕 때 한강 유역(남한강 유역 진출) 확보 입증
- 고구려의 관등명(대사자, 발위사자, 대형, 당주) 기록

[2020. 지방직 7급, 2019. 서울시 7급 2차]

영동대장군인 백제 사마왕은 62세가 되는 계묘년 5월 임진일인 7일에 돌아가셨다. 을사년 8월 갑신일인 12일에 안장하여 대묘에 모시며, 기록하기를 이와 같이 한다.

Theme 무령왕릉 지석

Keyword 분석
- 사마왕은 백제 무령왕을 의미함

Solution+ 백제 무령왕(501~523, 사마왕)
- 중국 남조의 양나라와 수교
- 무령왕릉(벽돌무덤) : 남조의 영향
- 22담로 설치 및 왕족 파견 : 지방에 대한 통제력 강화
- 단양이·고안무 일본 파견 : 유학 전파

[2022. 계리직]

( ) 9년 3월에 사방(四方)의 우역(郵驛)을 비로소 설치하고, 담당 관리에게 명하여 관도(官道)를 수리하게 하였다.
— 『삼국사기』 —

Theme 신라의 우역 설치

Keyword 분석
- 괄호에 해당하는 국왕은 신라 소지마립간

Solution+ 소지마립간(479~500)
- 6촌을 6부의 행정구역으로 개편
- 우역 설치(487), 시장 개설(490, 경주)
- 백제 동성왕과 결혼동맹(493)

[2022. 법원직 9급, 2022. 소방직]

- 왕이 관산성에 쳐들어왔다. 신주(新州)의 군주 김무력이 병사를 이끌고 나아가 싸웠는데, 비장인 삼년산군의 고간 도도가 빠르게 공격하여 왕을 죽였다.
- 왕 32년 가을 7월에 왕이 신라를 습격하기 위하여 직접 보병과 기병 50명을 거느리고 밤에 구천(충북 옥천 부근)에 이르렀는데, 신라의 복병이 나타나 그들과 싸우다가 왕이 난병들에게 살해되었다.
— 『삼국사기』 —

Theme 관산성 전투

Keyword 분석
- 관산성(옥천) 전투(554) : 백제·대가야·왜의 연합군 vs 신라 → 신라 승 → 성왕 전사

Solution+ 백제 성왕(523~554, 명농)
- 사비 천도(538), 국호 남부여
- 22부 설치 : 중앙 관청 확대 정비
- 수도 5부, 지방 5방 정비
- 불교 진흥 : 전륜성왕, 미륵 자처, 겸익 등용, 일본에 불교 전파(노리사치계)
- 한강 하류 수복(551)
- 나제 동맹 결렬(553) : 진흥왕의 배신으로 한강 하류를 신라에게 빼앗김
- 관산성(옥천) 전투(554)

[2016. 경찰 1차]

여러 신하들이 아뢰기를 "시조께서 나라를 세우신 이래 국호(國號)를 정하지 않아 사라(斯羅)라고도 하고 혹은 사로(斯盧) 또는 신라(新羅)라고도 칭하였습니다. 신들의 생각으로는 신(新)은 '덕업이 날로 새로워진다.'는 뜻이고 나(羅)는 '사방을 망라한다.'는 뜻이므로, 이를 국호로 삼는 것이 마땅하다고 여겨집니다. …… 이제 뭇 신하들이 한 마음으로 삼가 신라국왕이라는 칭호를 올립니다."라고 하니, 왕이 이에 따랐다.
— 『삼국사기』 —

Theme 신라 국호와 중국식 왕호 사용

Keyword 분석
- 자료의 밑줄 친 '왕'은 지증왕
- 신라의 국호가 지증왕 대에 '신라'로 공식화
- 신라의 왕호가 지증왕 대에 마립간에서 왕으로 변경

[2022. 지방직 9급, 2020. 소방간부후보]

이찬 이사부가 하슬라주 군주가 되어, '우산국 사람이 우매하고 사나워서 위엄으로 복종시키기는 어려우니 계책을 써서 굴복시키는 것이 좋겠다.'라고 생각하였다. 이에 나무로 사자 모형을 많이 만들어 배에 나누어 싣고 우산국 해안에 이르러, 속임수로 통고하기를 "만약에 너희가 항복하지 않는다면 곧바로 이 맹수들을 풀어 너희를 짓밟아 죽이겠다."라고 하였다. 그 나라 사람이 두려워 즉시 항복하였다.

Theme 이사부의 우산국 복속

Keyword 분석
- 신라 지증왕 대 이사부가 우산국(울릉도)을 복속시킴(512)

Solution⁺ 이사부

505년	지증왕 때 실직주 군주
512년	지증왕 때 우산국 복속
545년	진흥왕 때 국사 편찬의 필요성 역설
562년	대가야 정복에 공헌

[2022. 법원직 9급, 2016. 기상직 9급]

이차돈은 왕의 얼굴을 쳐다보고 심정을 눈치채어 왕에게 아뢰었다. …… "일체를 버리기 어려운 것은 자기 목숨입니다." …… 옥리(獄吏)가 목을 베니 허연 젖이 한 길이나 솟았다.
— 「삼국유사」 권3 —

Theme 이차돈의 순교

Keyword 분석
- 자료의 밑줄 친 '왕'은 법흥왕
- 신라 법흥왕 때 이차돈의 순교를 계기로 불교 공인(527)

[2018. 경찰 2차, 2016. 교육행정직 9급]

왕 재위 3년에 순장을 금지하는 명령을 내렸다. 3월에는 주와 군의 수령에게 명하여 농사를 권장하게 하였다. 처음으로 소를 부려서 논밭을 갈았다.
— 『삼국사기』 —

Theme 신라의 순장 금지와 우경 실시

Keyword 분석
- 자료의 밑줄 친 '왕'은 지증왕
- 신라 지증왕 대 순장 금지와 우경 실시

Solution⁺ 지증왕(500~514)
- 순장 금지 및 우경 실시(502)
- 국호 변경 : 사로국 → 신라(503)
- 왕호 변경 : 마립간 → 왕(중국식)
- 상복법(喪服法) 제정(504)
- 주군제 실시[주에 군주(軍主) 파견(505)]
- 동시전(시장 감독 관청) 설치(509)
- 이사부의 우산국(울릉도) 복속(512)

[2022. 경찰간부후보]

왕이 이찬 철부를 상대등으로 삼아 나라의 일을 총괄하게 하였다. 상대등이라는 관직은 이때 처음 생겼으니, 지금의 재상과 같다.

Theme 신라의 상대등 설치

Keyword 분석
- 자료의 밑줄 친 '왕'은 법흥왕
- 법흥왕 때 상대등 설치

Solution⁺ 상대등
법흥왕은 상대등을 설치하여 국정을 총괄하는 재상의 역할을 부여하였다.

[2019. 서울시 사회복지직, 2013. 국가직 9급] 난이도 ★★☆

재위 19년에는 금관국주인 김구해가 비와 세 아들을 데리고 와 항복하자 왕은 예로써 대접하고 상등(上等)의 벼슬을 주었으며, 23년에는 처음으로 연호를 칭하여 건원(建元) 원년이라 하였다.

Theme 금관가야 멸망(532)과 건원 연호 사용

Keyword 분석
· 신라 법흥왕 때 금관가야 병합
· 건원 연호 사용 → 신라의 독자적 연호 사용

Solution+ 법흥왕(514~540)
· 율령 반포, 17 관등제, 관리의 공복 제정
· 골품제 정비, 병부와 상대등 설치
· 대가야(이뇌왕)와 결혼동맹(522), 불교 공인(527)
· 금관가야 병합(532), 독자적 연호(건원) 사용(536)

[2020. 지방직 9급] 난이도 ★★☆

이찬 이사부가 왕에게 "국사라는 것은 임금과 신하들의 선악을 기록하여, 좋고 나쁜 것을 만대 후손들에게 보여 주는 것입니다. 이를 책으로 편찬해 놓지 않는다면 후손들이 무엇을 보고 알겠습니까?"라고 아뢰었다. 왕이 깊이 동감하고 대아찬 거칠부 등에게 명하여 선비들을 널리 모아 그들로 하여금 역사를 편찬하게 하였다.
― 『삼국사기』 ―

Theme 거칠부의 『국사』 편찬(545)

Keyword 분석
· 밑줄 친 '왕'은 신라의 진흥왕
· 이사부의 건의로 진흥왕 때 거칠부가 『국사』 편찬

[2022. 서울시 9급 2차] 난이도 ★★★

재위 12년 신미년에 왕이 거칠부 및 대각찬 구진, 각찬 비태, 잡찬 탐지, 잡찬 비서, 파진찬 노부, 파진찬 서력부, 대아찬 비차부, 아찬 미진부 등 여덟 장군에게 명하여 백제와 더불어 고구려를 공격하도록 하였다. 백제인들이 먼저 평양을 공격하여 깨뜨리자, 거칠부 등은 승기를 타서 죽령 바깥 고현 이내의 10군을 빼앗았다. ― 『삼국사기』 ―

Theme 신라의 한강 상류 확보

Keyword 분석
· 밑줄 친 '왕'은 신라 진흥왕
· 신라 진흥왕이 백제 성왕과 연합 → 고구려 공격 → 한강 상류 확보(551), 단양 적성비 건립(551)

Solution+ 신라 진흥왕과 백제 성왕

551년	진흥왕과 성왕 연합 → 고구려 공격 → 백제는 한강 하류를, 신라는 한강 상류 차지
553년	백제는 진흥왕의 배신으로 한강 하류를 신라에게 빼앗김
554년	백제가 신라를 공격하다가 관산성(옥천) 전투에서 성왕 전사

[2023. 법원직 9급, 2020. 경찰 1차] 난이도 ★★★

"대가야가 모반하였다. 왕은 이사부로 하여금 그들을 토벌케 하고, 사다함으로 하여금 이사부를 돕게 하였다. …… 이사부가 군사를 인솔하고 그 곳에 도착하니, 그들이 일시에 모두 항복하였다. 공로를 평가하는데 사다함이 으뜸이었기에 왕이 좋은 밭과 포로 2백 명을 상으로 주었다."

Theme 신라의 대가야 정복

Keyword 분석
· 신라 진흥왕 대 대가야 병합(562)
· 이사부와 화랑 사다함의 활약

Solution+ 진흥왕(540~576)
· 화랑도를 국가적 조직으로 개편
· 황룡사·흥륜사 건립
· 고구려 승려 혜량을 국통(승통)으로 임명
· 거칠부 『국사』 편찬(545)
· 백제 성왕과 연합 → 한강 상류 확보(551), 단양 적성비 건립(551)
· 백제가 회복한 한강 하류 확보(553) → 북한산비 건립(555 or 568년 이후 추정)
· 창녕비 건립(561) → 대가야 정복(562)
· 고구려 공격(함경도 진출) → 황초령비·마운령비(568)
· 연호 사용 : 개국, 대창, 홍제
· 품주 설치(재정 담당 관청)

[2024. 국가직 9급, 2016. 국가직 7급] 난이도 ★★★

우리 왕후께서는 좌평 사택적덕의 따님으로 지극히 오랜 세월에 선인(善因)을 심어 이번 생에 뛰어난 과보를 받아 만민을 어루만져 기르시고 삼보(三寶)의 동량(棟梁)이 되셨기에 능히 가람을 세우시고, 기해년 정월 29일에 사리를 받들어 맞이하셨다. 원하옵나니, 영원토록 공양하고 다함이 없이 이 선(善)의 근원을 배양하여, 대왕 폐하의 수명은 산악과 같이 견고하고 치세는 천지와 함께 영구하며, 위로는 정법을 넓히고 아래로는 창생을 교화하게 하소서.

Theme 익산 미륵사지 석탑과 무왕

Keyword 분석
- 밑줄 친 '가람'은 익산 미륵사, 밑줄 친 '대왕'은 백제 무왕
- 사료는 미륵사지 석탑의 조성 내력을 적은 금판인 금제 사리봉안기임
- 무왕의 비를 사택적덕의 딸로 기록(『삼국유사』의 서동요 설화 내용과 차이)

Solution+ 백제 무왕(600~641)
- 익산 천도 시도, 미륵사(익산), 왕흥사 건립
- 익산 미륵사지 석탑 건립(639), 일본에 관륵, 미마지 파견

[2015. 국가직 7급, 2015. 경찰간부후보] 난이도 ★★★

왕이 죽기 전에 여러 신하들이 왕에게 아뢰었다. "어떻게 해서 모란꽃에 향기가 없고, 개구리 우는 것으로 변이 있다는 것을 아셨습니까." 왕이 대답했다. "꽃을 그렸는데 나비가 없으므로 그 향기가 없는 것을 알 수가 있었다. 이것은 당나라 임금이 나에게 짝이 없는 것을 희롱한 것이다."
- 『삼국유사』 -

Theme 선덕여왕의 예언

Keyword 분석
- 밑줄 친 '왕'은 신라 선덕여왕

Solution+ 선덕여왕의 세 가지 예언
- 당나라에서 가져온 모란꽃 그림을 보고도 그 꽃이 향기가 없음을 알았다.
- 왕궁 서쪽의 옥문지(玉門池)에 개구리가 많이 모여들었다는 이야기를 듣고서 백제군이 잠복해 있다는 사실을 미리 알고, 알천을 보내 백제 장군 우소의 군대를 몰살시켰다.
- 자신의 무덤(낭산의 남쪽, 도리천) 아래에 사천왕사(四天王寺)가 세워지리라는 것을 미리 예견하였다.

[2020. 법원직 9급] 난이도 ★★★

대야성의 패전에서 도독 품석의 아내도 죽었는데, 그녀는 춘추의 딸이었다. …… 왕에게 나아가 아뢰기를, "신이 고구려에 가서 군사를 청해 원수를 갚고 싶습니다."라고 하니 왕이 허락했다.
- 『삼국사기』 -

Theme 대야성 전투의 패전

Keyword 분석
- 밑줄 친 '왕'은 신라 선덕여왕
- 대야성 전투(642) : 백제 의자왕 때 윤충이 신라의 대야성 공격 및 함락 → 성주인 김품석과 그의 부인인 김춘추의 딸 사망

Solution+ 선덕여왕(632~647, 연호 '인평')
- 백제(의자왕)의 공격 → 40여 성과 대야성 함락(642) → 김춘추가 고구려(보장왕, 연개소문)를 찾아가 도움 요청 → 억류되었다가 탈출
- 비담(상대등)·염종의 난(647), 분황사, 분황사 모전석탑 건립
- 영묘사 창건, 통도사 창건(자장), 첨성대 축조, 황룡사 9층 목탑 건립
- 3대 예언 : 꽃, 개굴, 죽음

[2024. 국회직 9급] 난이도 ★★★

온달이 왕에게 아뢰었다. "신라가 우리 한강 북쪽 땅을 빼앗아 군과 현으로 만들었으므로, 백성들이 원통하여 언제나 부모의 나라를 잊지 않고 있습니다. 대왕께서 불초한 신을 어리석게 여기지 마시고 군사를 주신다면, 한 번 나가 싸워서 반드시 우리의 땅을 회복하겠습니다." 왕은 이를 허락했다.
- 『삼국사기』 -

Theme 영양왕과 온달

Keyword 분석
- 밑줄 친 '왕'은 영양왕
- 온달은 신라에 빼앗긴 죽령 이북의 땅을 회복하기 위해 군사를 이끌고 남하하였으나 아단성에서 전사함(590)

Solution+ 영양왕(590~618)
- 온달의 전사(590), 요서 지방 선제 공격(598), 수문제의 침입(598)
- 이문진 『신집』 5권 편찬(600), 일본에 혜자(595)와 담징 파견(610)
- 수 양제의 침입(612) → 을지문덕의 살수대첩(612)

[2019. 서울시 7급 1차, 2018. 경찰 2차]

귀신같은 전술은 천문을 꿰뚫었고
묘한 전략은 지리를 통달했구나.
전쟁에서 이겨 공이 이미 높아졌으니,
만족함을 알고 그만둠이 어떠하겠는가.

Theme 여수장우중문시

Keyword 분석
- 612년 수양제의 고구려 침입 당시 을지문덕이 작성한 '여수장우중문시'

Solution+ 여수장우중문시
을지문덕은 수나라 장수인 우중문의 별동대 30만 대군이 침공해 왔을 때, 여수장우중문시를 지어 보내 조롱하였다.

[2021. 지방직 9급]

그가 왕에게 아뢰었다. "삼교는 솥의 발과 같아서 하나라도 없어서는 안 됩니다. 지금 유교와 불교는 모두 흥하는데 도교는 아직 번성하지 않으니, 소위 천하의 도술(道術)을 갖추었다고 할 수 없습니다. 엎드려 청하오니 당에 사신을 보내 도교를 구해 와서 나라 사람들을 가르치게 하소서."
— 『삼국사기』 —

Theme 연개소문의 도교 장려

Keyword 분석
- 밑줄 친 '그'는 연개소문
- 643년 보장왕 때 연개소문의 건의로 당 태종으로부터 숙달 등 도사 8인과 도덕경을 얻어옴(도교 장려).

[2014. 경찰간부후보]

동부대인 대대로가 사망하자, 아들인 그가 마땅히 그 뒤를 이어야 할 것이지만, 나라 사람들이 성품이 잔인하고 포악하다 하여 미워하였기 때문에 뒤를 잇지 못하게 되었다. 그가 머리를 조아리며 여러 사람들에게 사죄하고 그 직위를 임시로 맡기를 청하면서, 만약 옳지 않은 행위를 하면 폐하여도 후회하지 않겠다고 하였다. 여러 사람들이 불쌍히 여겨 마침내 그 직에 오를 것을 허락하였다.

Theme 고구려의 연개소문

Keyword 분석
- 밑줄 친 '그'는 연개소문
- 연개소문 정권의 정치 구조는 그가 차지한 관직의 성격을 둘러싸고 많은 논의가 이뤄졌다. 이 사료에서 연개소문은 부친의 관직, 즉 동부대인(東部大人) 대대로(大對盧)를 계승하고자 하는데, 정변 이후 그가 취임한 관직은 막리지였다고 한다.

Solution+ 연개소문(?~666)
- 천리장성 축조 최고 감독자
- 642년 정변을 일으켜 영류왕을 시해하고 보장왕 옹립 → 스스로 막리지가 됨
- 642년 신라 김춘추의 원군 요청 거절
- 643년 당나라에 사신을 보내어 숙달(叔達) 등 8명의 도사를 맞아들이고 도교 육성

[2020. 지방직 7급, 2020. 국회직 9급]

(진덕 여왕 2년) 당 태종이 김춘추에게 (나에게) 할 말이 있는가 하기에 김춘추가 말하였다. "신의 나라는 바다 모퉁이에 치우쳐 있으면서도 천자의 조정을 섬긴 지 여러 해가 되었습니다. 그런데 백제는 강하고 교활하여 여러 번 침략을 해왔는데, 더구나 왕년에는 대대적으로 군사를 거느리고 깊이 쳐들어와 수십 성을 함락했습니다. … (중략)… 만약 폐하께서 당나라 군사를 빌려 주어 흉악한 것을 잘라 없애지 않는다면 우리나라 인민은 모두 포로가 될 것이며, 산 넘고 바다 건너 행하는 조회도 다시는 바랄 수 없을 것입니다."라고 하였다. 태종이 매우 옳다고 여겨서 군사 출동을 허락하였다.
— 『삼국사기』 —

Theme 나·당 동맹 결성(648)

Keyword 분석
- 진덕여왕 때 김춘추가 당으로 건너가 나당 동맹 체결(648)

Solution+ 진덕여왕(647~654, 연호 '태화' → '영휘')
- 집사부와 창부 설치
- 나당 동맹 결성(648, 김춘추)
- 중국식 의관 착용, 진골은 아홀을 들게 함
- 연호 '태화'를 당나라 연호 '영휘'로 변경(650)
- 태평송을 지어 당 고종에게 전함(650)

[2020. 국가직 9급] 난이도 ★★★

김춘추가 당나라에 들어가 군사 20만을 요청해 얻고 돌아와서 (가) 을/를 보며 말하기를, "죽고 사는 것이 하늘의 뜻에 달렸는데, 살아 돌아와 다시 공과 만나게 되니 얼마나 다행한 일입니까?"라고 하였다. 이에 (가) 이/가 대답하기를, "저는 나라의 위엄과 신령함에 의지하여 두 차례 백제와 크게 싸워 20 성을 빼앗고 3만여 명을 죽이거나 사로잡았습니다. 그리고 품석 부부의 유골이 고향으로 되돌아왔으니 천행입니다."라고 하였다.

- 『삼국사기』 -

Theme 김춘추와 김유신의 재회

Keyword 분석
- (가)에 해당하는 인물은 김유신
- 자료는 김춘추가 나당 동맹을 결성(648)하고 돌아와 김유신과 만나는 장면

Solution+ 김유신(595~673)
- 금관가야 왕족 출신[구해왕(증조부), 김무력(조부)]
- 진골 출신 김춘추를 왕으로 추대하는 데 공헌
- 황산벌 전투 승리(660)
- 사후(흥덕왕 때) 흥무대왕(興武大王)으로 추존

[2022. 지방직 9급] 난이도 ★★☆

이날 소정방이 부총관 김인문 등과 함께 기벌포에 도착하여 백제 군사와 마주쳤다. …(중략)… 소정방이 신라군이 늦게 왔다는 이유로 군문에서 신라 독군 김문영의 목을 베고자 하니, 그가 군사들 앞에 나아가 "황산 전투를 보지도 않고 늦게 온 것을 이유로 우리를 죄주려 하는구나. 죄도 없이 치욕을 당할 수는 없으니, 결단코 먼저 당나라 군사와 결전을 한 후에 백제를 쳐야겠다."라고 말하였다.

Theme 김유신

Keyword 분석
- 밑줄 친 '그'는 김유신
- 백제 정벌에 나선 신라와 당나라는 기벌포에서 합류하기로 했으나 계백과의 황산벌 전투로 인해 김유신의 신라군이 기일을 제대로 지키지 못하게 되었다. 이에 당나라 군대를 이끌고 있던 소정방은 기일을 지키지 못한 책임을 신라독군 김문영에게 지워 그를 참(斬)하겠다고 문책하였다. 자료는 그에 대한 김유신의 반발 모습을 나타낸 사료이다.

[2021. 소방간부후보, 2018. 서울시 7급 1차] 난이도 ★★☆

7월 9일 김유신 등이 황산 들판으로 진군하였다. 백제 장군 계백이 병사를 거느리고 와서 먼저 험한 곳을 차지하여 세 군데에 진을 치고 기다렸다. 유신 등이 병사를 세 길로 나누어 네 번 싸웠으나 이기지 못하였다. 장수와 병졸들의 힘이 다하자, 장군 흠순이 아들 반굴에게 말하였다. 신하에게는 충성만 한 것이 없고, 자식에게는 효도만 한 것이 없다. 이렇게 위급할 때 목숨을 바친다면 충과 효 두 가지를 다하게 된다. 반굴이 명을 받들겠습니다. 하고 곧장 적진에 뛰어들어 힘을 다해 싸우다 죽었다.

Theme 황산벌 전투(660)

Keyword 분석
- 660년 황산벌에서 계백이 이끈 백제의 결사대가 김유신의 신라군에 패함.

[2023. 국가직 9급] 난이도 ★★☆

이근행이 군사 20만 명의 대군을 이끌고 매소성(買肖城)에 머물렀다. 우리 군사가 공격하여 달아나게 하고 전마 30,380필을 얻었는데, 남겨놓은 병장기도 그 정도 되었다.

- 『삼국사기』 -

Theme 매소성 전투(675)

Keyword 분석
- 675년 신라는 남침해 오던 당의 20만 대군을 매소성에서 격파하여 나·당 전쟁의 주도권을 장악함.

Chapter 01 고대의 정치

[2024. 국회직 9급, 2021. 소방직, 2018. 국가직 9급]

16일에 왕이 교서를 내리기를 …(중략)… 반란 괴수 흠돌·흥원·진공 등은 능력도 없으면서 높은 지위에 올라 제 마음대로 위세를 부렸다. 흉악한 무리를 끌어 모으고 궁중 내시들과 결탁하여 반란을 일으키고자 하였다.
— 『삼국사기』

Theme 김흠돌의 난(681)

Keyword 분석
· 밑줄 친 '왕'은 통일 신라의 신문왕
· 신문왕 때 김흠돌의 난(681) 진압 → 진골 귀족 숙청 → 전제 왕권 강화

[2022. 서울시 9급 1차, 2017. 국가직 9급 추가채용]

중앙과 지방 관리들의 녹읍을 폐지하고 해마다 직위에 따라 조(租)를 차등 있게 주는 것을 법으로 삼았다.

Theme 녹읍 폐지

Keyword 분석
· 신문왕 때 관료전 지급(687) → 녹읍 폐지(689)

[2021. 지방직 9급]

문무왕이 왜병을 진압하고자 감은사를 처음 창건하려 했으나, 끝내지 못하고 죽어 바다의 용이 되었다. 뒤이어 즉위한 이 왕이 공사를 마무리하였다. 금당 돌계단 아래에 동쪽을 향하여 구멍을 하나 뚫어 두었으니, 용이 절에 들어와서 돌아다니게 하려고 마련한 것이다. 유언에 따라 유골을 간직해 둔 곳은 대왕암(大王岩)이라고 불렀다.
— 『삼국유사』

Theme 감은사 건립

Keyword 분석
· 밑줄 친 '이 왕'은 신문왕

Solution+ 신문왕(681~692)
· 김흠돌의 난(681) → 귀족 세력 숙청
· 관료전 지급, 녹읍 폐지
· 지방 정비 : 9주 5소경
· 군사 정비 : 9서당(중앙군), 10정(지방군)
· 국학 설치(682)
· 공장부, 예작부 설치 → 14부 완성
· 감은사 건립(682)
· 만파식적(대나무 피리) 제작
· 달구벌(대구) 천도 시도(실패)

[2017. 기상직 7급]

왕은 놀라고 기뻐하여 오색 비단과 금과 옥으로 보답하고 사자를 시켜 대나무를 베어서 바다에서 나오자, 산과 용은 갑자기 사라져 나타나지 않았다. …… 태자 이공(理恭)이 대궐을 지키고 있다가 이 소식을 듣고는 말을 달려와서 말하기를, "이 옥대의 여러 쪽들이 모두 진짜 용입니다"라고 하였다. 왕이 말하기를, "네가 어떻게 그것을 아는가?"라고 하자 태자가 아뢰기를, "쪽 하나를 떼어서 물에 넣어보면 아실 것입니다"라고 하였다. 이에 왼쪽의 둘째 쪽을 떼어 시냇물에 넣으니 곧 용이 되어 하늘로 올라가고, 그곳은 못이 되었다. 이로 인해 그 못을 용연(龍淵)으로 불렀다. 왕이 행차에서 돌아와 그 대나무로 피리를 만들어 월성(月城)의 천존고(天尊庫)에 간직하였다. 이 피리를 불면, 적병이 물러가고 병이 나으며, 가뭄에는 비가 오고 장마는 개며, 바람이 자자지고 물결이 평온해졌다.
— 『삼국유사』

Theme 만파식적 설화

Keyword 분석
· 밑줄 친 '왕'은 신문왕
· 자료는 신문왕 2년(682)에 용으로부터 영험한 대를 얻어 피리를 만들었다는 내용의 만파식적 설화

Solution+ 신문왕과 만파식적
신문왕이 아버지 문무왕을 위해 감은사를 짓고 추모하는데, 죽어서 바다 용이 된 문무왕과 하늘의 신이 된 김유신이 동해의 한 섬에 대나무를 보냈다. 이 대나무를 베어 피리를 만들어 불자, 나라의 모든 근심과 걱정이 해결되었다고 한다.

[2019. 지방직 7급]

왕은 사벌주를 상주로 바꾸는 등 9주의 명칭을 개정하고, 군현의 이름도 한자식으로 고쳤다. 또한, 중앙 관서의 관직명도 중국의 예에 맞추어 한자식으로 바꾸었다.
― 『삼국사기』 ―

Theme 경덕왕의 한화 정책

Keyword 분석
· 전국 지명 중국식으로 개칭

Solution+ 경덕왕(742~765)
· 중시 → 시중으로 격상
· 전국 지명 중국식으로 개칭, 녹읍 부활(757)
· 석굴암·불국사 창건 시작, 성덕대왕 신종 주조 시작 → 혜공왕 때 완성
· 국학 → 태학감으로 개칭
· 만불산 제작 → 당에 헌상

[2024. 국가직 9급, 2021. 소방간부후보]

· 웅천주 도독 헌창이 반란을 일으켜, 무진주·완산주·청주·사벌주 네 주의 도독과 국원경·서원경·금관경의 사신 및 여러 군현의 수령들을 위협하여 자신의 아래에 예속시키려 하였다.
· 헌창의 아들 범문이 고달산의 산적 수신 등 1백여 명과 모반하여 평양에 도읍을 세우고자 북한산주를 공격하였다. 도독 총명이 병사를 이끌고 그를 잡아 죽였다.
― 『삼국사기』 ―

Theme 김헌창과 김범문의 난

Keyword 분석
· 헌덕왕 대 발생한 김헌창의 난(822)과 김범문의 난(825)

Solution+ 김헌창과 김범문
822년 헌덕왕 때 무열계 김씨인 김헌창이 아버지 김주원이 왕위를 계승하지 못한 데 불만을 품고 국호를 장안, 연호를 경운이라 하고 난을 일으켰으나 실패하였다(김헌창의 난, 822). 825년(헌덕왕 17)에는 김헌창의 아들인 김범문도 고달산에서 초적의 괴수 수신 등 100여 인과 더불어 또다시 반란을 일으켜 수도를 평양(현재 서울 부근)에 정하려고 북한산주를 공격하였으나, 북한산주 도독 총명이 이끄는 토벌군에 의해 진압되고 그도 잡혀 죽었다.

[2016. 사회복지직 9급]

그가 돌아와 흥덕왕을 찾아보고 말하기를 "중국에서는 널리 우리나라 사람을 노비로 삼으니, 청해진을 만들어 적으로 하여금 사람들을 약탈하지 못하도록 하기를 원하나이다." 라고 하였다. …(중략)… 대왕은 그에게 군사 만 명을 거느리고 해상을 방비하게 하니, 그 후로는 해상으로 나간 사람들이 잡혀가는 일이 없었다. ― 『삼국사기』 ―

Theme 청해진 설치

Keyword 분석
· 밑줄 친 '그'는 장보고
· 흥덕왕 3년(828) 장보고가 완도에 청해진 설치

Solution+ 장보고
· 당에 건너가 무령군 소장으로 활동하다가 귀국
· 완도에 청해진 설치(828, 흥덕왕 3)
· 당·신라·일본을 잇는 국제 무역 주도
· 산둥 반도 적산촌에 법화원 건립 : 일본 승려 엔닌의 「입당구법순례행기」에 기록
· 신무왕(신라 45대 왕, 839) 즉위에 공을 세움
· 장보고의 난(846, 문성왕 8) : 딸을 문성왕과 혼인시키려 했으나 실패 → 귀족들에 의해 제거

[2017. 지방직 9급]

이 엔닌은 대사의 어진 덕을 입었기에 삼가 우러러 뵙지 않을 수 없습니다. 저는 이미 뜻한 바를 이루기 위해 당나라에 머물러 왔습니다. 부족한 이 사람은 다행히도 대사께서 발원하신 적산원(赤山院)에 머물 수 있었던 것에 대해 감경(感慶)한 마음을 달리 비교해 말씀드리기가 어렵습니다.
― 『입당구법순례행기』 ―

Theme 법화원

Keyword 분석
· 밑줄 친 '대사'는 장보고
· 적산원(법화원, 적산법화원)은 장보고가 당나라 산둥 반도 적산촌에 세운 신라인의 불교 사찰

Solution+ 『입당구법순례행기』
일본 승려 엔닌이 당나라의 불교 성지를 돌아보고 기록한 여행기이다.

[2024. 지방직 9급, 2020. 국가직 9급, 2016. 지방직 9급] 난이도 ★★☆

나라 안의 여러 주군에서 세금을 바치지 않으니, 창고가 비고 나라의 쓰임이 궁핍하였다. 왕이 독촉하자 곳곳에서 도적이 벌떼같이 일어났다. 이에 원종, 애노 등이 사벌주(상주)에 의거하여 반란을 일으키니, 왕이 나마 벼슬의 영기를 시켜 사로잡게 하였다.
— 『삼국사기』

Theme 원종·애노의 난

Keyword 분석
- 밑줄 친 '왕'은 진성여왕
- 원종 애노의 난은 신라 하대의 대표적 봉기

Solution+ 진성여왕 대의 주요 사건
- 삼대목 편찬(888)
- 원종·애노의 난(889)
- 견훤의 봉기(892, 무진주 점령)
- 궁예가 양길의 부하가 됨(892)
- 최치원 시무 10여 조 건의(894)
- 합천 해인사 길상탑 건립(895)
- 적고적의 난(896)

[2014. 국가직 7급] 난이도 ★★★

당나라 소종 황제가 중흥을 이룰 때, 전쟁과 흉년이라는 두 가지 재앙이 서쪽에서 그치고 동쪽으로 오니 굶어서 죽고 전쟁으로 죽은 시체가 들판에 별처럼 늘어 있었다.
— 해인사 묘길상탑기

Theme 신라 하대(신라 말)의 상황

Keyword 분석
신라 말인 진성여왕 9년(895) 전란에서 사망한 원혼들의 명복을 빌기 위해 탑(합천 해인사 길상탑)을 세우고 탑의 앞면에는 최치원이 '해인사 묘길상탑기'를 지었다. 따라서 위 사료의 시기는 신라 말이며, '전쟁과 흉년이라는 두 가지 재앙이 동쪽으로 왔다.'는 내용을 통해 당시의 어려움을 유추할 수 있다.

[2018. 서울시 7급 1차] 난이도 ★★★

도적들이 나라 서남쪽에서 봉기하였다. 그들은 바지를 붉게 물들여 스스로 남들과 다르게 하였기 때문에 사람들은 적고적(赤袴賊)이라고 불렀다. 그들은 주와 현을 도륙하고 서울의 서부 모량리까지 와서 사람들을 위협하고 노략질하고 돌아갔다.

Theme 적고적의 난(896)

Keyword 분석
- 자료는 진성여왕 10년(896)에 있었던 적고적의 봉기에 대한 내용임. 적고적은 붉은 바지를 입은 도적이라는 뜻.

[2022. 국가직 9급, 2022. 경찰간부후보] 난이도 ★★★

당 현종 개원 7년에 대조영이 죽으니, 그 나라에서 사사로이 시호를 올려 고왕(高王)이라 하였다. 아들 (가) 이/가 뒤이어 왕위에 올라 영토를 크게 개척하니, 동북의 모든 오랑캐가 겁을 먹고 그를 섬겼으며, 또 연호를 인안(仁安)으로 고쳤다.
— 『신당서』

Theme 발해의 무왕

Keyword 분석
- (가)에 해당하는 인물은 발해 무왕
- 발해 무왕 때의 독자적 연호는 인안(仁安)

Solution+ 발해 무왕(대무예, 719~737)
- 장문휴의 등주(덩저우) 공격(732)
- 요서 지역에서 당군과 격돌
- 통일 신라(성덕왕)의 발해 공격(733)
- 돌궐, 일본 등과 연결하면서 당과 신라 견제
- 일본에 국서 전달(고구려 계승 표방)

[2022. 국회직 9급, 2019. 국가직 9급] 난이도 ★★★

발해왕은 황송스럽게도 대국(大國)을 맡아 외람되게 여러 번(蕃)을 함부로 총괄하며, 고려의 옛 땅을 회복하고 부여의 습속(襲俗)을 가지고 있습니다. 그러나 다만 너무 멀어 길이 막히고 끊어졌습니다. 어진 이와 가까이 하며 우호를 맺고 옛날의 예에 맞추어 사신을 보내어 이웃을 찾는 것이 오늘에야 비롯하게 되었습니다.

Theme 무왕이 일본에 보낸 국서

Keyword 분석
- 밑줄 친 '발해왕'은 발해 무왕
- 고려의 옛 땅을 회복하고 부여의 습속(襲俗)을 가지고 있습니다.
→ 발해의 고구려 계승 근거

Solution+ 무왕과 문왕이 일본에 보낸 국서
- 무왕 : "고구려 옛 땅을 수복하고 부여의 유속을 이어받았다."
- 문왕 : '고려 국왕 대흠무'(일본도 발해왕을 고려왕으로 표현)

[2020. 소방직, 2018. 경찰 3차] 난이도 ★★★

그 넓이는 2,000리이고, 주·현의 숙소나 역은 없으나 곳곳에 마을이 있는데, 대다수가 말갈의 마을이다. 백성은 말갈인이 많고 원주민은 적다. 모두 원주민을 마을의 우두머리로 삼는데, 큰 마을은 도독이라 하고 그다음 마을은 자사라 한다. 백성들은 마을의 우두머리를 수령이라고 부른다.
― 『유취국사』 ―

Theme 발해의 주민 구성

Keyword 분석
- 말갈인이 많고 원주민(고구려계 사람)이 적다. → 발해의 주민 중 다수가 말갈인
- 촌락은 수령이라 불리는 촌장(토착 세력)을 매개로 지배

Solution+ 발해의 촌장

발해의 촌장(수령)은 말갈인이었을 것이라는 설과 고구려인이라는 설이 있다.

[2022. 지방직 9급] 난이도 ★★★

- 이 나라에서 귀하게 여기는 것에는 태백산의 토끼, 남해부의 다시마, 책성부의 된장, 부여부의 사슴, 막힐부의 돼지, 솔빈부의 말, 현주의 베, 옥주의 면, 용주의 명주, 위성의 철, 노성의 쌀 등이 있다. ― 『신당서』 ―
- 이 나라의 땅은 영주(營州)의 동쪽 2천 리에 있으며, 남으로는 신라와 서로 접한다. 월희말갈에서 동북으로 흑수말갈에 이르는데, 사방 2천 리, 호는 십여 만, 병사는 수만 명이다. ― 『구당서』 ―

Theme 발해의 특산물과 영역

Keyword 분석
- 밑줄 친 '이 나라'는 발해
- 솔빈부의 말은 발해의 주요한 수출품
- 발해는 9세기 선왕 때 남쪽으로는 신라와 국경을 접할 정도로 넓은 영토를 차지함

[2024. 법원직 9급, 2019. 소방간부] 난이도 ★★☆

(가) 말갈의 대조영은 본래 고구려의 한 갈래이다. 대조영은 그 무리를 이끌고 계루의 옛 땅으로 들어가 동모산을 거점으로 성곽을 쌓고 거주하였다. 대조영은 용감하고 병사를 잘 다루었으므로 말갈의 무리와 고구려의 남은 무리가 점차 그에게 귀부하였다.
― 『구당서』 ―

Theme 발해를 건국한 고왕 대조영

Keyword 분석
- 자료의 (가)는 발해
- 대조영이 만주 동모산에서 발해 건국(698)

Solution+ 고왕(대조영, 천통, 698~719)
- 거란족 이진충의 난(696)을 틈타 이주 → 천문령에서 당군(이해고) 격파
- 동모산 기슭에 '진' 건국(698)
- 국호를 발해로 변경(713)

[2022. 서울시 9급 2차, 2016. 교육행정직 9급]

왕자 대봉예가 당 조정에 문서를 올려, (가) 이/가 신라보다 윗자리에 자리 잡기를 청하였다. 이에 대해 대답하기를, "국명의 선후는 원래 강약에 따라 일컫는 것이 아닌데, 조정 제도의 등급과 위엄을 지금 어찌 나라의 성하고 쇠한 것으로 인해 바꿀 수 있겠는가? 마땅히 이전대로 할 것이다."라고 하였다.

Theme 쟁장 사건

Keyword 분석
· 자료의 (가)는 발해
· 쟁장 사건(897) : 당에 간 발해의 사신이 신라 사신보다 윗자리에 앉을 것을 청하였다가 거절당한 사건

[2024. 지방직 9급, 2023. 서울시 9급 1차]

호암사에는 (가) (이)라는 바위가 있다. 나라에서 장차 재상을 뽑을 때에 후보 3, 4명의 이름을 써서 상자에 넣고 봉해 바위 위에 두었다가 얼마 후에 가지고 와서 열어 보고 그 이름 위에 도장이 찍혀 있는 사람을 재상으로 삼았다.
— 『삼국유사』 —

Theme 백제의 귀족 회의

Keyword 분석
· 자료의 (가)는 정사암
· 백제의 귀족 회의는 정사암 회의

Solution+ 삼국의 귀족 회의
· 고구려 제가 회의, 백제 정사암 회의, 신라 화백회의

[2015. 지방직 9급]

원성왕 6년 3월 북국(北國)에 사신을 보내 빙문(聘問)하였다. …(중략)… 요동 땅에서 일어나 고구려의 북쪽 땅을 병합하고 신라와 서로 경계를 맞대었지만, 교빙한 일이 역사에 전하는 것이 없었다. 이때 와서 일길찬 백어(伯魚)를 보내 교빙하였다.

Theme 신라와 발해의 교류

Keyword 분석
· 밑줄 친 '북국(北國)'은 발해
· 고구려의 북쪽 땅을 병합하고 신라와 서로 경계를 맞대었다는 내용을 통해 발해라는 것을 알 수 있음.

[2022. 소방간부후보]

좌사정·우사정 각 1명이 좌평장사·우평장사의 아래에 있는데, 복야와 비슷하며 좌윤·우윤은 이승과 비슷하다. 좌육사에는 충부·인부·의부에 각 1명의 경이 사정의 아래에 두어져 있다. 지사인 작부·창부·선부에는 부마다 낭중과 원외가 다. 우육사에는 지부·예부·신부와 지사인 융부·계부·수부가 있는데, 경과 낭은 좌에 준하니 육관과 비슷하다.

Theme 발해의 중앙 정치 조직

Keyword 분석
· 좌사정과 우사정이 유교적 명칭을 사용하는 6부를 관할

Solution+ 발해의 중앙 관제

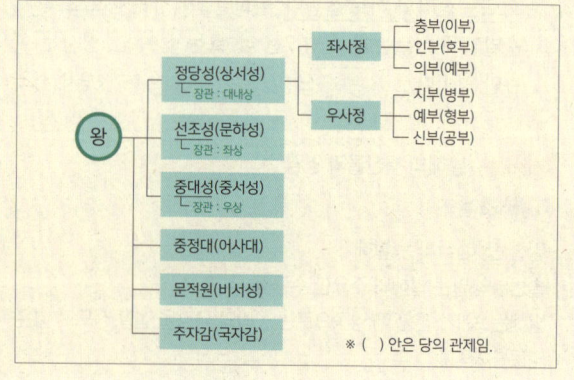

CHAPTER 02 고대의 사회

[2023. 국가직 9급]

16년 겨울 10월, 왕이 질양(質陽)으로 사냥을 갔다가 길에 앉아 우는 자를 보았다. 왕이 말하기를 "아! 내가 백성의 부모가 되어 백성들이 이 지경에 이르게 하였으니 나의 죄로다." …(중략)… 그리고 관리들에게 명하여 매년 봄 3월부터 가을 7월까지 관청의 곡식을 내어 백성들의 식구 수에 따라 차등있게 빌려주었다가, 10월에 이르러 상환하게 하는 것을 법규로 정하였다.
— 『삼국사기』 —

Theme 진대법 실시

Keyword 분석
- 밑줄 친 '왕'은 고구려의 고국천왕
- 진대법 실시(194)
  - 춘대추납
  - 국상 을파소 건의
  - 왕권↑, 귀족 견제, 농민 안정

Solution+ 고국천왕(179~197)
- 5부 개편(부족적 → 행정적)
- 왕위 부자상속
- 진대법 실시(춘대추납, 194)
- 좌가려·어비류의 난(190)

[2019. 서울시 사회복지직]

신라에서는 사람을 등용하는 데에 ⓘ 을(를) 따진다. [때문에] 진실로 그 족속이 아니면, 비록 큰 재주와 뛰어난 공이 있더라도 넘을 수가 없다. 나는 원컨대, 서쪽 중국으로 가서 세상에서 보기 드문 지략을 떨쳐서 특별한 공을 세워 스스로 영광스러운 관직에 올라 고관대작의 옷을 갖추어 입고 칼을 차고서 천자의 곁에 출입하면 만족하겠다.

Theme 신라의 골품제

Keyword 분석
- 자료의 ⓘ은 신라의 골품(제)
- 자료는 『삼국사기』에 기록된 6두품 설계두와 관련된 사료

Solution+ 골품 제도

성격	개인의 사회·정치 활동 범위 + 일상생활까지 규제
진골	모든 관등에 임명 가능, 1~5관등 독점, 자색 공복 독점
6두품	· 6관등(아찬)까지 승진 가능(대아찬×) · 시랑, 경(卿)과 같은 차관직까지만 차지 가능(장관직×)
특징	· 관등(골품 ×)에 따라 → 복색 결정 · 관등 승진의 상한선이 골품에 따라 제한됨
변화	통일 이후 3두품에서 1두품은 평민화

Chapter 02 고대의 사회 33

[2019. 서울시 7급 1차, 2017. 지방직 7급] 난이도 ★★☆

대사의 법호는 무염으로 달마대사의 10대 법손이 된다. (……) 고조부와 증조부는 모두 조정에서는 재상, 나가서는 장수를 지내 집집에 널리 알려졌다. 아버지는 범청으로 득난(得難)이 되었다.

Theme 6두품(득난)

Keyword 분석
- '득난'은 신라 6두품
- 6관등(아찬)까지 승진 가능(대아찬 ×)
- 중앙·지방 장관직에는 오르지 못함
- 시랑, 경(卿)과 같은 차관직까지만 차지 가능

[2018. 지방직 7급, 2016. 국가직 9급] 난이도 ★★★

(그들의) 집에는 녹(祿)이 끊이지 않았다. 노동(奴僮)이 3천 명이며, 비슷한 수의 갑병(甲兵)이 있다. 소, 말, 돼지는 바다 가운데 섬에서 기르다가 필요할 때 활로 쏘아 잡아 먹는다. 곡식을 남에게 빌려 주어 늘리는데, 기간 안에 갚지 못하면 노비로 삼아 부린다.
- 「신당서」 -

Theme 통일신라 진골 귀족의 화려한 생활

Keyword 분석
- 식읍 및 녹읍을 통한 농민 지배
- 당과 아라비아에서 수입한 사치품 사용
- 토지·노비·목장·금입택·사절유택 소유

[2012. 국가직 7급] 난이도 ★★★

이 나라 사람은 상무적인 기풍이 있어서 말 타기와 활쏘기를 좋아하고, 형법의 적용이 엄격했다. 반역한 자나 전쟁터에서 퇴각한 군사 및 살인자는 목을 베었고, 도둑질한 자는 유배를 보냄과 동시에 2배를 물게 했다. 그리고 관리가 뇌물을 받거나 국가의 재물을 횡령했을 때에는 3배를 배상하고, 죽을 때까지 금고형에 처했다.

Theme 백제의 기풍과 형법

Keyword 분석
- 밑줄 친 '이 나라'는 백제
- 상무적 기풍(말타기, 활쏘기를 즐김)
- 법률
  - 반역·전쟁에서 퇴각·살인자 : 사형(목을 벰)
  - 도둑질한 자 : 귀양 보냄과 동시에 2배 배상
  - 뇌물·국가 재물 횡령 : 3배를 배상하고 죽을 때까지 금고형
  - 간음한 여자 : 남편 집의 노비로 삼음

[2019. 경찰 1차] 난이도 ★★★

사람은 상하가 있고 지위는 존비가 있어서, 그에 따라 호칭이 같지 않고 의복도 다른 것이다. 그런데 풍속이 점차 경박해지고 백성들이 사치와 호화를 다투게 되어, 오직 외래 물건의 진기함을 숭상하고 도리어 토산품의 비야함을 혐오하니, 신분에 따른 예의가 거의 무시되는 지경에 빠지고 풍속이 쇠퇴하여 없어지는 데까지 이르렀다. 이에 감히 옛 법에 따라 밝은 명령을 펴는 바이니, 혹시 고의로 범하는 자가 있으면 진실로 일정한 형벌이 있을 것이다.

Theme 흥덕왕의 사치 금지령(834)

Keyword 분석
자료는 신라 하대 흥덕왕 대 내려진 사치 금지령(834)의 내용이다. 통일 신라는 사치 풍조가 신분 구분을 문란하게 할 상황에 이르자 흥덕왕 때 사치를 금하는 왕명이 내려지기도 하였다.

Solution+ 흥덕왕 대의 역사적 사실
사치 금지령 사료를 제시하고 흥덕왕 대의 사실을 묻는 문제가 출되었다. 흥덕왕 때 장보고의 청해진 설치 사실을 기억해 두자.

CHAPTER 03 고대의 경제

[2014. 지방직 7급] 난이도 ★★★

세(稅)는 포목, 명주실과 삼, 쌀을 내었는데, 풍흉에 따라 차등을 두어 받았다. - 「주서」 -
한수(漢水) 동북 여러 부락인 가운데 15세 이상된 자를 징발하여 위례성을 수리하였다. - 『삼국사기』 -

Theme 백제의 수취 제도

Keyword 분석
- 역 : 왕궁, 성, 저수지 등을 축조 시 15세 이상의 남자 동원
- 위례성(한성)을 통해 백제라는 것을 알 수 있음

Solution+ 삼국의 수취 제도

조세	· 재산의 정도에 따라 호(3등급)를 나누어 곡물과 포 차등 징수 · 토지 생산성이 높지 않아 토지보다 노동력 중시(인두세 중심)
공납	지역 특산물(현물) 징수
역	왕궁, 성, 저수지 등을 축조 시 15세 이상의 남자 동원

[2015. 경찰 1차] 난이도 ★★☆

토지는 논, 밭, 촌주위답, 내시령답 등 토지의 종류와 면적을 기록하고, 사람들은 인구, 가호, 노비의 수와 3년 동안의 사망, 이동 등 변동 내용을 기록하였다. 그 밖에, 소와 말의 수, 뽕나무, 잣나무, 호두나무의 수까지 기록하였다. 특히, 사람은 남녀별로 구분하고, 16세에서 60세의 남자의 연령을 기준으로 나이에 따라 6등급으로 구분하여 기록하였다. 호(가구)는 사람의 많고 적음에 따라 상상호(上上戶)에서 하하호(下下戶)까지 9등급으로 나누어 파악하였다. 기록된 4개 촌은 호구 43개에 총인구는 노비 25명을 포함하여 442명(남 194, 여 248)이며, 소 53마리, 말 61마리, 뽕나무 4,249그루 등의 재산을 소유하고 있었다.

Theme 통일 신라의 민정문서(촌락 문서)

Keyword 분석

발견장소	1933년 일본 동대사(도다이사) 정창원(쇼소인)에서 발견
조사 지역	서원경(청주) 주변의 4개 촌락
작성 목적	조세 수취 및 노동력 징발의 자료
작성 방식	토착 세력인 촌주가 3년마다 작성
조사 대상	호구	호(戶)는 인정(人丁)의 다과(사람의 많고 적음)에 따라 9등급으로 나누어 조사
	인구	연령별·성별에 따라 6등급으로 분류하여 조사
	토지	· 내시령답(일종의 관료전) · 관모답(관청 경비 충당) · 촌주위답(촌주에게 지급) · 마전[마(麻) 공동 경작] · 연수유답(정전으로 추정, 민전)
	기타	소·말·뽕나무·잣나무·호두나무의 수 기록

[2023. 서울시 9급 1차, 2022. 국회직 9급] 난이도 ★★☆

- 6월 27일에 사람들이 말하기를, ㉠ 의 교역선 2척이 단산포(旦山浦)에 도착했다고 한다. …… 28일 당의 천자가 보내는 사신들이 이곳으로 와 만나보았다. …… 밤에 ㉠ 의 견당매물사(遣唐買物使)인 최훈(崔暈) 병마사(兵馬使)가 찾아와서 위문하였다.
- 이른 아침에 신라인이 작은 배를 타고 왔다. 문득 듣건대, " ㉠ 이/가 신라 왕자와 공모하여 신라국을 징벌하고 곧 그 왕자를 신라국의 왕으로 삼았다"라고 하였다.
- 산속에 절이 있어 그 이름은 적산법화원인데, 이는 ㉠ 이/가 처음 세운 것이다. 오랫동안 장전(莊田)을 갖고 있어 양식을 충당할 수 있었다.

- 『입당구법순례행기』 -

Theme 장보고의 활동

Keyword 분석

- 자료의 ㉠에 해당하는 인물은 신라 하대에 활동한 장보고
- 첫 번째 자료의 견당매물사는 장보고가 무역을 하기 위해 당나라에 파견한 무역 사절.
- 두 번째 사료는 장보고가 김우징(신무왕) 즉위에 큰 공을 세울 정도로 영향력이 있었던 사실을 보여줌.
- 세 번째 사료의 법화원은 장보고가 당나라 산동 반도에 세운 신라인의 불교 사찰.

[2019. 서울시 7급 2차, 2018. 국가직 7급] 난이도 ★★★

왕건이 예산진(禮山鎭)에 행차하여 이르기를, "지난날 신라의 정치가 쇠퇴하자 도적 무리가 다투어 일어나 백성은 흩어지고 들판에는 해골이 나뒹굴었다. …(중략)… 공경(公卿)이나 장상(將相)은 내가 백성을 자식처럼 사랑하는 마음을 헤아려 너희 (가) 에 소속되어 있는 백성을 불쌍히 여겨야 한다."라고 하였다.

- 『고려사』 -

Theme 녹읍

Keyword 분석

- 자료의 (가)는 녹읍
- 고려 태조(왕건)의 예산진 행차 및 조서 반포(934) : 지배층의 녹읍 백성에 대한 애민 통치 강조

Solution⁺ 식읍과 녹읍

식읍	· 국가에서 왕족, 공신 등에게 준 토지와 가호 · 조세를 수취하고 노동력을 징발할 권리 부여
녹읍	· 국가에서 관료 귀족에게 지급한 일정 지역의 토지 · 토지에서 세금을 거둘 권리와 노동력 징발 권한 부여

CHAPTER 04 고대의 문화

[2024. 국회직 9급, 2019. 지방직 7급] 난이도 ★★★

왕이 수(隋)에 군사를 청하는 글을 요청하자, ㉠ 은/는 "자기가 살기 위해 남을 멸망시키는 것은 승려가 할 일이 아니나, 제가 대왕의 땅에 살면서 수초(水草)를 먹고 있사오니 명령을 따르겠습니다."라고 하였다.

Theme 원광의 걸사표

Keyword 분석
- 신라 진평왕 때 원광(㉠)의 걸사표 작성

Solution+ 걸사표
원광은 608년(진평왕 30) 수나라에 군사를 청하기 위해 걸사표를 작성하였다. 원문은 전하지 않지만 『삼국사기』에 의하면, 611년에 신라에서는 수나라에 사신을 파견하여 이 걸사표로 군사를 청했고, 이에 수나라 양제가 100만의 대군을 이끌고 612년에 고구려를 침략하였다고 한다.

[2021. 지방직 9급] 난이도 ★★☆

(가) 가/이 귀산 등에게 말하기를 "세속에도 5계가 있으니, 첫째는 충성으로써 임금을 섬기는 것, 둘째는 효도로써 어버이를 섬기는 것, 셋째는 신의로써 벗을 사귀는 것, 넷째는 싸움에 임하여 물러서지 않는 것, 다섯째는 생명 있는 것을 죽이되 가려서 한다는 것이다. 그대들은 이를 실행함에 소홀하지 말라."라고 하였다. - 『삼국사기』 -

Theme 원광의 세속오계

Keyword 분석
- (가)에 해당하는 인물은 원광
- 세속오계 : 화랑이 지켜야 할 다섯 가지 계율
- 원광의 세속오계

사군이충	충성으로 임금을 섬김
사친이효	효도로 어버이를 섬김
교우이신	믿음으로써 벗을 사귐
임전무퇴	싸움에 임해서는 물러남이 없음
살생유택	산 것을 죽임에는 가림이 있음

[2021. 경찰간부후보, 2017. 지방직 9급 추가채용] 난이도 ★★☆

신인(神人)이 말하였다. 지금 그대 나라는 여자가 왕위에 있으니 덕은 있지만 위엄이 없습니다. 그래서 이웃나라가 침략을 꾀하고 있는 것입니다. 그대는 빨리 돌아가야 합니다. (가) 가(이) 다시 물어보았다. 고국에 돌아가면 어떤 이로운 일을 해야합니까? 신인이 답했다. 황룡사의 호법용(護法龍)은 나의 맏아들입니다. 범왕(梵王)의 명을 받고 가서 그 절을 보호하고 있습니다. 고국에 돌아가거든 절 안에 9층탑을 세우십시오. 그러면 이웃나라가 항복할 것이고 구한(九韓)이 와서 조공할 것이며 왕업의 길이 편안할 것입니다. (중략) 정관 17년 계묘 16일에 (가) 는(은) 당나라 황제가 준 불경과 불상, 승복과 폐백 등을 가지고 와 탑을 세울 일을 왕에게 아뢰었다.

Theme 자장의 황룡사 9층 목탑 건립 건의

Keyword 분석
- (가)에 해당하는 인물은 자장
- 선덕여왕 때 자장의 건의로 황룡사 9층 목탑 건립

Solution+ 자장(590~658)
- 진골 출신(속명은 김선종랑)
- 선덕여왕 때 대국통에 임명(출가자의 규범과 계율 주관)
- 황룡사 9층 목탑 건립 건의
- 통도사(경남 양산) 창건, 계율종 개창

[2023. 계리직, 2014. 지방직 7급]

스스로 소성거사라 부르고 …(중략)… 방방곡곡을 돌아다니며 노래와 춤을 통해 부처의 가르침을 전하였다. 이로 말미암아 가난하고 무지몽매한 사람들까지도 부처의 이름을 알게 되었고, 나무아미타불을 외우게 되었으니 그의 교화가 자못 크다.
- 「삼국유사」 -

Theme 원효의 불교 대중화

Keyword 분석
- 원효 : 소성 거사 자처 → 무애가를 만들어 불교 대중화에 노력

Solution+ 원효(617~686, 설서당, 해동보살·해동종주)
- 6두품 출신, 무열왕·문무왕 때 주로 활약, 도당 유학 ×
- 무열왕의 딸 요석 공주와 결혼 → 아들 설총
- 소성 거사 자처 → 무애가를 만들어 불교 대중화에 노력
- 아미타 신앙(정토신앙) 전도 : 불교 대중화
- 화쟁 사상, '일심(一心)사상' 주장
- 『대승기신론소』, 『십문화쟁론』, 『금강삼매경론』, 『화엄경소』 등 저술
- 교종의 하나인 법성종 개창(경주 분황사 주지)

[2021. 경찰 2차]

기신론(起信論)에서 "여래(如來)의 넓고 크며, 끝없는 도리를 총섭(總攝)하고자 이 논(論)을 설(說)하였다."라고 말하였다. 이 논의 뜻은 이와 같다. 펼치면 무량무변(無量無邊)의 도리를 본질[宗]로 삼고, 합하면 이문일심(二門一心)의 법을 핵심으로 한다. 이문의 안은 만 가지 뜻을 포용하나 어지럽지 않다. 무변이라는 뜻은 일심과 같고 또한 혼융(混融)된다.

Theme 원효의 『대승기신론소』

Keyword 분석
- 원효의 일심사상은 그의 저서 『금강삼매경론』·『대승기신론소』 등에서 천명됨

[2022. 경찰간부후보]

쟁론(諍論)은 집착에서 생긴다. 불도(佛道)는 매우 넓어서 장애나 방향도 없다. …(중략)… 견문이 적은 사람은 좁은 소견으로 자기의 견해에 찬동하는 자는 옳고 견해를 달리하는 자는 그르다 하니 이것은 마치 갈대 구멍으로 하늘을 보지 않은 사람들을 보고 모두 하늘을 보지 못한 자라 함과 같다.

Theme 원효의 화쟁 사상

Keyword 분석
원효는 '모든 것이 한마음에서 나온다'는 일심 사상을 바탕으로, 다른 종파들과의 사상적 대립을 조화시키고 분파 의식을 극복하기 위해 화쟁 사상을 주장하고 『십문화쟁론』을 지었다.

[2018. 국가직 7급, 2019. 지방직 7급]

왕이 수도(금성)에 성곽을 쌓으려고 문의하니 그가 말하기를, "비록 초야에 살더라도 정도(正道)만 행하면 복업(福業)이 오래 갈 것이요, 만일 그렇지 못하면 여러 사람을 수고롭게 하여 성을 쌓을지라도 아무 이익이 없을 것입니다."라고 하였다. 왕은 이에 성 쌓는 일을 그만두었다.
- 『삼국사기』 -

Theme 문무왕 때 의상의 도성 축조 반대

Keyword 분석
- 밑줄 친 '그'는 의상
- 의상은 문무왕의 정치적 자문도 맡았음
- 문무왕이 경주에 도성(都城)을 쌓으려고 할 때 민심(民心)의 성(城)을 강조하면서 이를 만류

[2015. 지방직 9급] 난이도 ★★☆

성은 김씨이다. 29세에 황복사에서 머리를 깎고 승려가 되었다. 얼마 후 중국으로 가서 부처의 교화를 보고자 하여 원효(元曉)와 함께 구도의 길을 떠났다. …(중략)… 처음 양주에 머무를 때 주장(州將) 유지인이 초청하여 그를 관아에 머물게 하고 성대하게 대접하였다. 얼마 후 종남산 지상사에 가서 지엄(智儼)을 뵈었다.
- 「삼국유사」 -

Theme 의상의 이력

Keyword 분석
- 도당 유학(지엄의 제자)

Solution+ 의상(625~702)
- 진골 출신, 도당 유학(지엄의 제자)
- 문무왕의 정치적 자문 수행(ex 문무왕의 도성 축성 반대)
- 화엄 사상 정립, 교단 형성과 제자 양성
- 불교 대중화 : 아미타 신앙(내세적)과 함께 관음 신앙(현세적)을 이끎
- 부석사(영주), 낙산사(양양) 창건, 화엄 10찰 설립
- 저서 : 『화엄일승법계도』

[2014. 국가직 9급] 난이도 ★★★

불립문자(不立文字)라 하여 문자를 세워 말하지 않는다고 주장하고, 복잡한 교리를 떠나서 심성(心性)을 도야하는 데 치중하였다. 그러므로 이 사상에서 주장하는 바는 인간의 타고난 본성이 곧 불성(佛性)임을 알면 그것이 불교의 도리를 깨닫는 것이라는 견성오도(見性悟道)에 있었다.

Theme 선종

Keyword 분석
- 선종 관련 용어

견성오도	인간의 본성을 참선을 통해 깨달음
불립문자	문자에 구애받지 않음
교외별전	경전 외에 별도로 가르침을 따름
이심전심	마음에서 마음으로 전파함

[2021. 경찰간부후보] 난이도 ★★★

달 밝은 밤에 고향길을 바라보니
뜬구름은 너울너울 고향으로 돌아가네
그 편에 편지 한 장 부쳐보지만
바람이 거세어 화답이 안들리는구나
내 나라는 하늘 끝 북쪽에 있고
지금 이 나라는 땅끝 서쪽에 있네
일남(日南)에는 기러기마저 없으니
누가 소식 전하러 계림으로 날아가리

Theme 혜초가 지은 시

Keyword 분석
- 지금 이 나라는 땅끝 서쪽 → 서쪽 인도로의 여행을 의미
- 계림은 신라를 말함

Solution+ 『왕오천축국전』
혜초는 인도와 중앙아시아(서역) 여러 나라의 성지를 순례하고 풍물을 생생하게 기록한 『왕오천축국전』을 남기기도 하였다.

[2022. 서울시 9급 1차] 난이도 ★★☆

진성왕 8년(894) 봄 2월에 ☐(가)☐ 이 시무 10여 조를 올리자, 왕이 이를 좋게 여겨 받아들이고 아찬으로 삼았다.

Theme 신라 하대의 인물 최치원

Keyword 분석
- (가)에 해당하는 인물은 최치원
- 최치원은 진성여왕에게 시무 10여조 건의

[2016. 국가직 7급]

아버지가 말하기를 "십 년 안에 과거에 급제하지 못하면 내 아들이 아니니 힘써 공부하라"라고 하였다. 그는 당에서 스승을 좇아 학문을 게을리 하지 않았다. 건부(乾符) 원년 갑오에 예부시랑 배찬이 주관하는 시험에 합격하여 선주(宣州)의 율수현위에 임명되었다.
— 『삼국사기』 —

Theme 최치원

Keyword 분석
· 최치원의 당나라 유학과 빈공과 급제

Solution+ 최치원
· 6두품, 당 빈공과 급제
· 당에서 '토황소격문'(격황소서)으로 유명
· 진성여왕에게 시무 10여 조 건의
· 합천 해인사 길상탑 탑지 작성
· 난랑비 서문 (삼교 회통 사상)
· 4산비명 (유·불·도 삼교를 회통한 사상가로 추앙)
· 저서 : 『계원필경』, 『제왕연대력』, 『법장화상전』 등

[2019. 기상직 9급]

모든 학생은 관등이 대사(大舍) 이하로부터 관등이 없는 자로, 15세에서 30세까지인 사람을 들였다. 재학 연한은 9년이고, 만약 노둔하여 인재가 될 가능성이 없는 자는 그만두게 하였다. 만약 재주와 도량은 이룰 만한데 아직 미숙한 자는 비록 9년을 넘더라도 (가) 에 남아있는 것을 허락하였다. 관등이 대나마(大奈麻)와 나마(奈麻)에 이른 이후에는 (가) 에서 내보낸다.

Theme 통일신라의 국학

Keyword 분석
· (가)는 통일신라의 최고 교육 기관 국학

Solution+ 국학

설치 및 변화	신문왕 때 설치 → 경덕왕 때 태학감으로 개칭 → 혜공왕 때 국학으로 재개칭
소속/수업연한	예부에 속한 교육 기관/9년
입학 자격	· 12관등 대사~관등이 없는 사람까지 · 연령은 15~30세까지의 귀족 자제 · 주로 6두품이 입학함
졸업	대나마(10관등)·나마(11관등) 부여

[2016. 경찰간부후보]

이 나라에 현묘한 도가 있어 이를 풍류라 하였다. 이 교의 기원은 선사(仙史)에 자세히 실려 있거니와 실로 이는 3교를 포함한 것으로 모든 민중을 교화하였다. 즉 집안에서는 효도하고 밖에서는 나라에 충성을 다하니 이것은 노나라 사구의 취지이다. 모든 일을 거리낌 없이 처리하고 말하지 않고 실행하는 것은 주나라 주사의 종지였으며, 모든 악한 일을 하지 않고 선만 행하는 것은 축건태자의 교화 그대로이다.

Theme 최치원의 난랑비 서문

Keyword 분석
최치원은 「난랑비」의 서문에서 신라에 풍류라고 일컫는 현묘한 도가 있으며, 그것은 유교와 불교, 도교 등 삼교를 포함하여 뭇 백성들을 교화하는 것이라고 하였다. 보다 구체적으로는 나라에 충성하는 것이 노(魯)나라 사구, 즉 공자의 가르침이고, 자연의 순리에 따르는 것이 주(周)나라 주사, 즉 노자의 뜻이며, 악을 멀리하고 선을 행하는 것이 축건 태자, 즉 석가모니의 가르침이라고 하였다.

[2022. 소방직]   난이도 ★★★

여러 학생이 글을 읽어 3등급으로 벼슬길에 나갔는데, 『춘추좌씨전』 혹은 『예기』, 『문선』을 읽고 그 뜻에 능통하며 『논어』와 『효경』에 모두 밝은 자를 상품(上品)으로, 『곡례』와 『논어』, 『효경』을 읽은 자를 중품(中品)으로, 『곡례』와 『효경』을 읽은 자를 하품(下品)으로 삼았다. 예전에는 오직 궁술로써만 사람을 선발하였으나, 이때에 이르러 이를 개정하였다.
— 『삼국사기』—

Theme 독서삼품과(788, 원성왕 4)

Keyword 분석
- 국학 졸업생을 상대로 국학에서 배운 학과에 대해 시험 보는 제도 (국학 졸업 시험)
- 평가 등급(3등급 : 상·중·하품)

상품	춘추좌씨전·예기·문선에 능하고 논어·효경에도 밝은 자
중품	논어·곡례·효경을 읽은 자
하품	곡례·효경을 읽은 자
특품	5경, 3사, 제자백가에 능한 자

[2019. 계리직, 2018. 경찰 2차]   난이도 ★★☆

공주는 우리 대흥보력효감금륜성법대왕의 넷째 딸이다. 공주는 대흥 56년(792) 여름 6월 9일 임진일에 궁궐 밖에서 사망하니, 나이는 36세였다. 이 해 겨울 11월 28일 기묘일에 염곡의 서쪽 언덕에 매장하였으니 이것은 예의에 맞는 것이다.

Theme 정효공주

Keyword 분석
- 밑줄 친 '공주'는 정효공주(정혜공주는 둘째 딸)
- 대흥보력효감금륜성법대왕은 발해 문왕

Solution+ 정혜공주 묘와 정효공주 묘
- 정혜공주 묘(돈화현 육정산 고분군) : 고구려 무덤 양식인 굴식 돌방무덤으로, 모줄임 천장 구조가 나타남
- 정효공주 묘(화룡현 용두산 고분군) : 벽돌무덤 양식(당)에 벽화(당의 화풍)가 있으며, 천장은 고구려의 평행고임 구조가 나타남

[2021. 경찰 1차]   난이도 ★★★

하늘 앞에 맹세한다. 지금부터 3년 이후까지 충도(忠道)를 지키고 잘못이 없기를 맹세한다. 만약 이 서약을 어기면 하늘로부터 큰 벌을 받을 것을 맹세한다.

Theme 신라 임신서기석

Keyword 분석
두 화랑이 나라에 충성할 것을 다짐하며 3년 내에 『시경』, 『서경』, 『예기』, 『춘추』 등을 공부할 것을 맹세한 내용을 새긴 것으로, 유교 경전 학습과 충성심을 알 수 있다. 비문에 보이는 임신년은 확실히 알 수 없으나 국학이 생겨나기 이전부터 유교 경전이 신라에 수용되었을 것이라는 점, 특히 비문 내용 중에 충도를 실천할 것을 맹세한 점, 나아가 이것이 화랑도의 근본정신인 점을 고려해 화랑도가 융성했던 어느 임신년, 즉 552년(진흥왕 13) 또는 612년(진평왕 34)의 어느 한 해일 것으로 보는 견해가 유력하다.

[2023. 국회직 9급]   난이도 ★★★

이듬해 경신(庚申)에는 승려 30명을 득도(得度)케 하고, 당시의 서울인 사비성에 왕흥사(王興寺)를 세우게 하여 겨우 그 기초를 세우다가 승하하였다. (가) 이/가 왕위를 계승하여 아버지가 닦은 터에 건물을 세워 수십 년 만에 완성했는데, 그 절 또한 미륵사(彌勒寺)라고도 불렀다. 산을 등지고 물에 임했으며 꽃나무가 수려하여 사시의 아름다움을 구비하였다.
— 『삼국유사』—

Theme 왕흥사와 미륵사 건립

Keyword 분석
- 자료의 (가)는 백제 무왕(600~641)
- 백제 무왕 때 사비의 왕흥사와 익산 미륵사 건립

Chapter 04 고대의 문화 41

PART 3
중세 사회의 발전

Chapter 01　중세의 정치

Chapter 02　중세의 사회

Chapter 03　중세의 경제

Chapter 04　중세의 문화

CHAPTER 01 중세의 정치

[2023. 계리직, 2015. 경찰간부후보] 난이도 ★★★

당 경복(景福) 원년은 진성왕 6년인데, …… 도적들이 벌 떼처럼 들고 일어났다. 이에 그는 은근히 반란할 뜻을 품고 무리를 모아 서울 서남의 주현을 공격하니, 가는 곳마다 호응하여 불과 한 달 동안에 군사가 5,000여 명에 이르렀다. 드디어 무진주(武珍州)를 습격하고 자칭 왕이라 하였으나 감히 공공연히 왕이라고는 못하였다.

Theme 견훤의 무진주(광주) 습격(892)

Keyword 분석
- 밑줄 친 '그'는 견훤
- 892년 무진주 습격 → 900년 완산주(전주)에 도읍하고 후백제 건국

Solution+ 견훤과 후백제

후백제 건국	완산주(전주)에 도읍, 후백제 건국(900)
세력범위	충청도와 전라도 지역 장악
외교관계	중국(후당, 오월)과 외교관계
한계	· 신라에 적대적(신라를 공격하여 경애왕을 죽임) · 지나친 조세 수취 및 호족 포섭 실패

[2014. 경찰간부후보] 난이도 ★★☆

머리를 깎고 승려가 되어 스스로 선종(善宗)이라고 이름 하였다. 신라 말에 …… 죽주의 도적 괴수 기훤에게 의탁 하였다. 기훤이 얕보고 거만하게 대하자, 경복 원년 임자년에 북원의 도적 양길에게 의탁하니, 양길이 잘 대우하여 일을 맡기고 드디어 병사를 나누어 주어 동쪽으로 땅을 점령하도록 하였다.

Theme 궁예

Keyword 분석
- 자료의 '선종'은 궁예
- 양길의 휘하에서 세력을 키웠으며 송악에 도읍하고 후고구려 건국(901)

Solution+ 궁예와 후고구려

출신	· 신라 왕족의 후예 · 북원(원주) 지방의 초적양 길의 휘하에서 세력을 키움
후고구려 건국	송악에 도읍 → 후고구려 건국(901)
천도	송악 → 철원(905)
체제 정비	광평성(국정 총괄) 설치, 9관등제 실시
한계	지나친 조세 수취, 전제 정치(미륵 신앙 이용)

[2021. 경찰 2차] 난이도 ★★★

가을 9월, (㉠)이/가 고울부에서 우리 군사를 공격하므로, 왕이 (㉡)에게 구원을 요청하였다. (㉡)이/가 장수에게 명령하여 정병 1만 명을 출동시켜 구원하게 하였다. (㉠)은/는 이 구원병이 도착하지 않은 틈을 이용하여, 겨울 11월에 수도를 습격하였다. 이때 왕은 왕비 및 후궁과 친척들을 데리고 포석정에서 연회를 베풀며 놀고 있었다.
– 『삼국사기』 –

Theme 견훤의 신라 수도 습격

Keyword 분석
- ㉠은 후백제의 견훤, ㉡은 고려 태조 왕건
- 견훤의 신라 공격(경애왕 살해) → 신라의 도움 요청 → 고려 vs 후백제(공산 전투, 927) → 고려 신숭겸·김락 등 전사 → 후백제 승리

[2021. 법원직 9급] 난이도 ★★☆

고려군의 군세가 크게 성한 것을 보자 갑옷을 벗고 창을 던져 견훤이 탄 말 앞으로 와서 항복하니 이에 적병이 기세를 잃어 감히 움직이지 못하였다. …… 신검이 두 동생 및 문무관료와 함께 항복하였다.
– 『고려사』 –

Theme 후백제 멸망(936)

Keyword 분석
- 후삼국의 성립과 통일 과정 : 후백제 건국(900) ⇨ 후고구려 건국(901) ⇨ 고려 건국(918) ⇨ 발해 멸망(926) ⇨ 공산(대구) 전투(927) ⇨ 고창(안동) 전투(930) ⇨ 견훤의 고려 투항(935) ⇨ 신라 멸망(935) ⇨ 일리천 전투(936) ⇨ 고려의 후삼국 통일(936)

---

44 Part 3 중세 사회의 발전

[2023. 법원직 9급, 2014. 국가직 7급]

짐은 평범한 가문 출신으로 분에 넘치게 사람들의 추대를 받아 왕위에 올랐다. 재위 19년 만에 삼한을 통일하였고, 이제 왕위에 오른 지도 25년이 되었다. 몸이 이미 늙어지니, 후손들이 사사로운 인정과 욕심을 함부로 부려 나라의 기강을 어지럽게 할까 크게 걱정이 된다. 이에 이것을 지어 후대의 왕들에게 전하고자 하니, 바라건대 아침 저녁으로 펼쳐 보아 영원토록 귀감으로 삼을지어다.

Theme 태조(왕건)의 훈요 10조

Keyword 분석
- 삼한을 통일 → 후삼국 통일을 의미함
- 훈요 10조 : 태조 왕건이 후대 왕들이 경계해야 할 내용 정리

Solution+ 훈요 10조
① 불교를 장려할 것
② 사원 건립 시 도선의 풍수사상에 맞게 지을 것
③ 왕위계승은 적자적손을 원칙으로 하되 장자가 불초(不肖)할 때에는 인망 있는 자가 대통을 이을 것
④ 거란과 같은 야만국의 풍속을 배격할 것
⑤ 서경(西京)을 중시할 것
⑥ 연등회·팔관회 행사를 소홀히 하지 말 것
⑦ 왕은 공평하게 일을 처리하여 민심을 얻을 것
⑧ 차현(車峴) 이남의 사람을 등용하지 말 것
⑨ 백관의 기록을 공평히 정해 줄 것
⑩ 경사(經史)를 보아 지금을 경계할 것

[2021. 지방직 9급]

나는 삼한(三韓) 산천의 음덕을 입어 대업을 이루었다. (가) 는/은 수덕(水德)이 순조로워 우리나라 지맥의 뿌리가 되니 대업을 만대에 전할 땅이다. 왕은 춘하추동 네 계절의 중간달에 그곳에 가 100일 이상 머물러서 나라를 안녕케 하라.
— 『고려사』 —

Theme 훈요 10조와 서경

Keyword 분석
- 자료의 (가)는 서경(평양)
- 자료는 서경(西京)을 중시할 것을 당부한 훈요 10조의 내용

[2022. 서울시 9급 1차, 2019. 지방직 9급]

- 모든 사원은 도선이 세울 곳을 정해 개창하였으니 함부로 더 짓지 마라.
- 연등회와 팔관회를 가감하지 말고 시행하라.
- 우리 동방은 옛날부터 중국의 풍속을 흠모하여 문물과 예악이 모두 그 제도를 따랐으나, 지역이 다르고 인성도 각기 다르므로 꼭 같게 할 필요는 없다. 거란은 짐승과 같은 나라로 풍속이 같지 않고 말도 다르니 의관제도를 삼가 본받지 말라.

Theme 훈요 10조

Keyword 분석
- 사원 건립 시 도선의 풍수사상에 맞게 지을 것
- 연등회·팔관회 행사를 소홀히 하지 말 것
- 거란과 같은 야만국의 풍속을 배격할 것

[2017. 법원직 9급]

전하는 말에 의하면, (가) 은(는) 나주에 10년간 머무르게 되었는데, 어느 날 진 위쪽 산 아래에 다섯 가지 색의 상서로운 구름이 있어 가보니 샘에서 아리따운 여인이 빨래를 하고 있어 그가 물 한그릇을 청하자, 여인이 버들잎을 띄워 주었는데, 급히 물을 마시지 않게 하기 위함이었다 한다. 여인의 총명함과 미모에 끌려 그녀를 아내로 맞이하였는데 그 분이 장화왕후 오씨 부인이고, 그 분의 몸에서 태어난 아들 무(武)가 혜종이 되었다.

Theme 나주 완사천 설화

Keyword 분석

아들이 고려의 2대 국왕인 혜종이라는 사실을 통해 (가) 인물이 왕건임을 알 수 있다. 전남 나주의 완사천은 왕건과 장화왕후가 인연을 맺은 곳이라 전해진다. 왕건은 궁예의 명에 따라 나주를 정복하기 위해 출정하였는데, 나주에 머물던 그가 샘터에서 한 여인에게 물을 청하자 그녀가 체하지 않도록 바가지에 버들잎을 띄워 주었다고 하며, 그녀가 바로 훗날 혜종의 어머니가 되는 장화왕후이다.

[2022. 경찰간부후보, 2021. 경찰 1차] 난이도 ★★★

세자 대광현이 수만 명을 이끌고 투항하였다. 왕이 대광현에게 성과 이름을 하사하고 그들을 후하게 대우하였다.

Theme 발해 왕자의 망명

Keyword 분석
- 밑줄 친 '왕'은 고려 태조(왕건)
- 발해 왕자 대광현 고려 망명(934) → 태조의 우대, 동족의식을 분명히 함[대광현에게 왕씨 성(왕계)과 관직 하사]

[2022. 지방직 9급] 난이도 ★★☆

- 평농서사 권신(權信)이 대상(大相) 준홍(俊弘)과 좌승(佐丞) 왕동(王同) 등이 반역을 꾀한다고 참소하자 왕이 이들을 내쫓았다.
- 왕이 쌍기의 건의를 받아 처음으로 과거를 실시하였다. 시(詩)·부(賦)·송(頌) 및 시무책을 시험하여 진사를 뽑았으며, 더불어 명경업·의업·복업 등도 뽑았다.

Theme 광종

Keyword 분석
- 밑줄 친 '왕'은 고려 광종
- 960년 평농서사 권신이 대상 준홍과 좌승 왕동을 숙청한 것을 시작으로 왕권 강화에 방해가 되는 호족 세력을 과감하게 숙청
- 후주에서 귀화한 쌍기의 건의를 받아들여 과거제 실시

[2018. 지방직 7급, 2018. 기상직 9급] 난이도 ★★☆

왕의 이름은 소(昭)다. 치세 초반에는 신하에게 예를 갖추어 대우하고 송사를 처리하는 데 현명하였다. 빈민을 구휼하고, 유학을 중히 여기며, 노비를 조사하여 풀어 주었다. 밤낮으로 부지런하여 거의 태평의 정치를 이루었다. 중반 이후로는 신하를 많이 죽이고, 불법(佛法)을 지나치게 좋아하며 절도가 없이 사치스러웠다.

― 『고려사절요』 ―

Theme 노비안검법 실시(956)

Keyword 분석
- 광종의 이름은 왕소
- 노비안검법 : 후삼국 시대의 혼란기에 불법으로 노비가 된 자를 조사하여 양인으로 해방시켜 주기 위한 법

Solution+ 광종(왕소, 949~975, 4대)
- 주현 공부법 실시(949), 노비안검법(956), 과거제 실시(958)
- 4색 공복제(자색, 단색, 비색, 녹색)
- 황제를 칭하고, 광덕·준풍 등 독자적 연호 사용
- 개경을 '황도'로, 서경을 '서도'로 칭함
- 송과 통교(962) : 이후 송의 연호 사용(건덕)
- 제위보 설치(963)

[2024. 법원직 9급, 2012. 서울시 7급] 난이도 ★★☆

신라왕 김부(경순왕)가 항복해 오니 신라국을 없애고 경주라 하였다. 김부로 하여금 경주의 사심관이 되어 부호장 이하의 관리 임명을 맡게 하였다. 이에 공신이 이를 본받아 제각기 자기 출신 지역의 사심관이 되었다.

Theme 사심관 제도

Keyword 분석
- 태조 왕건 때 실시한 사심관 제도
  - 시초 : 경순왕(김부) – 경주 사심관으로 임명
  - 고관들로 하여금 자기 출신지의 사심관으로 임명하여 지방을 통제하도록 한 제도
  - 부호장 이하의 향리 임명 및 감독(호장은 상서성에서 임명)

46 Part 3 중세 사회의 발전

[2022. 경찰간부후보] 난이도 ★☆☆

고려 태조가 나라를 세울 때는 모든 것이 새로 시작하는 것이 많아서 관복 제도는 우선 신라에서 물려받은 것을 그대로 두었다. 왕 때에 와서 비로소 백관의 공복을 제정하였다. 이때부터 귀천과 상하의 구별이 명확해졌다.
— 『고려사』—

Theme 광종의 공복 제정

Keyword 분석
- 밑줄 친 '왕'은 고려 광종
- 광종의 공복 제정 : 4색 공복제(자·단·비·녹)

[2024. 지방직 9급, 2021. 국가직 9급] 난이도 ★★☆

제7조 태조께서 통합한 후 외관(外官)을 두려고 하셨지만 대개 초창기였으므로 겨를이 없었습니다. …… 청컨대 외관을 두소서.
20조 석교(釋敎)를 행하는 것은 수신(修身)의 근본이요, 유교를 행하는 것은 이국(理國)의 근원입니다. 수신은 내생의 자(資)요, 이국은 금일의 요무(要務)로서, 금일은 지극히 가깝고 내생은 지극히 먼 것인데도 가까움을 버리고 먼 것을 구함은 또한 잘못이 아니겠습니까.

Theme 최승로의 시무 28조

Keyword 분석
7조 지방관 파견(외관을 두소서)
20조 불교는 수신의 도, 유교는 치국의 도

Solution+ 최승로가 고려 성종에게 건의한 시무 28조
5조 중국과의 사무역 금지
7조 지방관 파견(외관을 두소서)
9조 중국과 신라 제도에 의하여 공복 착용
11조 중국의 학문과 윤리, 정치 제도는 따라야 하지만, 풍속은 우리 것을 따를 것(자주적)
13조 연등회 팔관회 행사 축소
19조 삼한 공신 자손 등용 및 우대
20조 불교는 수신의 도, 유교는 치국의 도
21조 토속적인 신앙 의례 폐지

[2015. 지방직 9급] 난이도 ★★★

왕은 중국에 36명의 승려를 파견하여 법안종을 배우도록 하였다. 또한 제관과 의통을 파견하여 천태학에 대한 관심을 보였다.

Theme 고려 광종의 불교 정책

Keyword 분석
- 밑줄 친 '왕'은 고려 광종
- 중국에 36명의 승려를 파견하여 법안종을 배우도록 함
- 제관과 의통을 남중국에 파견하여 천태학에 대한 관심을 보임

Solution+ 고려 광종의 불교 정책
- 화엄종 중심 교종 통합 + 법안종 중심 선종 통합 노력
- 귀법사 창건(주지 : 균여)
- 왕사(탄문)·국사(혜거) 제도 실시
- 승과 제도 실시

[2024. 법원직 9급] 난이도 ★★☆

가을 7월, 교(敎)하기를, "양민이 된 노비들은 해가 점차 멀어지면 반드시 그 본래의 주인을 가벼이 보고 업신여기게 된다. …… 만약 그 주인을 욕하는 자가 있으면, 다시 천민으로 되돌려 부리게 할 것이다."라고 하였다.

Theme 노비환천법(987)

Keyword 분석
- 자료는 성종 때 제정한 노비환천법
- 광종 때 노비안검법에 의하여 해방된 노비 가운데 옛 주인을 경멸하는 자를 다시 노비로 되돌리게 하는 법

[2018. 교행 9급] 난이도 ★★☆

- 주·부·군·현의 이직(吏職)을 개정하여 …(중략)… 당대등을 호장으로, 대등을 부호장으로, 낭중을 호정으로, 원외랑을 부호정으로 하였다.
- 경치 좋은 장소를 택하여 서재와 학교를 크게 세우고 적당한 토지를 주어서 학교의 식량을 해결하며 또 국자감을 창설하라고 명하였다.

– 『고려사』 –

Theme 향리 제도 마련과 국자감 창설

Keyword 분석

- 자료는 고려 성종 때 향리 제도 마련과 국자감 창설 사실을 보여줌.

Solution+ 성종(981~997)

정치	· 최승로의 시무 28조 채택 · 2성 6부, 중추원·삼사, 도병마사·식목도감 설치 · 문산계(문·무관)·무산계(향리, 탐라 왕족, 여진 추장 등) 부여
지방	12목 설치(목사 파견), 10도제
사회	· 의창과 상평창 설치 · 연등회 및 팔관회 폐지
교육	· 국자감 정비, 과거제 정비 · 지방에 경학박사와 의학박사 파견 · 도서관(비서성 – 개경, 수서원 – 서경) 설치, 문신월과법
대외	거란의 1차 침입 → 서희 강동 6주 확보
경제	건원중보(철전) 발행

[2016. 국가직 7급] 난이도 ★★★

국초에 (　　)을(를) 설치하여 시중·평장사·참지정사·정당문학·지문하성사로 판사(判事)를 삼고, 판추밀 이하로 사(使)를 삼아 일이 있을 때 모였으므로 합좌(合坐)라는 이름이 붙게 되었다. 그런데 한 해에 한 번 모이기도 하고 여러 해 동안 모이지 않기도 하였다.

– 『역옹패설』 –

Theme 도병마사

Keyword 분석

- 괄호 안에 들어갈 기관은 도병마사
- 일이 있을 때 모였다는 내용과 한 해에 한번 모이기도 하고 여러 해 동안 모이지 않기도 하였다는 내용을 통해 임시 회의 기구임을 알 수 있음.

Solution+ 도병마사의 변천

도병마사는 국방 문제를 담당하는 임시 기구였으나, 고려 후기에 도평의사사(도당)로 개편되면서 국정 전반에 걸친 중요 사항을 담당하는 최고 정무 기구로 발전하였다.

[2021. 국회직 9급] 난이도 ★★★

거란에서 사신과 낙타 50필을 보내왔다. 왕은 거란이 일찍이 발해와 동맹을 맺고 있다가 갑자기 의심을 품어 맹약을 어기고 그 나라를 멸망시켰으니 이는 심히 무도한 나라로서 친선 관계를 맺을 수가 없다고 하여, 드디어 국교를 단절하고 사신 30명은 섬으로 귀양을 보냈으며, 낙타는 만부교 아래 매어 두었더니 다 굶어 죽었다.

Theme 만부교 사건(942)

Keyword 분석

자료는 고려 초 태조 때 거란과의 관계를 보여주는 만부교 사건에 대한 내용이다. 고려 태조는 거란에서 보내 온 낙타 50필을 만부교 아래에 매어 놓아 굶어 죽게 하는(만부교 사건, 942) 등 거란에 대한 강경책을 취하였다.

[2023. 국가직 9급] 난이도 ★★☆

우리나라가 곧 고구려의 옛 땅이다. 그리고 압록강의 안 팎 또한 우리의 지역인데 지금 여진이 그 사이에 몰래 점거하여 저항하고 교활하게 대처하고 있어서 …(중략)… 만일 여진을 내쫓고 우리 옛 땅을 되찾아서 성보(城堡)를 쌓고 도로를 통하도록 하면 우리가 어찌 사신을 보내지 않겠는가?
- 『고려사』 -

Theme 서희의 외교 담판

Keyword 분석
- 거란의 1차 침입 때(993, 성종 12) 서희의 외교 담판 → 강동 6주 획득

Solution⁺ 거란의 1차 침입(993, 성종)

배경	고려의 친송 정책과 북진 정책
전개	서희와 소손녕의 외교 담판
결과	• 송과 외교 단절 약속 및 거란과 교류 약속 • 압록강 동쪽 강동 6주 확보

[2022. 지방직 9급] 난이도 ★★★

군대를 이끌고 통주성 남쪽으로 나가 진을 친 (가) 은/는 거란군에게 여러 번 승리를 거두었다. 하지만 자만하게 된 그는 결국 패해 거란군의 포로가 되었다. 거란의 임금이 그의 결박을 풀어 주며 "내 신하가 되겠느냐?"라고 물으니, (가) 은/는 "나는 고려 사람인데 어찌 너의 신하가 되겠느냐?"라고 대답하였다. 재차 물었으나 같은 대답이었으며, 칼로 살을 도려내며 물어도 대답은 같았다. 거란은 마침내 그를 처형하였다.

Theme 강조

Keyword 분석
- 자료의 (가)는 고려의 무신 강조
- 거란의 2차 침입(1010) 때 통주에서 패하여 포로로 잡힘 → 거란 성종의 회유 거절 → 처형

Solution⁺ 강조의 패배와 죽음(1010)

강조는 거란의 2차 침입(1010) 때 통주에서 패하여 포로가 되었고, 거란의 성종이 자신의 신하가 되어달라고 권유하자, "나는 고려 사람인데 어찌 너의 신하가 되겠는가" 하며 단호히 거절해 고려인의 늠름한 자세를 보여주고 최후를 마쳤다고 한다.

[2024. 국가직 9급, 2017. 지방직 9급 추가채용] 난이도 ★★★

강조의 군사들이 궁문으로 마구 들어오자, 목종이 모면할 수 없음을 깨닫고 태후와 함께 목 놓아 울며 법왕사로 옮겼다. 잠시 후 황보유의 등이 (가) 을/를 받들어 왕위에 올렸다. 강조가 목종을 폐위하여 양국공으로 삼고, 군사를 보내 김치양 부자와 유행간 등 7인을 죽였다.

Theme 강조의 정변(1009)

Keyword 분석
- 자료의 (가)는 고려 현종
- 강조가 목종을 폐위 및 시해하고 현종을 즉위시킨 사건
- 거란 2차 침입의 빌미

Solution⁺ 거란의 2차 침입(1010, 현종)

배경	강조의 정변을 구실로 침략
전개	개경 함락, 현종 나주 피난, 강조 포로
결과	• 양규의 흥화진 전투 활약(보급로 차단) • 현종의 친조(입조)를 조건으로 강화

[2021. 소방직] 난이도 ★★☆

강감찬이 산골짜기 안에 병사를 숨기고 큰 줄로 쇠가죽을 꿰어 성 동쪽의 큰 개천을 막아서 기다리다가, 적이 이르자 물줄기를 터뜨려 크게 이겼다.

Theme 강감찬의 흥화진 전투(1018)

Keyword 분석

거란의 3차 침입(1018) 당시 거란은 다시 소배압을 총사령관으로 대군을 이끌고 고려에 쳐들어왔다. 강감찬은 소가죽을 연결해서 흥화진 동쪽 상류의 물을 막고 군대를 숨겨두었다. 이를 모르는 거란군은 강을 건너다 강감찬이 터뜨린 둑의 물살에 휩쓸려 내려갔고 그나마 이를 피한 거란군도 고려군에 전멸됐는데 이 전투가 바로 흥화진 전투이다.

Solution⁺ 거란의 3차 침입(1018)

배경	현종의 입조 약속 불이행, 강동 6주 반환 요구 거부
전개	거란 소배압의 10만 대군 침략
결과	강감찬의 흥화진 전투(1018)와 귀주대첩(1019) 승리

[2019. 국가직 9급, 2018. 서울시 9급 일행] 난이도 ★★★

- 모든 관리들을 소집해 (　　)을/를 상국으로 대우하는 일의 가부를 의논하게 하자 모두 불가하다고 했으나, 이자겸과 척준경만이 찬성하고 나섰다.
- (　　)은/는 전성기를 맞아 우리 조정이 그들의 신하임을 칭하도록 하고자 하였다. 여러 의견들이 뒤섞여 어지러운 가운데, 윤언이가 홀로 간쟁하여 말하기를 …… 여진은 본래 우리 조정 사람들의 자손이기 때문에 신하가 되어 차례로 우리 임금께 조공을 바쳐왔고, 국경 근처에 사는 사람들은 모두 우리 조정의 호적에 올라있는 지 오래 되었습니다. 우리 조정이 어찌 거꾸로 그들의 신하가 될 수 있겠습니까?

Theme 금나라(여진)와의 관계

Keyword 분석
- 괄호에 해당하는 나라는 금(여진)
- 첫 번째 자료는 이자겸의 금의 사대 요구 수용(1126)
- 두 번째 자료는 윤관의 아들 윤언이가 금의 사대 요구 수용에 반대하는 내용

[2022. 서울시 9급 1차, 2020. 지방직 9급] 난이도 ★★☆

윤관이 아뢰기를, "신이 적의 기세를 보건대 예측하기 어려울 정도로 굳세니, 마땅히 군사를 쉬게 하고 군관을 길러서 후일을 기다려야 할 것입니다. 또 신이 싸움에서 진 것은 적은 기병(騎兵)인데 우리는 보병(步兵)이라 대적할 수가 없었기 때문입니다."라 하였다. 이에 그가 건의하여 처음으로 이 부대를 만들었다.

Theme 별무반

Keyword 분석
밑줄 친 '이 부대'는 별무반이다. 별무반은 기병 중심의 여진족을 상대하기 위한 특수부대로 숙종 대인 1104년에 창설되었다.

Solution+ 별무반

조직	숙종 때 윤관의 건의로 편성(1104)
목적	기병 중심의 여진에 효율적 대응
구성	신기군(기병), 신보군(보병), 항마군(승병)
특징	양천혼성군(산관, 양인, 승려, 노비 등 광범위한 계층 동원)
활약	예종 때 여진 정벌 → 동북 9성 축조(1107)

[2021. 소방간부후보] 난이도 ★★★

(가) 사람은 예전에 왕에게 신하로 복속하면서, 바닷가 모퉁이에 모여 살던 보잘것없는 종족이었다. 하늘을 배반하고 신(神)을 거역하여 거란을 멸망시키더니, 드디어 중국을 모욕하고 간사함과 횡포가 더욱 심해지고 있다. …(중략)… 장차 천하의 군사를 일으켜 작고 형편없는 족속들의 죄를 묻고자 하니, 왕은 군사를 통솔하고 우리 군대와 힘을 합쳐 적에게 천벌을 내리도록 하라.
- 『고려사』 -

Theme 금나라(여진)

Keyword 분석
자료는 1126년 송 황제가 고려에 금나라(여진)를 협공할 것을 요청한 사료이다. 따라서 (가)에 해당하는 나라는 금(여진)이다. 예전에는 신하의 나라였다는 것과 거란을 멸망시켰다는 내용을 통해 알 수 있다.

[2022. 법원직 9급] 난이도 ★★☆

왕은 윤관이 이끄는 별무반을 파견하여 여진을 정벌한 후 동북쪽에 9개의 성을 쌓아 방어하도록 하였다.

Theme 동북 9성 축조

Keyword 분석
- 밑줄 친 '왕'은 고려 예종
- 1107년 예종 때 윤관이 별무반을 이끌고 여진족 정벌 → 동북 9성 축조 → but 동북 9성 수비의 어려움 → 여진의 조공 약속 → 동북 9성 환부(1109)

[2021. 경찰간부후보] 난이도 ★★☆

　(가) 때 대사 중서령 최충이 후진을 모아 교육하기를 게을리 하지 아니하니 선비와 평민의 자제가 그의 집과 마을에 가득했다. 마침내 9재로 나누어 …(중략)… 그 후로부터는 무릇 과거에 나아가려는 이는 9재에 이름을 올리게 되니 이름하여 문헌공도라 했다. 또 유신으로서 도를 세운 이가 11인이 있다.
　　　　　　　　　　　　　　　　　　　　- 『고려사』 -

Theme 고려 문종 때 최충의 9재학당 설립

Keyword 분석
· 자료의 (가)는 고려 문종
· 최충(해동공자)의 9재학당(문헌공도) 설립

Solution+ 문종(1046~1083, 11대)
· 경정전시과 실시, 녹봉 제도 완비, 한양을 남경으로 승격
· 최충의 문헌공도(9재 학당) 설립, 동·서 대비원 정비, 흥왕사 건립
· 삼복제(사형수 판결의 삼심제)

[2017. 국가직 9급 추가채용] 난이도 ★★☆

대관(大觀) 경인년에 천자께서 저 먼 변방에서 신묘한 도(道)를 듣고자 함을 돌보시어 신사(信使)를 보내시고 우류(羽流) 2인을 딸려 보내어 교법에 통달한 자를 골라 훈도하게 하였다. 왕은 신앙이 돈독하여 정화(政和) 연간에 비로소 복원관(福源觀)을 세워 도가 높은 참된 도사 10여 인을 받들었다. 그러나 그 도사들은 낮에는 재궁(齋宮)에 있다가 밤에는 집으로 돌아가고는 하였다. 그래서 후에 간관이 지적, 비판하여 다소간 법으로 금하는 조치를 취하게 되었다. 간혹 듣기로는, 왕이 나라를 다스렸을 때는 늘 도가의 도록을 보급하는 데 뜻을 두어 기어코 도교로 호교(胡敎)를 바꿔 버릴 생각을 하고 있었으나 그 뜻을 이루지 못해 무엇인가를 기다리는 것이 있는 듯하였다고 한다.
　　　　　　　　　　　　　　　　　　　　- 『고려도경』 -

Theme 복원궁 건립

Keyword 분석
· 밑줄 친 '왕'은 고려 예종
· 고려 예종 때 복원궁(복원관, 도교 사원) 건립

Solution+ 예종(1105~1122, 16대)
· 여진 정벌 → 동북 9성 축조
· 『해동비록』, 『속편년통재』(홍관) 편찬
· 7재(전문 강좌)·양현고(장학 재단) 설치
· 청연각·보문각 설치
· 복원궁(도교 사원) 처음 건립
· 속현에 감무 파견, 혜민국 설치
· 도이장가 지음(개국공신 김락·신숭겸 추모곡)

[2023. 계리직, 2022. 법원직 9급, 2016. 지방직 9급] 난이도 ★★☆

주전도감에서 왕에게 아뢰기를 "백성들이 화폐를 사용하는 유익함을 이해하고 그것을 편리하게 생각하고 있으니 이 사실을 종묘에 알리십시오."라고 하였다. 이 해에 또 은병을 만들어 화폐로 사용하였는데, 은 한 근으로 우리나라의 지형을 본떠서 만들었고 민간에서는 활구라고 불렀다.

Theme 고려 숙종 때의 화폐 주조

Keyword 분석
주전도감, 활구 등을 통해 밑줄 친 '왕'이 고려 숙종임을 알 수 있다. 숙종 때 대각국사 의천의 건의로 주전도감을 설치하고 화폐를 주조하였다. 숙종 때 주조된 화폐로는 삼한통보, 해동통보, 해동중보 등의 동전과 활구(은병)라는 은전이 있으나, 널리 유통되지는 못하였다.

Solution+ 숙종(1095 ~ 1105, 15대)
· 윤관의 별무반 편성, 남경개창도감 설치(김위제 건의)
· 서적포 설치, 기자 사당 건립, 의천의 해동천태종 개창
· 주전도감 설치 및 화폐 주조

[2017. 국가직 7급]

그는 스스로 국공(國公)에 올라 왕태자와 동등한 예우를 받았으며 자신의 생일을 인수절(仁壽節)이라 칭하였다. 그는 남의 토지를 빼앗고 공공연히 뇌물을 받아 집에는 썩는 고기가 항상 수만 근이나 되었다.

Theme 이자겸

Keyword 분석

밑줄 친 '그'는 이자겸이다. 고려 인종 때 이자겸은 친족들을 요직에 배치하고 매관매직하여 재산을 축적하였으며, 스스로 국공(國公)으로 자처하거나 자신의 생일을 인수절(仁壽節)이라 하여 전국에 축하문을 올리게 하였다

Solution+ 이자겸

· 예종과 인종의 외척, 지군국사(知軍國事), 굴비 일화

[2016. 지방직 9급, 2015. 지방직 7급]

(㉠)(의) 천도 운동에 대하여 역사가들은 단지 왕의 군대가 반란한 적을 친 것으로 알았을 뿐인데, 이는 근시안적인 관찰이다. 그 실상은 낭가와 불교 양가 대 유교의 싸움이며, 국풍파 대 한학파의 싸움이며, 독립당 대 사대당의 싸움이며, 진취 사상 대 보수 사상의 싸움이니, (㉠)은(는) 전자의 대표요 (㉡)은(는) 후자의 대표였던 것이다.

Theme 신채호의 서경 천도 운동에 대한 인식

Keyword 분석

· ㉠은 묘청, ㉡은 김부식
· 신채호의 서경 천도 운동에 대한 평가(어찌 일천년래 제일대사건이라 하지 아니하랴.)

[2021. 소방직]

왕에게 건의하기를, "저희가 보니 서경 임원역의 땅은 음양가들이 말하는 대화세(大華勢)입니다. 만약 이곳에 궁궐을 세우고 수도를 옮기면 …… 금이 공물을 바치고 스스로 항복할 것이며, 36개 나라가 모두 신하가 될 것입니다."라고 하였다. …… 국호를 대위(大爲), 연호를 천개(天開), 그 군대를 천견충의군(天遣忠義軍)이라고 불렀다.
― 『고려사』 ―

Theme 묘청의 난(1135, 인종 13)

Keyword 분석

배경	서경파(묘청·정지상)와 개경파(김부식)의 대립
전개	묘청의 서경 천도 주장 → 개경파의 반발 → 묘청이 서경에서 반란(대위국, 천개, 천견충의군)
결과	김부식이 이끄는 관군이 진압, 문벌귀족 권력↑

[2021. 소방간부후보]

왕이 탄 가마가 보현원 근처에 이르렀을 때이고, 이의방이 앞질러 가서 왕의 명령을 거짓으로 꾸며 순검군을 모았다. 왕이 보현원 문으로 들어서고 여러 신하들은 물러나려는데 이고 등이 임종식, 이복기, 한뢰를 죽였다. 왕을 모시던 문관 및 대소 신료, 환관들도 모두 살해되었다. 또 개경에 있던 문신 50여 명도 살해되었다. 정중부 등이 왕을 모시고 궁으로 돌아왔다.
― 『고려사』 ―

Theme 무신정변(1170)

Keyword 분석

숭문천무 현상 팽배, 의종의 향락과 하급 군인들의 군인전 미지급 → 보현원 사건(정중부 등이 문신 살해) → 정중부, 이의방, 이고 등이 문신들을 죽이고 정권 장악 → 의종 폐위(거제도 유배), 명종 옹립

[2022. 소방직, 2014. 국가직 7급] 난이도 ★★☆

적신 이의민은 성품이 사납고 잔인하여 윗사람을 업신여기고 아랫사람을 능멸하여 주상의 자리를 흔들고자 하니 신(臣)(㉠) 등이 폐하의 위엄에 힘입어 <u>일거에 소탕하였습니다</u>. 원컨대 폐하께서는 새로운 정치를 도모하시어 태조의 바른 법을 따라 빛나게 중흥을 여소서. <u>삼가 열 가지 일을 조목으로 나누어 아룁니다.</u> － 『고려사』 －

Theme 최충헌의 집권

Keyword 분석
· 밑줄 친 '㉠'은 이의민을 제거하고 정권을 잡은 최충헌
· 삼가 열가지 일을 조목으로 나누어 아뢴다는 것은 최충헌이 봉사 10조를 건의한 사실을 의미함

[2017. 기상직 9급, 2012. 서울시 9급] 난이도 ★★★

1. <u>국왕은 참위설을 믿어 새로 지은 궁궐에 들지 않고 있는데, 길일을 택하여 들어갈 것</u>.
2. 근래 관제에 어긋나게 많은 관직을 제수해 녹봉이 부족하게 됐으니 원제도에 따라 관리의 수를 줄일 것.
3. 근래 벼슬아치들이 공·사전을 빼앗아 토지를 겸병함으로써 국가의 수입이 줄고 군사가 부족하게 되었으니, 토지대장에 따라 원주인에게 돌려줄 것.
4. 세금을 거두는데 향리의 횡포화 권세가의 거듭되는 징수로 백성의 생활이 곤란하니 유능한 수령을 파견하여 금지케 할 것.

Theme 최충헌이 명종에게 건의한 봉사 10조

Keyword 분석
· 봉사 10조 요약
1조 왕은 정전(연경궁)으로 환어할 것.
2조 필요 이상의 관원을 도태시킬 것.
3조 토지 점유를 시정할 것.
4조 조부(租賦)를 공평히 할 것.
10조 인물을 가려 관리를 등용할 것.

[2020. 경찰간부후보, 2017. 기상직 7급] 난이도 ★★★

사신(史臣)이 말하기를, '<u>신종은 이 사람이 세웠다. 사람을 살리고 죽이고 왕을 폐하고 세우는 것이 다 그의 손에서 나왔다. (신종은) 한 갓 실권이 없는 왕으로서 신민(臣民)의 위에 군림하였지만, 허수아비와 같았으니, 애석한 일이다.</u>' 라고 하였다. － 『고려사』 －

Theme 최충헌

Keyword 분석
· 자료의 '이 사람'은 최충헌
· 최충헌은 명종을 폐하고 신종, 희종, 강종, 고종을 차례로 옹립

Solution+ 최충헌(집권 시기 : 1196~1219)
· 봉사 10조 건의(명종에게)
· 교정도감 설치 → 중방 약화
· 농장 확대, 도방 부활, 조계종 후원
· 이규보 등 문신 등용
· 진주 지방을 식읍으로 받음 → 진강후 책봉 및 흥녕부(진강부) 설치
· 전라·경상 일대 농장과 노비 소유

[2023. 서울시 9급 1차, 2022. 국회직 9급] 난이도 ★★☆

고종 12년(1225)에 <u>최우(崔瑀)가 자신의 집에 ㉠ 을 두고 백관의 인사를 다루었는데 문사(文士)를 뽑아 이에 속하게 하고 필자적(必者赤)이라 불렀다.</u> － 『고려사』 －

Theme 정방 설치

Keyword 분석
· 자료의 ㉠은 최우가 설치한 정방
· 최우는 자신의 집에 정방을 설치하여 모든 관직에 대한 인사권 장악

Solution+ 최우 집권기(1219~1249)
· 정방 설치(인사권 장악), 서방 설치(문신 숙위 기구)
· 야별초 조직(→ 삼별초로 개편)
· 강화천도(1232), 팔만대장경 조판 사업 시행

[2024. 법원직 9급, 2017. 국회직 9급]

내가 봉기하자 나의 고향을 현(縣)으로 승격시키고 수령을 두어 편안하게 살게 해주겠다고 회유하더니, 오래지 않아 다시 군사를 보내 토벌하고 나의 어머니와 아내를 옥에 가둔 것은 무슨 뜻인가? 차라리 칼날 아래서 죽을지언정 끝내 항복하지 않을 것이며 반드시 왕경에 이르고야 말겠다.

Theme 망이·망소이의 난(1176)

Keyword 분석
- 정중부 집권기에 발생
- 공주 명학소에서 망이·망소이가 신분 해방을 외치며 봉기
- 명학소가 충순현으로 승격 → 향·부곡·소가 점차 소멸되는 계기

[2020. 국가직 9급, 2019. 소방간부]

그가 북산에서 나무하다가 공, 사노비를 불러 모아 모의하기를, "나라에서 경인, 계사년 이후로 높은 벼슬이 천한 노비에게서 많이 나왔으니, 장수와 재상이 어찌 씨가 따로 있으랴. 때가 오면 누구나 할 수 있는데, 우리들이 어찌 고생만 하면서 채찍 밑에 곤욕을 당해야 하겠는가?"라고 하니, 여러 노비들이 모두 그렇게 여겼다.
- 고려사 -

Theme 만적의 난(1198)

Keyword 분석
- 최충헌 집권기에 발생
- 개경에서 최충헌의 사노비인 만적이 정권 탈취 시도

[2024. 지방직 9급, 2017. 기상직 7급]

- 이의민은 일찍이 붉은 무지개가 두 겨드랑이 사이에서 생기는 꿈을 꾸고는 자못 이를 자부하였고, 또 옛 도참에 왕씨가 다하고 다시 십팔자(十八子)가 있다는 말을 들었는데, '十八子'는 곧 '이(李)'이다. 이로써 마음속에 이룰 수 없는 생각을 품고, 탐욕을 줄이고 명사(名士)를 거두어서 헛된 명예를 구하려고 하였다. 자신이 경주 출신이므로 비밀리에 신라를 부흥시킬 뜻을 가지고, ☐(가)☐ 등과 연결하니, 그들도 역시 거만(鉅萬)을 보냈다.
- 『고려사』 -
- 남쪽 지방에서 반란군이 봉기하였다. 가장 심한 자들은 운문을 거점으로 한 김사미와 초전의 효심이었다. 이들은 유랑민을 불러 모아 주현을 습격하여 노략질하였다.

Theme 김사미·효심의 난(1193)

Keyword 분석
- 첫 번째 자료의 (가)는 김사미와 효심
- 이의민 집권기인 1193년 김사미는 운문(청도), 효심은 초전(밀양 또는 울산)에서 난을 일으킴(농민 봉기, 신라 부흥 운동, 이의민이 지원)

Solution+ 이의민(집권 시기 : 1183~1196)
- 천민 출신, 정중부의 부하
- 경대승이 사망하자 정권 장악 → 최충헌에 의해 제거(1196)

[2019. 국가직 7급]

왕 24년 봄에 전라도 지휘사 김경손이 초적 이연년을 쳐서 평정하였다. 이때 이연년 형제가 원율·담양 등 여러 고을의 무뢰배들을 불러 모아 해양(海陽) 등의 주현을 공격하여 함락시켰다.

Theme 이연년 형제의 난(1237)

Keyword 분석
- 고려 고종 때(최우 집권기) 이연년 형제의 난(1237, 담양)

Solution+ 무신 집권기 권력자별 주요 사건

권력자	주요 사건
정중부 (1170~1179)	· 김보당의 난(1173, 명종 3) · 교종 승려의 난(1174, 명종 4) · 조위총의 난(1174, 명종 4) · 공주 명학소 망이·망소이의 난(1176, 명종 6)
경대승 (1179~1183)	· 전주 관노의 난(1182, 명종 12)
이의민 (1183~1196)	· 김사미·효심의 난(1193, 명종 23)
최충헌 (1196~1219)	· 만적의 난(1198, 신종 1) · 광명·계발의 난(1200, 신종 3) · 이비·패좌의 난(1202, 신종 5) · 최광수의 난(1217, 고종 4)
최우 (1219~1249)	· 이연년 형제의 난(1237, 고종 24)

[2024. 서울시 9급, 2014. 지방직 7급]

처음 충주부사 우종주가 매양 장부와 문서로 인하여 판관 유홍익과 틈이 있었는데, ㉠ 이(가) 장차 쳐들어 온다는 말을 듣고 성 지킬 일을 의논하였다. 그런데 의견상의 차이가 있어서 우종주는 양반별초를 거느리고, 유홍익은 노군과 잡류별초를 거느리고 서로 시기하였다. ㉠ 이(가) 오자, 우종주와 유홍익은 양반 등과 함께 다 성을 버리고 도주하고, 오직 노군과 잡류만이 힘을 합쳐서 이를 쫓았다.
— 『고려사』 —

Theme 몽골의 1차 침입(1231)

Keyword 분석
- 밑줄 친 '㉠'은 몽골
- 몽골의 1차 침입(1231)
  - 배경 : 고려에 몽골 사신으로 왔던 저고여 피살(1225)
  - 전개 : 몽골 살리타 침입 → 박서의 항전(귀주성 전투), 지광수와 노군·잡류별초의 항전(충주)
  - 결과 : 고려의 강화 요청 → 여·몽 간의 화의 성립

[2023. 국회직 9급, 2021. 경찰간부후보]

- 을유에 왕이 개경을 출발하여 승천부에 이르고 병술에 강화의 객관에 들었다. 이때 장마가 열흘이나 계속되어 진흙길이 발목까지 빠져서 사람과 말이 쓰러졌다.
— 『고려사절요』 —

- 김윤후는 … 몽골군이 이르자 처인성으로 난을 피하였는데, 몽골의 장수 살리타가 와서 성을 공격하므로 그를 사살하였다.

Theme 강화 천도와 처인성 전투

Keyword 분석
- 첫 번째 자료는 최우 집권기 고려 정부의 강화 천도(1232, 고종 19)
- 두 번째 자료는 김윤후의 처인성 전투

Solution+ 몽골의 2차 침입(1232)

배경	고려 고종과 최우의 강화 천도(1232) : 장기 항전을 위해 강화도로 피난
전개	살리타 재침입 → 처인성 전투(김윤후와 처인 부곡민의 살리타 사살)
결과	· 몽골군 퇴각, 처인 부곡은 현으로 승격 · 대구 부인사에 보관되어 있던 초조대장경 소실(1232)

[2020. 소방간부후보, 2015. 서울시 7급]

김윤후가 충주산성 방호별감으로 있을 때 (㉠)이/가 쳐들어와 충주성을 70여 일 동안 포위하자 비축해 둔 군량이 바닥나버렸다. 김윤후가 군사들에게 "만약 힘을 다해 싸워 준다면 귀천을 불문하고 모두 관작을 줄 것이니 너희들은 나를 믿으라"고 설득한 뒤 관노(官奴) 문서를 가져다 불살라 버리고 노획한 마소를 나누어 주었다. 이에 사람들이 모두 죽음을 무릅쓰고 적에게로 돌진하니 (㉠)은/는 조금씩 기세가 꺾여 더 이상 남쪽으로 나아가지 못했다.
— 『고려사』 —

Theme 몽골의 5차 침입 당시 김윤후의 충주성 전투

Keyword 분석
- ㉠은 몽골, 자료는 몽골의 5차 침입 당시 김윤후(방호별감)가 충주에서 몽골을 격퇴한 내용

Solution+ 몽골의 3~6차 침입

3차 침입 (1235~1239)	· 강화에서 팔만대장경 조판 시작(1236) · 황룡사 9층 목탑 소실(1238)
5차 침입 (1253)	김윤후(방호별감)가 충주에서 몽골 격퇴 → 충주는 국원경으로 승격
6차 침입 (1254~1259)	충주 다인철소 주민의 몽골 격퇴(1254) → 익안현으로 승격

[2020. 소방직]

개경으로 환도하면서 날짜를 정하여 기일 내에 돌아가게 하였으나 (가) 은/는 다른 마음이 있어 따르지 아니하였다. 그리하여 (가) 은/는 난을 일으키고 나라를 지키려는 자는 모이라고 하였다.

Theme 삼별초

Keyword 분석
- (가)는 개경 환도를 반대하며 반기를 든 삼별초

[2021. 경찰 2차]

김방경이 몽골 원수(元帥) 등과 더불어 삼군(三軍)을 거느리고 적(敵)을 격파하니, …… 적의 장수 김통정이 남은 무리를 이끌고 탐라에 들어가 숨었다. - 『고려사』 -

Theme 삼별초의 항쟁

Keyword 분석
- 밑줄 친 '적'은 삼별초
- 진도가 함락되자 삼별초는 제주도로 근거지를 옮겨 김통정의 지휘 아래 대몽 항쟁 지속

Solution+ 삼별초

조직	최우 때 편성
편성	좌별초·우별초·신의군
삼별초의 항쟁	
강화도	개경 환도에 반발하여 배중손의 지휘아래 승화후 온(溫)을 왕으로 추대
진도	배중손 지휘 아래 진도로 이동 → 용장(산)성을 쌓고 저항 → 여몽 연합군에게 진압
제주도	김통정 지휘 제주도로 이동 → 항파두리성을 쌓고 저항 → 여몽 연합군에게 진압

[2014. 국가직 9급]

- 이전 문서에서는 몽고의 연호를 사용했는데, 이번 문서에서는 연호를 사용하지 않았다.
- 이전 문서에서는 몽고의 덕에 귀의하여 군신 관계를 맺었다고 하였는데, 이번 문서에서는 강화로 도읍을 옮긴지 40년에 가깝지만, 오랑캐의 풍습을 미워하여 진도로 도읍을 옮겼다고 한다. - 「고려첩장(高麗牒狀)」-

Theme 고려첩장불심조조

Keyword 분석
- 1271년(원종 12) 삼별초의 진도 정부가 일본에 보낸 외교 문서를 가마쿠라 막부가 일본 경도 조정에 보내면서 이상하게 여긴 내용을 12조목으로 정리한 문서

[2017. 국가직 9급 추가채용]

- 옷과 머리에 쓰는 관은 고려의 풍속을 유지하고 바꿀 필요가 없다.
- 압록강 둔전과 군대는 가을에 철수한다.
- 몽고에 자원해 머문 사람들은 조사하여 모두 돌려보낸다.

Theme 세조구제(1260)

Keyword 분석
- 원의 세조(쿠빌라이 칸)와 고려 원종 사이에 맺은 약속
- 고려의 풍속을 유지하고 존립을 보장한다는 불개토풍(不改土風)의 원칙

Solution+ 충렬왕 대의 세조 구제(1278)

1. 호구조사를 고려의 자율에 맡길 것
2. 고려 다루가치를 폐지할 것
3. 고려 주둔 몽골군을 철수시킬 것
4. 홍차구와 부원배를 소환할 것

[2017. 경찰 2차]

… 선왕의 맏아들이며 어머니는 제국대장공주(齊國大長公主)이다. 을해년 9월 정유일에 출생하였다. 성품이 총명하고 굳세며 결단력이 있었다. 이로운 것을 일으키고 폐단을 제거하여 시정에 그런대로 볼 만한 것이 있었으나 부자(父子) 사이는 실로 부끄러운 일이 많았다. 오랫동안 상국(上國)에 있었는데, 스스로 귀양 가는 욕을 당하였다. 왕위에 있은 지 5년이며, 수(壽)는 51세였다. - 『고려사절요』-

Theme 충선왕(1298, 1308~1313)

Keyword 분석
- 자료에서 선왕은 충렬왕을 의미함
- 충렬왕의 왕비는 제국대장공주, 충선왕의 왕비는 계국대장공주

Solution+ 충선왕의 아버지 충렬왕
- 왕비 제국대장 공주, 아들 충선왕
- 개혁 기구 : 전민변정도감(원종, 공민왕, 우왕 때에도 설치)
- 일본 원정(원과 함께 두 차례), 도병마사가 도평의사사로 개편
- 문묘(공자 사당) 새로 건립, 묘련사 창건
- 안향의 성리학 전래, 섬학전(장학 재단)·경사교수도감 설치

[2024. 국회직 9급, 2022. 소방간부후보] 난이도 ★★★

원년 2월에 왕이 명하기를, "옛날에 소금을 전매하던 법은 국가 재정에 대비하려는 것이었다. 본국의 여러 궁원·사사(寺社)와 권세가들이 사사로이 염분(鹽盆)을 설치하여 그 이익을 독점하고 있으니 국가 재정을 무엇으로써 넉넉하게 할 수 있을 것인가? …… 소금을 쓰는 자는 모두 의염창에 가서 사도록 하고, 군현 사람들은 모두 본관의 관사에 나아가 포를 바치고 소금을 받도록 하라. 만약 사사로이 염분을 설치하거나 몰래 서로 무역하는 자가 있으면 엄히 죄로 다스려라."고 하였다.
— 『고려사』 —

Theme 소금 전매제

Keyword 분석
· 밑줄 친 '왕'은 고려 충선왕
· 충선왕이 실시한 소금 전매제 : 각염법 제정과 의염창 설치

Solution⁺ 충선왕(1298, 1308~1313)
· 왕비 : 계국대장공주, 조비(조인규 딸)
· 개혁 기구 : 사림원 설치(정방 폐지)
· 소금전매제 실시
· 충선왕 복위 교서 : 재상지종(권문세족)
· 원의 수시력 채용
· 만권당 설치 : 충숙왕에게 양위 후 원 북경(연경)으로 가서 설치

[2023. 국가직 9급, 2021. 경찰간부후보] 난이도 ★★★

· "오늘날 나라의 법이 무너져 나라의 토지와 약한 자들의 토지를 힘 있는 자들이 모두 빼앗고, 양민을 자신의 노예로 삼고 있다. 그러므로 백성은 병들고, 나라의 창고는 비어 있으니 큰 문제가 아닐 수 없다. 이제 (가) 을(를) 만들고 이를 시정 하고자 하니 …(중략)… 기한 내 시정하는 자는 그냥 두겠으나, 기한 경과 후에 발각된 자는 처벌할 것이며, 거짓으로 보고한 자도 벌을 받을 것이다"
— 『고려사』 —

· 신돈이 (가) 을/를 설치하자고 요청하자, …(중략)… 이제 도감이 설치되었다. …(중략)… 명령이 나가자 권세가 중에 전민을 빼앗은 자들이 그 주인에게 많이 돌려주었으며, 전국에서 기뻐하였다.
— 『고려사』 —

Theme 전민변정도감

Keyword 분석
· (가)는 전민변정도감
· 권세가가 불법적으로 차지한 토지를 원래의 주인에게 돌려주고 농민을 되찾아 바로 잡기 위한 임시 개혁기관
· 고려 원종 때(1269) 처음 설치, 충렬왕, 공민왕 대에도 설치

[2020. 경찰 2차, 2014. 국가직 9급]
왕이 원의 제도를 따라 변발(辮髮)을 하고 호복(胡服)을 입고 전상에 앉아 있었다. 이연종이 간하려고 문밖에서 기다리고 있었더니 [중략] 말하기를 "변발과 호복은 선왕(先王)의 제도가 아니오니 원컨대 전하께서는 본받지 마소서."라고 하니, 왕이 기뻐하면서 즉시 변발을 풀어버리고 그에게 옷과 요를 하사하였다.

Theme 공민왕의 몽골풍 폐지(1352)

Keyword 분석
- 밑줄 친 '왕'은 공민왕
- 몽골풍(변발, 호복) 폐지 → 반원 자주 정책

[2024. 지역인재 9급, 2022. 경찰간부후보]
왕이 원의 연호 사용을 중지하고 교서를 내리면서, "근래 나라의 풍속이 모두 변하여 오직 권세만을 추구하게 되었으니 …(중략)… 지금부터는 더욱 정치에 마음을 다 쏟을 것이며, 법령을 밝게 다듬고 기강을 정돈하여 역대 임금들께서 세우신 법을 회복하여 온 나라와 함께 새롭게 출발하려 한다."라고 말하였다.

Theme 공민왕의 원 연호 폐지(1356)

Keyword 분석
- 밑줄 친 '왕'은 공민왕
- 공민왕은 원나라의 지정(至正) 연호를 폐지함 → 반원 자주 정책

[2022. 소방간부후보]
왕이 다음과 같이 명령하였다. "정방의 설치는 권신의 손에서 된 것이니, 이것이 어찌 사람을 조정에서 벼슬을 시키는 본뜻이겠는가? 이제 이를 영구히 폐지하니, 3품관 이하는 재상과 함께 올리고 내릴 것을 토의할 것이요, 7품관 이하는 이부와 병부에서 의논하여 보고하도록 하라."

Theme 공민왕의 정방 폐지(1352)

Keyword 분석
- 밑줄 친 '왕'은 공민왕
- 공민왕은 왕권을 제약하고 신진 사대부의 등장을 억제하고 있던 정방을 폐지함.

[2024. 법원직 9급, 2018. 국가직 7급]
성균관을 다시 짓고 이색을 판개성부사 겸 성균관 대사성으로 삼았다. …(중략)… 이색이 다시 학칙을 정하고 매일 명륜당에 앉아서 경전을 나누어 수업하였는데, 강의를 마치면 함께 논쟁하느라 지루함을 잊었다. 이에 학자들이 모여들기 시작하였고 서로 함께 눈으로 보고 느끼게 되니, 정주성리학이 비로소 흥기하게 되었다.
- 『고려사』 -

Theme 공민왕의 성균관 정비

Keyword 분석
- 이색을 성균관 대사성에 임명
- 성균관을 순수한 유교 교육 기관으로 개편(유학 교육 강화)

[2019. 지방직 7급, 2019. 서울시 7급 1차]

자칭 평장인 반성·사유·관선생·주원수 등이 십만여 명이나 되는 무리를 이끌고 압록강을 건너 삭주를 노략질 하였다. …(중략)… 왕이 복주에 이르렀다. 정세운은 성품이 충성스럽고 청렴하였는데, 왕의 파천(播遷) 이래 밤낮으로 근심하고 분하게 여겨서 홍건적을 물리치고 개경을 회복하는 것을 자신의 임무로 여겼다. …(중략)… 마침내 정세운을 총병관으로 임명하였다.
― 『고려사절요』 ―

Theme 홍건적의 2차 침입(1361)

Keyword 분석
· 공민왕의 복주(안동) 피신(안동 놋다리 밟기의 유래)

Solution+ 공민왕(1351~1374)

제1기(초기 : 반원 자주 정책)
· 몽골풍(변발, 호복) 폐지, 정방 폐지(1352)
· 기철 등 친원파 숙청(1356)
· 정동행성 이문소 폐지(1356)
· 쌍성총관부 공격·수복(1356)
· 원의 연호 폐지, 관제 복구(1356)

제2기(위기 : 외적의 침입과 내부 반란)
· 홍건적의 침입(1359, 1361)
 - 1차 침입(1359 : 모거경 등 홍건적 4만 침입 → 서경 함락 → 이승경·이방실 격퇴
 - 2차 침입(1361) : 사유 등 홍건적 10만 침입 → 개경 함락 → 공민왕 복주(안동) 피신
· 나하추의 침입(1362), 흥왕사의 변(1363)

제3기(위기 이후 왕권 강화 정책)
· 신돈 등용, 전민변정도감 설치(1366)
· 성균관 중영(1367), 과거제 정비(1368)
· 요동공략(1369~1370), 자제위 설치(1372)

[2022. 지방직 9급]

왕의 어릴 때 이름은 모니노이며, 신돈의 여종 반야의 소생이었다. 어떤 사람은 "반야가 낳은 아이가 죽어서 다른 아이를 훔쳐서 길렀는데, 공민왕이 자신의 아들이라고 칭하였다."라고 하였다. 왕은 공민왕이 죽은 뒤 이인임의 추대로 왕위에 올랐다. 이후 이인임, 염흥방, 임견미 등이 권력을 잡아 극심하게 횡포를 부렸다.

Theme 우왕(1374~1388)

Keyword 분석
· 밑줄 친 '왕'은 고려 우왕
· 모니노는 우왕의 어릴 때의 이름
· 신돈(辛旽)의 여종 반야의 소생
· 권문세족 이인임 등에 의해 옹립되어 10세에 즉위

Solution+ 우왕 대(1374~1388)의 주요 사건
· 홍산 대첩(1376)
· 진포 대첩(1380) 및 황산 대첩(1380)
· 관음포 대첩(1383)
· 청주 흥덕사에서 『불조직지심체요절』 간행(1377)
· 최무선의 건의로 화통도감 설치(1377)
· 명의 철령위 설치 통고(1388) → 이성계의 요동 정벌 출병 → 위화도 회군(1388)

[2024. 지방직 9급, 2017. 국가직 9급]

· 비로소 (가) 을/를 설치했다. 판사 최무선의 말을 따른 것이다. 이때에 원나라의 염초 장인 이원이 최무선과 같은 동네 사람이었다. 최무선이 몰래 그 기술을 물어서 집의 하인들에게 은밀하게 배워서 시험하게 하고 조정에 건의했다.
― 『고려사절요』 ―

· 조정은 중국의 화약 제조 기술을 터득하여 이 기구를 두고, 대장군포를 비롯한 20여 종의 화기를 생산하였으며, 화약과 화포를 제작하였다.

Theme 화통도감 설치

Keyword 분석
· 첫 번째 자료의 (가)와 두 번째 자료의 밑줄 친 '이 기구'는 화통도감
· 최무선의 건의로 우왕 때인 1377년에 설치
· 화약 및 화기의 제조를 맡아보던 임시 관청
· 진포대첩에서 화포 사용

CHAPTER 02 중세의 사회

[2022. 소방직] 난이도 ★★★

- 나라에 벼슬하는 자는 바로 귀한 가문 출신의 관리들이며, 이들은 가문의 명망으로 서로를 높인다. (중략) 나라의 재상은 대부분 훈척(勳戚)을 임명한다. 선종부터 이씨의 후손을 비로 맞이하였는데, 예종도 세자 때 이씨의 딸을 맞아 비로 삼았다. - 『선화봉송고려도경』-
- 최사추는 문헌공 최충의 손자이다. 어려서부터 공부에 힘써 글을 잘하였다. 문종 때에 과거에 급제하였다. (중략) 최사추의 아들은 최원과 최진이다. 최원은 여러 차례 승진하여 상서우복야가 되었고, 최진은 문하시랑평장사가 되었다. 이자겸, 문공미, 유인저가 모두 최사추의 사위이니 문벌의 성대함이 당시에 비길 바가 없었다.
  - 『고려사』-

Theme 고려 중기의 지배 세력 문벌귀족

Keyword 분석
- 자료는 대표적 문벌 귀족 가문 경원 이씨와 해주 최씨에 대한 내용

Solution+ 문벌귀족
- 성종 때 대두(출신 : 호족·6두품 등)
- 과거·음서 통해 관직 독점, 공음전·과전
- 교종 계열 지지, 훈고학
- 대표 가문 : 경원 이씨(이자겸), 파평 윤씨(윤관), 해주 최씨(최충), 경주 김씨(김부식) 등

[2015. 경찰 3차] 난이도 ★★☆

이제부터 만약 종친으로서 같은 성에 장가드는 자는 황제의 명령을 위배한 자로서 처리할 것이니 마땅히 여러 대를 내려오면서 재상을 지낸 집안의 딸을 취하여 부인을 삼을 것이며 재상의 아들은 왕족의 딸과 혼인함을 허락할 것이다. 만약 집안의 세력이 미비하면 반드시 그러할 필요는 없다. …… 철원 최씨, 해주 최씨, 공암 허씨, 평강 채씨, 청주 이씨, 당성 홍씨 …… 평양 조씨는 다 여러 대의 공신 재상의 종족이니 가히 대대로 혼인할 것이다.

Theme 원간섭기 지배 세력 권문세족

Keyword 분석
- 자료는 충선왕 복위 교서로 재상지종(권문세족)에 대한 내용임

Solution+ 권문세족

출신	종래의 문벌 귀족 가문, 무신 정권기에 새로 등장한 가문, 원과의 관계를 통하여 성장한 가문 등
성장	· 원 간섭기 지배 세력 · 도평의사사(도당), 정방(인사권), 첨의부 장악
특징	· 주로 음서로 관직 진출 · 중앙의 부재지주 · 대농장 소유(산천 경계, 모수사패 활용)
성격	수구적, 친원적, 친불교적

[2022. 법원직 9급] 난이도 ★★☆

이들의 첫 벼슬은 후단사이며, 두 번째 오르면 병사(兵史)·창사(倉史)가 되고, 세 번째 오르면 주·부·군·현의 사(史)가 되며, 네 번째 오르면 부병정(副兵正)·부창정(副倉正)이 되며, 다섯 번째 오르면 부호정(副戶正)이 되고, 여섯 번째 오르면 호정이 되며, 일곱 번째 오르면 병정·창정이 되고, 여덟 번째 오르면 부호장이 되고, 아홉 번째 오르면 호장(戶長)이 된다.
— 『고려사』 —

Theme 고려 향리의 승진 규정

Keyword 분석
- 밑줄 친 '이들'은 고려 시대의 향리
- 자료는 고려 문종 때 향리의 승진 규정을 정한 사실을 보여줌

[2019. 지방직 7급] 난이도 ★★★

- 이제 살펴보건대, 신라가 주·군을 설치할 때 그 전정(田丁), 호구(戶口)가 현의 규모가 되지 못하는 곳에는 ㉠ , ㉡ 을/를 두어 소재지의 읍에 속하게 하였다.
— 『신증동국여지승람』 —

- 지난 왕조 때 5도와 양계에 있던 역과 진에서 역을 부담한 사람과 ㉡ 의 사람은 모두 고려 태조 때의 명령을 거역한 사람이므로, 고려는 이들에게 천하고 힘든 일을 맡게 했다.
— 『태조실록』 —

Theme 고려 시대의 특수 행정 구역

Keyword 분석
- 밑줄 친 '㉠'은 향, '㉡'은 부곡
- 고려의 특수 행정 구역
  - 향·부곡민(농업), 소(所) 주민(수공업, 광업)
  - 역 주민(육로 교통), 진 주민(수로 교통)
  - 거주 이전의 자유 無, 세금 多, 과거응시 ×

[2016. 기상직 9급] 난이도 ★★☆

신라 말 모든 읍(邑)의 토인(土人)으로 그 읍을 다스리고 호령하는 자가 있었는데, 고려가 후삼국을 통일한 이후에 직호를 내리고 토인에게 해당 지방의 일과 백성들을 다스리게 하였으니 이를 일러 호장이라 하였다.
— 『연조귀감』 —

Theme 고려 시대의 상층 향리

Keyword 분석
- 고려 시대의 향리

상층 향리	· 호족 출신 · 지방 세력 中 과거 합격률 가장 높음 · 호장·부호장을 대대로 배출 · 지방의 실질적 지배층 · 호장(향리직 우두머리)은 부호장과 함께 해당 고을의 모든 향리가 수행했던 말단 실무 행정 총괄
하층 향리	말단 행정직, 행정 실무 담당

[2020. 경찰간부후보, 2017. 교행 9급] 난이도 ★★☆

예종 3년에 왕이 명하기를, "구리, 철, 자기, 종이, 먹 등을 만드는 (가) 에서 공물을 지나치게 많이 거두어 주민들이 어려움을 이기지 못해 도망하고 있다. 이제 해당 관청에서는 그 공물의 양을 다시 정하여 보고하도록 하라."라고 하였다.

Theme 고려 시대 특수 행정 구역 '소(所)'

Keyword 분석
- 자료의 (가)는 '소(所)'
- 소에 거주하는 사람은 수공업이나 광업품의 생산이 주된 생업
- 고려는 소(所)에서도 먹, 종이, 금, 은 등 수공업 제품을 생산하여 공물로 바치게 함

[2013. 국가직 9급] 난이도 ★★☆

평량은 평장사 김영관의 사노비로 경기도 양주에 살면서 농사에 힘써 부유하게 되었다. 평량의 처는 소감 왕원지의 사노비인데, 왕원지는 집안이 가난하여 가족을 데리고 와서 의탁하고 있었다. 평량이 후하게 위로하여 서울로 돌아가기를 권하고는 길에서 몰래 처남과 함께 왕원지 부부와 아들을 죽이고, 스스로 그 주인이 없어졌음을 다행으로 여겼다.
- 『고려사』 -

Theme 고려 시대의 사노비

Keyword 분석
- 밑줄 친 '평량'은 사노비(외거노비)
- 매매·상속·증여의 대상
- 주인과 따로 살며 농업에 종사, 주인에게 신공 납부
- 소작 및 토지 소유 가능, 양민 백정과 비슷한 경제생활
- 독립된 경제 생활 영위 가능

[2015. 법원직 9급] 난이도 ★★★

- 감찰하는 관리 자신이 도적질하거나 감찰할 때에 재물을 받고 법을 어긴 자는 도형(徒刑)과 장형(杖刑)으로 논하지 말고 직전(職田)을 회수한 다음 귀향시킨다.
- 승인(僧人)으로 사원의 미곡을 훔친 자는 귀향시켜 호적에 편제한다.
- 관가의 물품을 무역한 자는 귀향형을 제외하고는 법에 따라 단죄한다.

Theme 고려 시대의 귀향형

Keyword 분석
- 관리가 중범죄를 저지르면 본관지로 돌려보내는 귀향형에 처함
- 귀향형은 고려 시대의 특징적인 형벌 제도임

[2018. 기상직 9급] 난이도 ★★☆

소승이 (　　) 천명과 더불어 크게 발원(發願)하여 침향(沈香)을 땅에 묻고 미륵보살이 하생(下生)되기를 기다려서 용화회(龍華會) 위에 세 번이나 모셔 이 매향불사(埋香佛事)로 공양을 올려 …… 미륵보살께서 우리의 동맹을 위하여 미리 이 나라에 나시고, …… 모두가 구족(具足)한 깨달음을 이루어 임금님의 만세와 나라의 융성, 그리고 중생의 안녕을 비옵니다.

Theme 향도

Keyword 분석
- 괄호에 들어갈 내용은 '향도'
- 매향 : 미륵을 만나 구원받고자 향나무를 바닷가에 묻는 활동

Solution+ 고려의 향도

전기	매향 활동 + 대규모 인력이 동원되는 불상·석탑을 만들거나 절을 지을 때 주도적 역할(불교의 신앙 조직)
후기	신앙적 향도에서 자신들의 이익을 위하여 조직되는 향도로 변모(마을 노역, 혼례와 상장례, 민속 신앙과 관련된 마을 제사, 농민 공동체 조직) → 조선 시대 상여를 메는 상두꾼도 향도에서 유래

[2020. 경찰 1차, 2013. 지방직 9급] 난이도 ★★☆

○○왕 원년 2월 대부경 박유가 다음과 같은 글을 올렸다. '우리나라에는 남자가 적고 여자가 많습니다. 그런데 지위 고하를 막론하고 한 아내로 그치고 아들이 없는 사람도 감히 첩을 두지 못합니다. 다른 나라 사람이 와서는 아내를 얻는데 제한이 없습니다. 장차 인물이 모두 북쪽으로 흘러갈까 두렵습니다. 신하들에게 첩을 두는 것을 허락하면 짝이 없어 원망하는 남녀가 없어지고 인물이 밖으로 흘러나가지 않으니 인구가 점차 늘어나게 될 것입니다.' 이 때 재상과 장군 가운데 아내를 무서워하는 자가 많아 그 논의를 중지하여 실행하지 못하였다.

Theme 고려 시대 여성의 지위

Keyword 분석
- 자료는 충렬왕 때 박유의 일부다처제(축첩제) 주장에 대한 여성들의 반발을 보여줌 → 여성의 지위가 높았음을 보여줌
- 고려 시대에 혼인 형태는 일부일처제가 일반적인 현상(but 축첩은 가능)

[2024. 지역인재 9급, 2014. 서울시 9급]

지금은 남자가 장가들면 여자 집에 거주하여, 남자가 필요로 하는 것은 모두 처가에서 해결하고 있습니다. 그리하여 장인과 장모의 은혜가 부모의 은혜와 똑같습니다. 아아, 장인께서 저를 두루 보살펴 주셨는데 돌아가셨으니, 저는 장차 누구를 의지해야 합니까. - 『동국이상국집』 -

Theme 고려의 가족 제도(남귀여가혼)

Keyword 분석
- 남귀여가혼(솔서혼, 서류부가혼) : 사위가 처가의 호적에 입적하여 처가에서 생활 多

Solution⁺ 고려 시대 가족 제도
- 혼인 형태는 일부일처제가 일반적, 자녀 균분 상속, 여성도 호주 가능
- 태어난 순으로 호적 기재, 아들 없을 시 딸이 제사
- 남귀여가혼(솔서혼, 서류부가혼), 사위·외손자도 음서 혜택
- 여성의 재가 비교적 자유로움(그 소생 자식의 사회적 진출에도 차별을 두지 않았음) → 여성의 사회 진출에는 제한이 있었음

[2020. 국가직 9급]

5월에 조서를 내리기를 "개경 내의 사람들이 역질에 걸렸으니 마땅히 (가) 을/를 설치하여 이들을 치료하고, 또한 시신과 유골은 거두어 묻어서 비바람에 드러나지 않게 할 것이며, 신하를 보내어 동북도와 서남도의 굶주린 백성을 진휼하라."라고 하였다. - 『고려사』 -

Theme 구제도감

Keyword 분석
- (가)는 예종 때 설치한 구제도감
- 질병 치료 및 '병사자의 매장' 관장

Solution⁺ 고려 시대 사회 제도

흑창(태조)	평시에 곡물 비축, 흉년에 빈민 구제(춘대추납)
의창(성종)	흑창을 확대 개편
상평창(성종)	물가 조절 기관, 개경·서경·각 12목에 설치
동서대비원	국립 의료 기관, 개경의 동·서쪽에 설치
혜민국(예종)	서민들에게 약 제공
구제도감(예종)·구급도감(고종)	· 임시 기관 · 재해 발생 시 백성 구제

[2017. 법원직 9급]

- 연등은 부처를 섬기는 것이고, (가) 은/는 하늘의 신령과 5악, 명산, 대천, 용신을 섬기는 것이다. 후세에 간신이 가감을 건의하는 자가 있으면, 마땅히 이를 금지시키도록 하라. - 「훈요 10조」 -
- 우리나라는 봄에 연등을 베풀고, 겨울에는 (가) 을/를 열어 널리 사람을 동원하고 노역이 매우 번다하오니 원컨대 이를 감하여 백성들이 힘을 펴게 하소서. - 「시무 28조」 -

Theme 팔관회

Keyword 분석
- 자료의 (가)는 팔관회
- 첫 번째 자료는 태조 왕건이 훈요 10조에서 연등회와 팔관회 행사를 소홀히 하지 말 것을 당부한 내용.
- 두 번째 자료는 최승로가 시무 28조에서 연등회와 팔관회 행사 축소를 주장하는 내용.

Solution⁺ 팔관회
- 서경(10. 15 개최), 개경(11. 15 개최)
- 도교와 민간(토속) 신앙 및 불교가 어우러진 행사
- 국가적 종교 행사
- 국제 교류의 장(송·여진·아라비아, 탐라 등의 사신 및 상인 참여)

[2018. 국가직 9급]

예전에 성종이 (가) 시행에 따르는 잡기가 정도(正道)에 어긋나는데다가 번거롭고 요란스럽다 하여 이를 모두 폐지하였다. …(중략)… 이것을 폐지한 지가 거의 30년이나 되었는데, 이때에 와서 정당문학 최항이 청하여 이를 부활시켰다.

Theme 팔관회의 폐지와 부활

Keyword 분석
- 자료의 (가)는 팔관회
- 성종 때 팔관회 폐지 → 현종 때 정당문학 최항이 청하여 부활

Chapter 02 중세의 사회 63

CHAPTER 03 중세의 경제

[2022. 경찰간부후보]

처음으로 역분전을 정하였다. 조신(朝臣), 군사들에게 관계는 논하지 않고 그들의 성행(性行)의 선악과 공로의 대소를 보아 지급하였는데 차등이 있었다.

Theme 역분전(940, 태조 23)

Keyword 분석
· 태조는 후삼국 통일에 공을 세운 조신(朝臣), 군사 등에게 관계의 고하에 관계없이 인품과 공로에 기준을 두어 역분전 지급 → 공신들의 경제적 기반 마련, 논공행상

[2021. 법원직 9급, 2019. 국가직 9급]

비로소 직관(職官)·산관(散官) 각 품(品)의 (가) 을/를 제정하였는데, 관품의 높고 낮은 것은 논하지 않고 다만 인품만 가지고 그 등급을 결정하였다. - 『고려사』 -

Theme 시정전시과

Keyword 분석
· (가)는 경종 때 제정된 시정전시과(976)
· 사료에서는 시정전시과가 관품의 높고 낮은 것은 논하지 않고 인품만 가지고 그 등급을 결정하였다고 되어 있으나 실제로는 관품의 높고 낮음과 함께 인품을 기준으로 지급되었음

Solution+ 시정전시과(976, 경종)

대상	전직(산관) + 현직(직관) 관리
기준	관등(자·단·비·녹 4색 공복 기준) + 인품(주관적)
특징	· 전시과의 시작 · 역분전의 성격 탈피 못함 · 4색 공복을 기준으로 문반, 무반, 잡업으로 나누어 지급 결수를 정함

[2022. 계리직]

개간된 토지의 넓이를 총괄해서 그 기름지고 메마른 것을 나누어 문무백관에서부터 부병(府兵) 한인(閑人)에게까지 과(科)에 따라 주지 않음이 없었고, 또 그 과에 따라 초채지(땔감을 얻을 수 있는 땅)를 주었는데, 이를 ( ) 제도라 한다. - 『고려사』 -

Theme 전시과

Keyword 분석
· 괄호에 해당하는 제도는 고려 시대 전시과
· 고려는 문무 관리로부터 군인, 한인에 이르기까지 18등급으로 나누어 곡물을 수취할 수 있는 전지와 땔감을 얻을 수 있는 시지 지급

[2020. 소방직]

자삼(紫衫) 이상은 18품으로 나눈다. …… 문반 단삼(丹衫) 이상은 10품으로 나눈다. …… 비삼(緋衫) 이상은 8품으로 나눈다. …… 녹삼(綠衫) 이상은 10품으로 나눈다. …… 이하 잡직 관리들에게도 각각 인품에 따라서 차이를 두고 나누어 주었다. - 『고려사』 -

Theme 시정전시과(976)

Keyword 분석
· 4색 공복(자·단·비·녹)을 기준으로 문반, 무반, 잡업으로 나누어 지급 결수를 정함.

[2022. 경찰간부후보] 난이도 ★★★

문무 양반 및 군인 전시과를 개정하였다. 제1과 전(田) 100결, 시(柴) 70결에서 제18과 전 20결까지 관등의 고하에 따라 차등을 두어 전시를 지급하였다.

Theme 개정전시과

Keyword 분석
· 자료는 목종 때 제정한 개정전시과(998)

Solution+ 개정전시과(998, 목종)

대상	전직(산관) + 현직(직관) 관리
기준	관등(관품) 기준(인품 요소 배제)
특징	· 18등급으로 나누어 지급 · 문반 > 무반, 직관 > 산관, 전지 > 시지 · 군인전 규정, 한외과 항식 설치

[2017. 지방직 9급 추가채용] 난이도 ★★★

원종 12년 2월에 도병마사가 아뢰기를, "근래 병란이 일어남으로 인해 창고가 비어서 백관의 녹봉을 지급하지 못하여 사인(士人)을 권면할 수 없었습니다. 청컨대 경기 8현을 품등에 따라 (㉠)으로 지급하소서."라고 하였다.
— 『고려사』 —

Theme 녹과전(1271, 원종)

Keyword 분석
· 자료의 ㉠은 녹과전
· 경기 8현의 토지를 대상으로 관리의 생계를 위해 일시적으로 지급

[한국사능력검정시험 27회] 난이도 ★★★

· 문종 30년 양반 전시과를 다시 고쳤다. 제1과는 중서령, 상서령, 문하시중으로 전지 100결과 시지 50결을 주며, 제2과는 문하시랑, 중서시랑으로 전지 90결과 시지 45결을 주고 …… 제 18과는 한인(閑人), 잡류(雜類)로 전지 17결을 주었다.
— 『고려사』 —
· 문종 30년 현직 관리가 아닌 자를 지급 대상에서 제외하였다. 전시의 지급 액수를 줄이고, 15과부터는 시지를 지급하지 않았다.
— 『고려사』 —

Theme 경정전시과

Keyword 분석
· 자료는 문종 때 제정한 경정전시과(1076, 문종)

Solution+ 경정전시과(1076, 문종)

대상	현직 관리에게만 지급
기준	관등(관품) 기준
특징	· 무신에 대한 차별 대우 시정 · 한외과 폐지(18과 내로 흡수·편입) · 한인·잡류에게도 지급 · 공음전, 별사전, 한인전 지급

[2022. 경찰간부후보, 2019. 기상직 9급] 난이도 ★★☆

"시중 한언공이 상소하기를, '사람을 편안하게 하고 물건으로 이익을 보려고 하면 모름지기 옛 제도에 따라 일관성이 있어야 합니다. 지금 선왕을 계승하여 철전을 사용하게 하고 추포 사용을 금지함으로써 풍속을 소란스럽게 하였으니, 나라의 이익이 되지 못하고 오히려 민의 원망만을 일으킵니다.'라고 하였다. …… 이에 철전을 사용하던 것을 쓰임에 따라 중단하고자 한다. 차와 술, 음식 등 여러 점포에서 교역할 때는 전과 같이 철전을 쓰도록 하고, 이외에 백성 등이 사사로이 서로 교역할 때는 토산물을 임의로 사용하게 하라."

Theme 고려 시대 화폐 사용

Keyword 분석
· 자료의 철전은 고려 성종 때 발행한 건원중보

Solution+ 고려 시대 화폐

996년(성종 15)에 처음으로 화폐에 대한 중앙집권화와 국가 재정 확보책의 일환으로 철전을 만들어 쓰도록 하였다. 우리나라 최고(最古)의 화폐라 할 수 있는 이 철전은 건원중보를 가리키는 것으로 추정된다. 하지만 철전은 활발하게 유통되지는 못하였다. 그래서 6년 뒤인 1002년(목종 5) 7월에는 다점·주점 등에서만 이를 사용하고 일반 백성들의 개인적인 교역에서는 이전대로 포와 쌀을 주로 사용하게 하였다.

CHAPTER 04 중세의 문화

[2020. 법원직 9급, 2015. 지방직 9급] 난이도 ★★☆

최충이 후진들을 모아 열심히 교육하니, 유생과 평민이 그의 집과 마을에 차고 넘치게 되었다. 마침내 9재로 나누었다. …… 이를 시중 최공의 도라고 불렀다. 의관자제로서 과거에 응시하려는 자들은 반드시 먼저 이 도에 속하여 공부하였다. …… 세상에서 12도라고 일컬었는데, 최충의 도가 가장 성하였다.

Theme 최충의 9재학당(문헌공도) 설립

Keyword 분석
· 고려 중기 최충의 9재 학당(문헌공도)를 비롯한 사학 12도 융성
· 문종 때 최충이 세운 9재 학당이 12도 중 가장 번성

Solution+ 해동공자 최충(984~1068)
· 목종 때 문과에 장원으로 급제, 현종 때 『7대 실록』 편찬에 참여
· 문종 때 문하시중 역임 → 은퇴 후 문헌공도 설립

[2022. 국회직 9급] 난이도 ★★★

지금 들으니 원나라 조정에서 우리나라에 행성(行省)을 설치하여 중국의 다른 지방과 같은 행정 구역으로 만든다고 합니다. 만일 그것이 사실이라면 우리나라의 공로는 막론하고라도 세조(世祖) 황제의 조서(詔書)는 어떻게 할 것입니까? ……(중략)…… 폐하의 조서는 실로 온 세상 사람의 복인데 유독 우리나라의 일에 대해서만 세조 황제의 조서를 따르지 않을 수 있겠습니까? ……(하략)……
– 『고려사』 –

Theme 이제현(1287~1367)

Keyword 분석
· 자료는 충숙왕 때 이제현이 원의 입성 책동 움직임을 막기 위해 쓴 글
· 원 세조의 조서('세조구제'의 고려 풍속 유지 약속)를 입성책동 반대의 논리로 사용

[2019. 계리직] 난이도 ★★★

(가) 은/는 학교가 날로 쇠하자 이를 근심하여 양부(兩府)와 의론하기를, "재상의 직무는 인재를 교육하는 것보다 먼저 함이 없거늘 지금 양현고가 고갈되어 선비를 기를 것이 없습니다. 청컨대 6품 이상은 각각 은 1근을 내게 하고 7품 이하는 포를 차등 있게 내도록 하여 이를 양현고에 돌려 본전은 두고 이자만 취하여 섬학전으로 삼아야 합니다."라고 하였다. 양부가 이를 좇아 아뢰자, 왕이 내고(內庫)의 전곡을 내어 도왔다. …(중략)… 만년에는 항상 회암 선생의 초상을 걸고 경모(景慕)하였다.
– 『고려사』 –

Theme 안향

Keyword 분석
· (가)에 해당하는 인물은 안향
· 충렬왕 때 안향의 건의에 따라 양현고의 부실을 보충하기 위해 교육 재단으로 섬학전 설치

[2021. 지방직 9급, 2016. 서울시 7급] 난이도 ★★★

왕께서는 "우리나라 사람들은 유교 경전과 중국 역사에 대해서는 자세히 말하는 사람이 있으나 우리나라의 사실에 이르러서는 잘 알지 못하니 매우 유감이다. 중국 역사서에 우리 삼국의 열전이 있지만 상세히 실리지 않았다. 또한, 삼국의 고기(古記)는 문체가 거칠고 졸렬하며 빠진 부분이 많으므로, 이런 까닭에 임금의 선과 악, 신하의 충과 사악, 국가의 안위 등에 관한 것을 다 드러내어 그로써 후세에 권계(勸戒)를 보이지 못했다. 마땅히 일관된 역사를 완성하고 만대에 물려주어 해와 별처럼 빛나도록 해야 하겠다."라고 하셨습니다.

Theme 김부식의 『삼국사기』(1145, 인종 23)

Keyword 분석
· 왕명으로 김부식이 편찬한 관찬 사서, 기전체(본기, 지, 표, 열전으로 구성)
· 유교적 합리주의 사관에 기초(신이사관 배격 → 단군신화 기록×)
· 고려 초에 쓰여진 『구삼국사』를 기본으로 서술
· 신라 계승 의식 반영, 현존하는 우리나라 최고(最古)의 역사서

[2023. 지방직 9급, 2022. 소방간부후보]

지난 계축년 4월에 『구삼국사』를 얻어서 그 곳에 있는 「동명왕 본기」를 읽어보니, 그 신기하고 이상한 사적이 세상에서 이야기하고 있는 바를 넘고 있었다. 그러나 역시 처음에는 믿지 못하였으니, 귀신이나 허구로 의심하였기 때문이다. 여러 번 거듭 읽고 음미하여 점차 그 근원을 찾아 가니, 그것은 허구가 아니라 신성함이며, 귀(鬼)가 아니라 신(神)이었다. 하물며 국사(國史)란 있는 사실을 그대로 쓰는 글이니, 어찌 그 사실을 함부로 전하였겠는가?

Theme 이규보의 『동명왕편』(1193, 명종 23)

Keyword 분석
- 그의 문집 『동국이상국집』에 수록
- 고구려 계승 의식 반영, 고구려의 전통 노래
- 동명왕과 관련한 기록은 『구삼국사』에 전해 오는 내용을 참고하여 서술
- 김부식이 『삼국사기』를 저술하면서 생략한 내용을 시로 서술하여 후세에 알리려 함

[2023. 계리직, 2020. 국가직 9급]

신(臣)이 이 책을 편수하여 바치는 것은 …(중략)… 중국은 반고부터 금국에 이르기까지, 동국은 단군으로부터 본조(本朝)에 이르기까지 처음 일어나게 된 근원을 간책에서 다 찾아보아 같고 다른 것을 비교하여 요점을 취하고 읊조림에 따라 장을 이루었습니다.

Theme 이승휴의 『제왕운기』(1287, 충렬왕 13)

Keyword 분석
- 고조선부터 충렬왕 때까지 역사를 서사시로 정리
- 상권은 중국 역사, 하권은 우리 역사
- 단군 이야기 수록
- 중국과 구별되는 우리 역사의 독자성 강조

Solution+ 『제왕운기』 추가 사료

요동에 별천지가 있으니 중국과는 확연히 구분되도다. 큰 파도가 출렁거리며 삼면을 둘러싸는데 북녘에는 대륙이 있어 가늘게 이어졌도다. 가운데에 사방 천리 땅, 여기가 조선이니 강산의 형승은 천하에 이름 있도다. 밭 갈고, 우물 파며 평화로이 사는 예의의 집 화인이 이름지어 소중화라네.

[2021. 계리직, 2019. 국가직 9급]

제왕이 장차 일어날 때는 하늘의 명령과 상서로운 기운을 받아서 반드시 보통 사람과는 다른 점이 있으니, 그런 뒤에야 능히 큰 변화를 타서 제왕의 지위를 얻고 대업을 이루었다. …(중략)… 삼국의 시조들이 모두 신이(神異)한 일로 탄생했음이 어찌 괴이하겠는가. 이것이 책 첫머리에 『기이(紀異)』편이 실린 까닭이며, 그 의도도 여기에 있는 것이다.

Theme 일연의 『삼국유사』(1281, 충렬왕 7)

Keyword 분석
- 왕력, 기이, 흥법, 탑상, 의해 등으로 구성
- 단군 신화와 향가 수록
- 기사본말체, 불교사를 중심으로 고대 민간 설화 수록

[2018. 국회직 9급]

스님은 항상 남악과 북악 종문(宗門)의 취지가 모순인 채 분명하지 않음을 탄식하고, 그것이 여러 갈래로 갈라짐을 막아 한길로 돌리고자 했다. …… 나라에서 왕륜사(王輪寺)에 선석(選席)을 베풀고 승과를 시행할 때 우리 스님의 의리(義理)의 길을 정통으로 삼고 나머지는 방계로 했으니, 모든 재주와 명망 있는 무리들이 어찌 이 길을 따르지 않으랴.

Theme 균여

Keyword 분석
- 밑줄 친 '스님'은 균여
- 광종 때의 승려, 귀법사 주지, 남악파와 북악파의 통합 시도
- 화엄 사상 정비, 보살의 실천행 강조
- '성상융회', '성속무애' 사상 주창, 『보현십원가』 저술

[2020. 지방직 7급, 2014. 지방직 9급]

나는 도(道)를 구하는 데 뜻을 두어 덕이 높은 스승을 두루 찾아다녔다. 그러다가 진수대법사 문하에서 교관(教觀)을 대강 배웠다. 법사께서는 강의하다가 쉬는 시간에도 늘 "관(觀)도 배우지 않을 수 없고, 경(經)도 배우지 않을 수 없다."라고 제자들에게 훈시하였다. 내가 교관에 마음을 다 쏟는 까닭은 이 말에 깊이 감복하였기 때문이다.

Theme 의천의 교관겸수

Keyword 분석
- 자료의 밑줄 친 '나'는 의천
- 교관겸수 : 이론의 연마와 실천 강조

[2024. 법원직 9급, 2017. 기상직 7급]

왕이 하루는 여러 아들들에게 일러 말하기를, "누가 승려가 되어 복전(福田)을 지어 이로움을 더할 수 있겠는가?"라고 하자, 왕후(王煦)가 일어나서 말하기를, "제가 세상을 벗어날 뜻이 있으니 오직 임금께서 명하실 바입니다."라고 하였다. 왕이 말하기를, "좋다."라고 하자 드디어 스승을 좇아 출가(出家)하여 영통사(靈通寺)에 살았다. 왕후는 성품이 총명하고 지혜롭고 배움을 좋아하여, 먼저 『화엄경(華嚴經)』을 업으로 삼고 곧 오교(五教)에 통달하게 되었다. 또한 유학(儒學)도 섭렵하여 정통하게 알지 못하는 것이 없었으니, 우세승통(祐世僧統)이라고 불렀다.

— 『고려사』 —

Theme 문종의 넷째 아들 의천

Keyword 분석
- 밑줄 친 '왕후'는 의천
- 문종의 왕자 출신(문종의 넷째 아들)
- 속명은 왕후(王煦), 호는 우세(祐世)

[2024. 법원직 9급, 2021. 경찰 2차]

- 지승법사의 호법(護法)하는 뜻을 본받아 교장(教藏)을 널리 찾아내는 것을 나의 책임으로 삼았다. …… 여러 종파의 의소(義疏)를 얻게 되면, 감히 사사로이 비장(秘藏)하지 않고 간행했으며, 책을 낸 후에 새로 발견된 것이 있으면 그 뒤에 계속해서 수록하고자 하였다. 이렇게 편집된 권질이 삼장(三藏)의 정문(正文)과 더불어 무궁하게 전해져 내려감이 나의 소원이다.
- 의천이 불전과 경서 1,000권을 바치고, 또 흥왕사에 교장도감을 둘 수 있기를 아뢰었다. 요와 송에서 책을 사들여 4,000권에 이를 정도로 많았는데 죄다 간행하였으며, 천태종을 처음 열어 국청사에 두었다.

Theme 의천의 교장 편찬과 천태종 창시

Keyword 분석
- 첫 번째 자료의 밑줄 친 '나'는 대각국사 의천
- 『신편제종교장총록』 작성 → 교장(속장경) 간행
- 의천은 국청사를 창건하여 해동 천태종 창시

Solution⁺ 대각국사 의천(1055~1101)
- 속명은 왕후(王煦), 호는 우세(祐世)
- 교종 통합 노력 : 화엄종 중심 교종 통합(흥왕사)
- 교종 중심 선종 통합 노력 : 국청사 창건 → 천태종 창시
- 사상 : 교관겸수, 성상겸학, 내외겸전
- 신편제종교장총록 제작 → 교장(속장경) 편찬
- 주전론 : 주전도감 설치 건의(to 숙종)
- 저서 : 『석원사림』, 『원종문류』

[2020. 소방간부후보, 2017. 지방직 9급]

"정(定)은 본체이고 혜(慧)는 작용이다. 작용은 본체를 바탕으로 존재하므로 혜가 정을 떠나지 않고, 본체가 작용을 가져오게 하므로 정은 혜를 떠나지 않는다."라고 주장하였다.

Theme 지눌의 정혜쌍수

Keyword 분석
- 지눌의 정혜쌍수 : 선과 교학은 근본에 있어 둘이 아니다.

[2018. 법원직 9급] 난이도 ★★☆

지금의 불교계를 보면, 아침저녁으로 하는 일들이 비록 부처의 법에 의지하였다고 하나, 자신을 내세우고 이익을 구하는 데 열중하여 세속의 일에 골몰한다. 도덕을 닦지 않고 옷과 밥만 허비하니, 비록 출가하였다고 하나 무슨 덕이 있겠는가?

Theme 지눌의 권수정혜결사문

Keyword 분석
- 지눌의 수선사 결사 : 승려 본연의 자세로 돌아가 독경과 선 수행, 노동에 고루 힘쓰자.

[2024. 서울시 9급, 2022. 간호직] 난이도 ★★☆

하루는 같이 공부하는 사람 10여 인과 약속하였다. 마땅히 명예와 이익을 버리고 산림에 은둔하여 같은 모임을 맺자. 항상 선을 익히고 지혜를 고르는 데 힘쓰고, 예불하고 경전을 읽으며 힘들여 일하는 것에 이르기까지 각자 맡은 바 임무에 따라 경영한다.
- 권수정혜결사문 -

Theme 지눌의 권수정혜결사문

Keyword 분석
이 자료는 정혜쌍수(定慧雙修), 즉 지눌이 선정과 지혜를 함께 닦는 수행을 하자고 권면하는 결사문의 일부이다.

Solution+ 보조국사 지눌(1158~1210)
- 승과 합격(1182, 명종 12)
- 최충헌의 후원, 명리에 집착하는 불교계의 타락성 비판
- 수선사 결사 제창(운동) : 순천 송광사(수선사) 중심
- 정혜쌍수, 돈오점수 → 선교일치사상 완성
- 조계종 창시(선종 중심의 교종 통합)
- 『목우자 수심결』, 『권수정혜결사문』 저술

[2020. 지방직 7급, 2016. 지방직 9급] 난이도 ★★★

- 한 마음(一心)을 깨닫지 못하고 한없는 번뇌를 일으키는 것이 중생인데, 부처는 이 한 마음을 깨달았다. 깨닫는 것과 깨닫지 못하는 것은 오직 한 마음에 달려 있으니 이 마음을 떠나서 따로 부처를 찾을 수 없다.
- 먼저 깨치고 나서 후에 수행한다는 뜻은 못의 얼음이 전부 물인 줄은 알지만 그것이 태양의 열을 받아 녹게 되는 것처럼 범부가 곧 부처임을 깨달았으나 불법의 힘으로 부처의 길을 닦게 되는 것과 같다.

Theme 지눌의 돈오점수

Keyword 분석
- 지눌의 돈오점수 : 내가 곧 부처라는 깨달음을 위한 노력과 함께 꾸준한 수행으로 깨달음의 확인을 강조
- 자료의 '한 마음'이라는 단어로 인해 원효의 일심사상과 혼동할 수 있는 사료지만, '부처에 대한 깨달음(돈오)'과 '먼저 깨치고 나서 후에 수행한다(돈오점수)'는 내용을 통해 '돈오점수'와 관련된 내용임을 알 수 있다.

[2015. 기상직 7급] 난이도 ★★☆

"부처님이 말씀하시기를 나는 두 성인을 중국에 보내서 교화를 펴리라 하셨다. 한 사람은 노자로, 그는 가섭 보살이요, 또 한 사람은 공자로 그는 유동(儒童) 보살이다." 이 말에 의하면 유(儒)와 도(道)의 종(宗)은 부처님의 법에서 흘러나온 것이다. 방편은 다르나 진실은 같은 것이다. 공자는 "삼(參)아, 내 도는 하나로 꿰었다." 하였고, 또 "아침에 도를 들으면 저녁에 죽어도 좋다." 하였다.

Theme 혜심

Keyword 분석
- 자료는 혜심의 유불일치설(성리학 수용의 사상적 토대 마련)

Solution+ 진각국사 혜심(1178~1234)
- 지눌의 제자, 수선사의 2세 사주, 최우 때 활약
- 유불일치설 : 성리학 수용의 사상적 토대 마련
- 최우의 후원(ex 최우의 두 아들을 출가시킴)
- 저서 : 『선문염송』

[2017. 서울시 9급]

그는 묘종초를 설법하기 좋아하여 언변과 지혜가 막힘이 없었고, 대중에게 참회를 닦기를 권하였다. …(중략)… 대중의 청을 받아 교화시키고 인연을 맺은 지 30년이며, 결사에 들어온 자들이 3백여 명이 되었다.

Theme 요세

Keyword 분석
- 밑줄 친 '그'는 원묘국사 요세
- 천태종의 요세는 참회 수행과 염불을 통한 극락왕생을 주장하며 백련사를 결성하였다. 또한 천태종의 완성자라 불리는 중국 지자대사의 『관무량수경소』에 북송의 사명지례가 주석을 붙인 『묘종초』를 즐겨 강의했는데, 그 내용은 천태의 지관에 기초한 정토 염불 신앙이었다.

Solution+ 원묘국사 요세(1163~1245)
- 강진 만덕사(백련사)에서 백련 결사 제창(1216, 고종 3) → 지방민의 적극적인 호응 → 수선사와 양립하며 고려 후기 불교계를 이끎
- 법화신앙 중시 : 자신의 행동을 진정으로 참회
- 강력한 항몽 투쟁 표방(최씨 정권의 비호를 받음)
- 정토왕생 중시, 백련사(만덕사)에서 보현도량 개설

[2022. 국회직 9급]

무자년 여름 5월 유생 여러 명이 개경에서 내려와 뵈니 대사가 제자로 받아들여 머리를 깎고 『묘법연화경』을 가르쳐 통달하게 하였다. 임진년 4월 8일 대사가 처음 보현도량을 결성하고 법화삼매를 수행하여, 극락정토에 왕생하기를 구하였는데, 모두 천태삼매의(天台三昧儀)를 그대로 따랐다. 오랫동안 법화참(法華懺)을 수행하고 전후에 권하여 발심(發心)시켜 이 경을 외우도록 하여 외운 자가 1천여 명이나 되었다.

Theme 요세와 법화신앙

Keyword 분석
- 밑줄 친 '대사'는 요세
- 백련사(만덕사)에서 보현도량 개설
- 법화삼매는 죄업을 참회하는 불교 수행법

[2019. 기상직 9급, 2019. 계리직]

심하도다. 달단이 환란을 일으킴이여! 그 잔인하고 흉포한 성품은 이미 말로 다할 수 없고, 심지어 어리석음은 또한 짐승보다 심하니, 어찌 천하에서 공경하는 바를 알겠으며, 이른바 불법(佛法)이란 것이 있겠습니까? 이 때문에 그들이 경유하는 곳마다 불상과 범서를 마구 불태워 버렸습니다. …(중략)… 옛날 현종 2년에 거란주(契丹主)가 크게 군사를 일으켜 와서 정벌하자 현종은 남쪽으로 피난하고, 거란 군사는 송악성에 주둔하고 물러가지 않았습니다. 이에 현종은 여러 신하들과 함께 더할 수 없는 큰 서원을 발하여 『대장경』 판본을 판각했습니다. 그러자 거란 군사가 스스로 물러갔습니다. 그렇다면 『대장경』도 한가지고, 전후 판각한 것도 한가지고, 군신이 함께 서원한 것도 한가지인데, 어찌 그때에만 거란 군사가 스스로 물러가고 지금의 달단은 그렇지 않겠습니까? 다만 제불다천(諸佛多天)이 어느 정도 보살펴 주느냐에 달려 있을 뿐입니다.

— 이규보, 『동국이상국집』 —

Theme 재조대장경 판각 배경

Keyword 분석
- 자료의 달단은 몽골을 의미함
- 몽골 침략으로 소실된 초조대장경을 대신하여 고종 때(최우 집권기) 재조대장경 제작

Solution+ 고려의 대장경 제작
- 초조대장경[현종(1011)~선종(1087)]
  - 목적 : 현종 때 거란 침입 격퇴를 위해 제작
  - 보관 : 흥왕사 대장전 → 대구 부인사 → 몽골의 2차 침입 때 소실 (인쇄본 일부 현존)
- 교장(속장경) : 의천이 송과 요의 대장경에 대한 주석서를 모아 편찬
- 재조대장경(팔만대장경)

제작 목적	· 몽골 침략으로 소실된 초조대장경을 대신 · 고려 고종 때 몽골 침입 격퇴 염원
제작 시기	강화 천도기(고종, 최우~최항 집권기, 1236~1251)
담당 관청	· 대장도감(강화도에 설치, 최우 때, 1236년, 화엄종의 승통 수기가 주도) · 진주목 남해현에 분사(분사대장도감) 설치
보관	강화도 선원사 → 현재 경남 합천 해인사 장경판전에 보관
의의	유네스코 세계 기록 유산 등재

[2017. 국가직 7급 추가채용] 난이도 ★★★

평장사 최윤의 등 17명의 신하에게 명하여 고금의 서로 다른 예문을 모아 참작하고 절충하여 50권의 책을 만들고 (㉠)(이)라 이름하였다.　　　　　－『동국이상국집』－

Theme 『상정고금예문』

Keyword 분석
· 자료의 ㉠은 『상정고금예문』
· 12세기 인종 때 최윤의 등이 지은 의례서(현존 X)
· 강화 천도기에 최우가 강화도에서 금속 활자로 28부 인쇄

[한국사능력검정시험 20회] 난이도 ★★★

만두집에 만두 사러 갔더니만
회회아비 내 손목을 쥐었어요.
이 소문이 가게 밖에 나며 들며 하면
다로러 거디러 조그마한 새끼 광대 네 말이라 하리라.
더러둥셩 다리러디러 다리러디러 다로러거디러 다로러
그 잠자리에 나도 자러 가리라.
위 위 다로러 거디러 다로러
그 잔 데 같이 답답한 곳 없다.
　　　　　－쌍화점－

Theme 쌍화점

Keyword 분석
· 고려 충렬왕 대에 지어진 고려 가요.
· 쌍화는 만두를 뜻함. 따라서 쌍화점은 만두 가게를 의미함.
· 회회아비는 아라비아계 몽골인으로 추정
· 쌍화점 사료를 제시하고 원 간섭기의 사회 모습을 묻는 문제가 출제될 수 있음.

Solution⁺ 원 간섭기의 사회 모습
· 전공·몽골 귀족과의 혼인·몽골어에 능숙하여 출세하는 사람들이 많았음.
· 몽골풍 유행
　- 변발, 몽골식 복장(호복), 몽골어 확산
　- 족두리, 수라상, 연지곤지, 소주
　- 만두, 순대, 설렁탕, 언어 '○○치' 등
· 고려양 : 고려의 의복, 그릇, 음식 등의 풍습이 몽골에 전해짐.
· 결혼도감 설치 : 원의 공녀 요구로 설치 → 조혼·예서제 성행

[2024. 국가직 9급, 2016. 지방직 7급] 난이도 ★★☆

송나라 사신 서긍은 그의 저술에서 이 나라 자기의 빛깔과 모양에 대해, "도자기의 빛깔이 푸른 것을 사람들은 비색이라고 부른다. 근래에 와서 만드는 솜씨가 교묘하고 빛깔도 더욱 예뻐졌다. 술그릇의 모양은 오이와 같은데, 위에 작은 뚜껑이 있고 연꽃이나 엎드린 오리 모양을 하고 있다. 또, 주발, 접시, 사발, 꽃병 등도 있었다."라고 하였다.

Theme 송나라 사람(서긍)이 본 고려 청자

Keyword 분석
· 밑줄 친 '이 나라'는 고려
· 1123년(인종) 송나라 사신으로 온 서긍이 저술한 『고려도경』의 내용
· 고려 청자(순수 비색 청자) 극찬

Solution⁺ 고려의 자기 공예

11세기	순수 비색 청자
12세기 중엽	· 고려의 독창적 기법인 상감법 개발 · 상감청자는 강화도에 도읍한 13세기 중엽까지 주류를 이룸.
원간섭기	원으로부터 북방 가마의 기술이 도입되면서 청자의 빛깔 퇴조 → 점차 소박한 분청사기로 바뀌어감.

PART 4
근세 사회의 발달

Chapter 01　　근세의 정치

Chapter 02　　근세의 사회

Chapter 03　　근세의 경제

Chapter 04　　근세의 문화

CHAPTER 01 근세의 정치

[2020. 소방간부후보] 난이도 ★★★

"과인이 요동을 공격하고자 하니 경 등은 마땅히 힘을 다하라." 하니, (가) 이/가 아뢰기를, "지금에 출사하는 일은 네 가지의 옳지 못한 점이 있습니다. 작은 나라로서 큰 나라에 거역하는 것이 한 가지 옳지 못함이요, 여름철에 군사를 동원하는 것이 두 가지 옳지 못함이요, 온 나라 군사를 동원하여 멀리 정벌하면, 왜적이 그 허술한 틈을 탈 것이니 세 가지 옳지 못함이요, 지금 한창 장마철이므로 활은 아교가 풀어지고, 많은 군사들은 역병을 앓을 것이니 네 가지 옳지 못함입니다."라고 하였다.

Theme 이성계의 4불가론

Keyword 분석
- 자료의 (가)는 이성계
- 1388년 우왕 때 명이 철령위 설치통보 → 국론분열 → 요동정벌(최영, 우왕) vs 4불가론(이성계)

[2023. 국회직 9급, 2013. 국가직 9급] 난이도 ★★★

임금의 직책은 재상 하나를 잘 뽑는 데 있다. 재상은 위로는 임금을 받들고 아래로는 백관을 통솔하여 만인을 다스리는 것이니 그 직책이 매우 크다. 또한 임금의 자질에는 어리석은 자질도 있고 현명한 자질도 있으며 강력한 자질도 있고 유약한 자질도 있어서 한결같지 않으니 재상은 임금의 아름다운 점은 순종하고 나쁜 점은 바로 잡아 임금으로 하여금 대중(大中)의 경지에 이르도록 하는 것이 재상의 역할이다.
 - 『조선경국전』 -

Theme 정도전의 주장(재상 중심의 정치)

Keyword 분석

정도전은 훌륭한 재상을 선택하여, 재상에게 정치의 실권을 부여하여 위로는 임금을 받들어 올바르게 인도하고, 아래로는 백관을 통괄하고 만민을 다스리는 중책을 부여하자고 주장하였다.

Solution+ 삼봉 정도전(1342~1398)의 공적

고려 말	· 공민왕 때 관직 생활(성균관 강의) · 이인임의 친원 정책에 반발, 나주 유배(1375, 우왕 1)
건국 초 제도 정비	· 도성 축조 계획 수립 · 경복궁 건립 주도
조선 경국전 편찬	· 왕도 정치 및 재상 중심의 정치 · 민본적 통치 규범 마련
경제문감 편찬	· 새 왕조의 문물 제도와 통치 규범 체계화 · 재상 중심 정치 주장
불씨 잡변 편찬	· 불교 비판 → 성리학을 통치 이념으로 확립
고려국사 편찬	· 고려 시대의 역사 정리 · 조선 건국의 정당성을 밝히려 함
진도 편찬	· 요동 정벌 계획
기타	· 학자지남도(성리학 입문서) · 심기리편(불교 및 도교 비판, 성리학 찬양)

[2019. 지방직 9급] 난이도 ★★★

그와 남은이 임금을 뵈옵고 요동을 공격하기를 요청하였고, 그리하여 급하게 「진도(陣圖)」를 익히게 하였다. 이보다 먼저 좌정승 조준이 휴가를 받아 집에 있을 때, 그와 남은이 조준을 방문하여, "요동을 공격하는 일은 지금 이미 결정되었으니 공(公)은 다시 말하지 마십시오."라고 말하였다.

Theme 정도전

Keyword 분석
- 밑줄 친 '그'는 정도전
- 요동 정벌을 계획하며 『진도』(진법서) 편찬

[2024. 법원직 9급]
봉화백(奉化伯) 정도전·의성군(宜城君) 남은과 부성군(富城君) 심효생(沈孝生) 등이 여러 왕자들을 해치려 꾀하다가 성공하지 못하고 형벌에 복종하여 참형을 당하였다.

Theme 제1차 왕자의 난(1398)

Keyword 분석
- 제1차 왕자의 난(무인정사, 1398) : 이방원(정안군)이 방석, 방번, 정도전 제거 → 정종(이방과) 옹립

[2022. 법원직 9급]
참찬문하부사 하륜 등이 청하였다. "정몽주의 난에 만일 그가 없었다면, 큰일이 거의 이루어지지 못하였을 것이고, 정도전의 난에 만일 그가 없었다면, 또한 어찌 오늘이 있었겠습니까? …… 청하건대, 그를 세워 세자를 삼으소서." 임금이 말하기를, "경 등의 말이 옳다."하고, 드디어 도승지에게 명하여 도당에 전지하였다. "…… 나의 동복(同腹) 아우인 그는 개국하는 초에 큰 공로가 있었고, 또 우리 형제 4, 5인이 성명(性命)을 보전한 것이 모두 그의 공이었다. 이제 명하여 세자를 삼고, 또 내외의 여러 군사를 도독하게 한다."

Theme 이방원(태종)

Keyword 분석
- 밑줄 친 '그'는 이방원(태종)
- 정몽주의 난과 정도전의 난(1차 왕자의 난, 무인정사, 1398) 때 공을 세워 세자로 임명된 것을 통해 알 수 있음.

Solution+ 태종(1400~1418)

즉위	두 차례에 걸친 왕자의 난을 통하여 개국 공신 세력을 몰아내고 즉위(1400)
정치	· 6조 직계제 처음 실시 · 한양 환도 및 창덕궁 건립 · 의금부 설치 · 승정원이 독립된 기구로 설치 · 문하부 낭사를 사간원으로 독립시켜 대신 견제 · 사병 혁파 · 왕실 외척과 종친의 정치적 영향력 약화 · 신문고(등문고) 설치
국방	거북선과 비거도선 제조
경제	· 양전 사업(양안 : 20년) · 호구 파악(호적 : 3년) · 호패법 실시 · 사섬서 설치(저화 발행)
기타	· 사원 정리 및 사원의 토지 몰수, 242사 이외 폐지 · 서얼 차대법 · 주자소 설치, 계미자 주조 · 혼일강리역대국도 지도 제작

[2019. 법원직 9급, 2017. 법원직 9급]
- 의정부의 여러 일을 나누어 6조에 귀속시켰다. …… 처음에 왕은 의정부의 권한이 막중함을 염려하여 이를 없앨 생각이 있었지만, 신중히 여겨 서둘지 않았다가 이때에 이르러 단행하였다. 의정부가 관장한 일은 사대 문서와 중죄수의 심의에 관한 것뿐이었다.
- 내가 일찍이 송도에 있을 때 의정부를 없애자는 의논이 있었으나, 지금까지 겨를이 없었다. 지난겨울에 대간에서 작은 허물로 인하여 의정부를 없앨 것을 청하였으나 윤허하지 않았었다. 지난번에 좌정승이 말하기를 "중국에도 승상부가 없으니 의정부를 폐지해야 한다."라고 하였다. 내가 골똘히 생각해보니 모든 일이 내 한 몸에 모이면 결재하기가 힘은 들겠지만, 임금인 내가 어찌 고생스러움을 피하겠는가.

Theme 태종 때의 6조 직계제 실시

Keyword 분석
- 첫 번째 자료의 밑줄 친 '왕'은 조선 태종(이방원)
- 두 번째 사료의 경우 정종 대에 개경(송도)으로 천도했다가 태종 대에 다시 한양으로 환도했기 때문에 '내가 일찍이 송도(개성)에 있을 때'라는 내용을 통해 세조 대의 6조 직계제 시행과 구분할 수 있다.

Solution+ 6조 직계제
- 6조에서 의정부를 거치지 않고 곧바로 사안을 국왕에게 올려 재가를 받아 시행하는 제도

[2022. 경찰간부후보, 2015. 기상직 9급]

육조직계제를 시행한 이후, 일에 대소경중(大小輕重)이 없고 모두 육조로 돌아가 의정부와 관련을 맺지 않고 의정부 관여 사항은 오직 사형수를 논결하는 일뿐이므로 옛날부터 재상을 임명한 뜻에 어긋난다. …… 육조는 저마다 모든 직무를 먼저 의정부에 알리고, 의정부는 가부를 헤아린 뒤에 계문하고 전지를 받아 육조에 내려 보내 시행토록 한다.

Theme 세종 때 의정부 서사제

Keyword 분석

· 세종 때의 의정부서사제 실시(왕권과 신권의 조화)
· 의정부 서사제 : 6조에서 올라오는 모든 일을 영의정, 좌의정, 우의정이 중심이 되는 의정부에서 논의한 다음, 합의된 사항을 국왕에게 올려 결재를 받는 형식

Solution+ 6조 직계제와 의정부 서사제의 비교

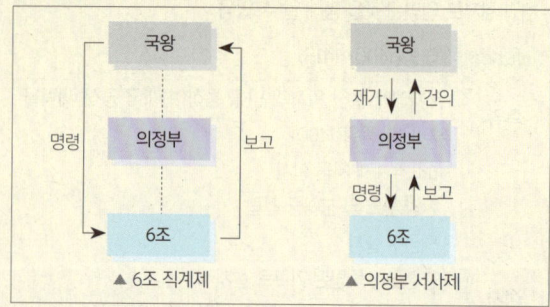

[2019. 지방직 9급]

옛적에 관가의 노비는 아이를 낳은 지 7일 후에 입역(立役)하였는데, 아이를 두고 입역하면 어린 아이에게 해로울 것이라 걱정하여 100일간의 휴가를 더 주게 하였다. 그러나 출산에 임박하여 일하다가 몸이 지치면 미처 집에 도착하기 전에 아이를 낳는 경우가 있다. 만일 산기에 임하여 1개월간의 일을 면제하여 주면 어떻겠는가. 가령 저들이 속인다 할지라도 1개월까지야 넘길 수 있겠는가. 상정소(詳定所)로 하여금 이에 대한 법을 제정하게 하라.

Theme 세종의 관노에 대한 출산 휴가 정책

Keyword 분석

출산 휴가는 세종 8년에 처음 실시되었다. 이 당시에는 비(婢)가 입역 중에 출산하여도 7일 후에 바로 입역을 계속하도록 되어 있었는데, 이로 말미암아 갓 출산한 비가 입역하기 위해서 갓난애를 돌보지 못하는 사태가 발생해 그 대책으로 지급되었다. 처음 실시된 세종 8년에는 출산한 비에게 100일의 휴가를 지급하도록 되어 있었는데, 세종 12년에는 해산이 임박하여 입역에 어려움을 겪는 비의 고통을 덜어주기 위하여 산후 100일 외에 산전 1개월도 입역을 면제해 주도록 하였다.

[2017. 지방직 9급 추가채용, 2012. 국가직 7급]

삼강은 인도의 근본이니, 군신·부자·부부의 도리를 먼저 알아야 할 것이다. 이제 내가 유신에게 명하여 고금의 사적을 편집하고 아울러 그림을 붙여 만들어 이름을 '삼강행실'이라 하고, 인쇄하게 하여 서울과 외방에 널리 펴고자 한다.

Theme 세종 때 편찬된 『삼강행실도』

Keyword 분석

세종 때에는 모범이 될 만한 충신·효자·열녀 등의 행적을 그림으로 그리고 설명을 붙인 『삼강행실도』를 편찬하였다.

[2021. 국회직 9급]

병조에서 아뢰기를, "이번에 설치하는 경원부와 영북진에 우선 성벽을 쌓고 토관의 제도를 마련한 뒤, 그 도의 주민 중에서 1,100호는 영북진에, 1,100호는 경원부에 이주시켜야 합니다. …(중략)… 만약 그 도 안에서 이주시킬 수 있는 호가 2,200호가 못 된다면 충청도, 강원도, 경상도, 전라도 등의 도에서 자원하여 이주할 사람을 모집하되, 양민이라면 그곳의 토관직을 주어 포상해야 합니다. …(중략)…"라고 하니, 그대로 따랐다.

Theme 세종의 사민 정책

Keyword 분석

· 사민 정책 : 삼남 지방의 일부 주민을 북방으로 이주 → 압록강과 두만강 이남 지역 개발

[2024. 법원직 9급]

상왕이 말하기를, "…… 구주(九州)에서 온 왜인만은 구류하여 경동하는 일이 없게 하라. 또 우리가 약한 것을 보이는 것은 불가하니, 후일의 환이 어찌 다함이 있으랴." 하고 곧 이종무를 삼군 도체찰사로 명하여, 중군을 거느리게 하였다.

Theme 이종무의 대마도(쓰시마) 정벌(1419, 세종 1)

Keyword 분석
· 세종 때 이종무가 전함을 이끌고 쓰시마 섬을 토벌함.

[2019. 법원직 9급, 2016. 경찰 1차]

상왕이 나이가 어려 무릇 조치하는 바는 모두 대신에게 맡겨 논의 시행하였다. 지금 내가 명을 받아 왕통을 물려받아 군국 서무를 아울러 자세히 듣고 헤아려 다 조종의 옛 제도를 되살린다. 지금부터 형조의 사형수를 뺀 모든 서무는 6조가 저마다 직무를 맡아 직계한다.

Theme 6조 직계제 부활(세조)

Keyword 분석
· 자료의 '상왕'은 단종
· 자료는 세조 때 6조 직계제 부활 사실을 보여줌

[2019. 소방간부]

임금이 말하기를 "그대는 나의 녹(祿)을 먹지 않았던가? 녹을 먹으면서 배반하는 것은 이랬다저랬다 하는 사람이다. 명분으로는 상왕을 복위한다고 하지만 실상은 자신을 위하려는 것이다."라고 하니 성삼문이 말하기를 "상왕이 계시거늘 나리께서 어찌 저를 신하로 삼을 수 있겠습니까? ……"라고 하였다.
- 남효온, 『추강집』 -

Theme 사육신의 단종 복위 운동

Keyword 분석
· 밑줄 친 '임금'은 세조
· 자료는 사육신(박팽년·성삼문·이개·하위지·유성원·유응부)의 단종 복위 운동 관련 사료(1456)

[2022. 법원직 9급]

· 황보인, 김종서 등이 역모를 품고 몰래 안평 대군과 연결하고, 환관들과 은밀히 내통하여 날짜를 정하여 반란을 꾀하고자 하였다. 이에 (가) 와 정인지, 한확, 박종우, 한명회 등이 그 기미를 밝혀 그들을 제거하였다.

· (가) 이/가 명하기를, "집현전을 없애고, 경연을 정지하며, 거기에 소장하였던 서책은 모두 예문관에서 관장하게 하라."라고 하였다.

Theme 계유정난과 집현전 폐지

Keyword 분석
· 자료의 (가)는 세조(수양대군)
· 첫 번째 자료는 계유정난(1453)
· 두 번째 자료는 집현전과 경연 폐지에 대한 내용

Solution+ 세조(수양대군, 1455~1468)

집권 및 즉위	계유정난(1453)으로 집권 → 단종의 양위를 받아 즉위(1455)
정치	· 6조 직계제 부활, 종친 등용 · 경국대전 편찬 시작 · 사육신의 단종 복위 운동(1456) → 집현전 및 경연 폐지 · 함경도 이시애의 난(1467) → 유향소 폐지
군사	· 보법 제정(정군1, 보인2) · 5위(중앙군) 및 진관 체제 실시
경제	· 직전법 시행(수신전과 휼양전 폐지) · 팔방통보(유엽전) 주조, 인지의와 규형 발명
기타	· 적극적인 불교 진흥책 · 간경도감 설치 · 원각사지 10층 석탑 건립 · 장례원 설치(노비 소송 관련 업무)

[2022. 소방간부후보, 2019. 국가직 9급]

세조가 신하들에게 말씀하시기를, "법의 과목(科目)이 너무 번잡하고 앞뒤가 맞지 않았기 때문에 상세히 살펴 다듬어 자손만대의 성법(成法)을 만들고자 한다."라고 하셨다. 형전(刑典)과 호전(戸典)은 이미 반포되어 시행하고 있으나 나머지 네 법전은 미처 교정을 마치지 못했다. 이에 성상(聖上)께서 세조의 뜻을 받들어 여섯 권의 법전을 완성하게 하여 중외에 반포하셨다.

Theme 『경국대전』

Keyword 분석
- 『경국대전』은 세조 때 편찬하기 시작하여 성종 때 완성
- 자료에서의 여섯 권의 법전은 경국대전(이전, 호전, 예전, 병전, 형전, 공전의 6전 체제)
- 자료의 밑줄 친 '성상'은 『경국대전』을 완성한 성종

[2016. 기상직 9급]

이것은 마땅히 명망이 우선되어야 하고 탄핵은 뒤에 해야 한다. …… 천하의 득실과 백성을 이해하고 사직의 모든 일을 간섭하고 일정한 직책에 매이지 않는 것은 홀로 재상만이 행할 수 있으며 간관만이 말할 수 있을 뿐이니, 간관의 지위는 비록 낮지만 직무는 재상과 대등하다.
– 『삼봉집』 –

Theme 대관(사헌부)

Keyword 분석
- 밑줄 친 '이것'은 대관(사헌부)
- 사헌부 : 관리 감찰, 억울한 일 해결, 풍속 교정

Solution+ 대간(대관, 간관)
자료는 1396년 정도전이 편찬한 『경제문감』에서 대관(臺官)과 간관(諫官)에 대해 논한 글이다. 사료의 밑줄 친 '이것'은 관리를 감찰하는 사헌부의 대관을 가리킨다. 그리고 자료에서 언급된 간관은 정책에 대한 간쟁을 하는 사간원의 관리인데, 대관과 간관을 합쳐 대간이라 불렀다. 정도전은 재상의 권한을 강화하되, 대간이 국왕과 재상들을 견제하게 함으로써 견제와 균형의 원리 아래 건전한 정치 풍토를 이룩하고자 하였다.

[2021. 경찰 2차]

전하께서 신에게 명하여 해동 여러 나라와 조빙(朝聘)으로 왕래한 고사(故事), 관곡(館穀)을 주어 예우한 전례를 찬술해 가지고 오라 하셨다. 나는 삼가 옛 문적을 상고하고, 보고 들은 것을 덧붙여서, 지도를 그리고 간략히 세계(世系)의 본말과 풍토를 서술하고, 우리나라에서 접대하던 절차에 이르기까지 수집해 모아 책을 만들어 올렸다.

Theme 신숙주의 『해동제국기』(1471, 성종 2)

Keyword 분석
『해동제국기』는 세종 때 일본에 다녀온 신숙주가 1471년(성종 2) 왕명을 받아 그가 관찰한 일본의 정치, 사회, 풍속, 지리 등을 종합적으로 정리·기록한 책(견문기)이다. 자료에서의 키워드는 '해동 여러 나라와 조빙(朝聘)으로 왕래한 고사(故事), 관곡(館穀)을 주어 예우한 전례를 찬술해 가지고 오라 하셨다.'라는 부분이다. '해동제국(海東諸國)'이란 일본의 본국·구주 및 대마도·이키도와 유구국(류큐국)를 총칭하는 말이다. 즉 해동제국에서의 '제(諸)'는 황제할 때 '제(帝)'자가 아니라 여러 '제(諸)'자이다. 즉 해동제국이란 해동(바다 동쪽) 일본의 여러 나라를 기록한 책이라는 의미가 된다.

[2015. 법원직 9급]

시정을 논하여 바르게 이끌고, 모든 관원을 살피며, 풍속을 바로잡고, 원통하고 억울한 일을 밝히며, 건방지고 거짓된 행위를 금하는 등의 일을 맡는다.

Theme 사헌부의 역할

Keyword 분석
- 사헌부의 역할 : 관리 감찰, 풍속 교정

[2021. 지방직 9급]

- 무릇 관직을 받은 자의 고신(임명장)은 5품 이하일 때는 (가) 과와 사간원의 서경(署經)을 고려하여 발급한다.
- (가) 는/은 시정(時政)을 논하고, 모든 관원을 규찰하며, 풍속을 바르게 하는 등의 일을 맡는다.
  - 『경국대전』 -

Theme 사헌부

Keyword 분석
- 자료의 (가)는 사헌부
- 조선 시대 양사(사헌부와 사간원)는 5품 이하의 관리를 임명할 때 동의하는 서경권 행사

[2023. 법원직 9급, 2021. 소방직, 2017. 지방직 7급]

임금께서 말하기를, "칠사(七事)라는 것은 무엇인가?" 하니, 변징원이 대답하기를, "농상(농사와 양잠)을 성하게 하는 일, (㉠)을/를 일으키는 일, 소송을 간략하게 하는 일, 간활(간사하고 교활함)을 없애는 일, 군정(軍政)을 닦는 일, 호구를 늘리는 일, 부역을 고르게 하는 일이 바로 칠사입니다."라고 하였다.
  - 『성종실록』 -

Theme 수령 7사(수령의 7가지 임무)

Keyword 분석
- 자료의 ㉠은 유학으로 수령 7사의 학교흥(學校興)에 해당함

Solution⁺ 수령 7사

농상성(農桑盛)	농업과 양잠 장려
학교흥(學校興)	교육(유학)의 진흥
사송간(詞訟簡)	소송을 간명하게 함
간활식(奸猾息)	간교한 풍속을 없앰
군정수(軍政修)	군사 훈련 실시
호구증(戶口增)	호구를 늘림
부역균(賦役均)	부역의 균등

[2015. 법원직 9급]

궁궐 안에 있는 경적(經籍)을 관리하고, 문서를 처리하며, 왕의 자문에 대비한다. 모두 경연(經筵)을 겸임한다.

Theme 홍문관의 역할

Keyword 분석
- 홍문관 : 왕의 자문 대비, 경적·문한 관리, 경연·서연 담당

[2022. 소방간부후보]

주부군현(州府郡縣)에는 대부분 지역 토착민 가운데 같은 성씨를 가진 유력 집단인 토성이 있습니다. 토성 출신 가운데 도성에 살면서 관직에 있는 자들의 모임이 있습니다. 이곳에서는 자신의 고향에 거주하는 토성 중에서 강직하고 명석한 자들을 선택하여 (가) 에 두고 간사한 관리의 범법 행위를 조사하고 살피는 등 풍속을 바로잡았는데, 그 유래가 이미 오래되었다고 합니다.

Theme 유향소

Keyword 분석
- 자료의 (가)는 유향소(수령 보좌, 향리 규찰, 풍속 교정)

[2022. 법원직 9급] 난이도 ★★★

- 앞서 이 기구의 사람들이 향중(鄕中)에서 권위를 남용하여 불의한 짓을 행하니, 그 폐단이 많았습니다. 그래서 선왕께서 폐지하였던 것입니다. 간사한 아전을 견제하고 풍속을 바로잡는 것은 수령이 해야 할 일인데, 만약 모두 이 기구에 위임한다면 수령은 할 일이 없지 않겠습니까?
- 전하께서 다시 이 기구를 세우고 좌수와 별감을 두도록 하였는데, 나이가 많고 덕망이 높은 자를 추대하여 좌수로 일컫고, 그 다음으로 별감이라 하여 한 고을을 규찰하고 관리하게 하였다. - 『성종실록』 -

Theme 유향소

Keyword 분석

- 밑줄 친 '이 기구'는 유향소(수령 보좌, 향리 규찰, 풍속 교정)
- 유향소

조직	지방 양반(사족, 향촌의 덕망 있는 인사)
성격	지방(향촌) 자치 조직
운영	· 임원인 좌수와 별감 선출 · 향규(자율적 규약), 향안(사족 명단) 작성 · 향회(총회)를 소집하여 여론 수렴
역할	수령 보좌, 향리 규찰, 풍속 교정

[2022. 국회직 9급] 난이도 ★★★

(가) (대마도) 도주에게는 해마다 쌀과 콩을 합하여 200석을 주기로 하였다. 세견선은 50척으로 하였다.
(나) 도주 세견선을 25척으로 감하고, 도주에게 내려준 세사미두 200석 중에 100석을 감하였다.

Theme 계해약조와 임신약조

Keyword 분석

- (가)는 세종 때 계해약조(1443)
  - 세견선은 1년에 50척, 세사미두는 200석으로 제한
- (나)는 중종 때 임신약조(1512)
  - 세견선은 25척, 세사미두는 100석

[2018. 지방직 7급, 2017. 국가직 7급] 난이도 ★★☆

- (가) 은(는) 초야의 미천한 선비로 세조 시기 과거에 급제하였다. 성종 시기에 발탁되어 경연에 두어 오랫동안 시종의 자리에 있었다. 형조 판서에 이르러서는 은총이 온 조정을 기울게 하였다. 병으로 물러나게 되자 성종은 소재지 관리로 하여금 특별히 미곡을 내려 주도록 하였다. 지금 (가) 의 제자 김일손이 찬수한 사초에 부도한 말로써 선왕조의 일을 거짓으로 기록하고, 스승 (가) 의 '조의제문'을 실었도다.
- '조룡(祖龍)이 어금니와 뿔을 휘두른다'고 한 것은 세조를 가리켜 시황제에 비긴 것이요, '회왕을 찾아내어 민망(民望)에 따랐다'고 한 것은 노산군을 가리켜 의제(義帝)에 비긴 것이고, '그 인의를 볼 수 있다'고 한 것은 노산을 가리킨 것이니 의제의 마음에 비추어 말한 것이다.

Theme 김종직과 「조의제문」

Keyword 분석

- 첫 번째 자료의 (가)에 해당하는 인물은 김종직
- 두 번째 자료는 김종직이 쓴 「조의제문」에 대한 비판
- 김종직은 항우에게 죽은 초나라 회왕, 즉 의제를 조상(弔喪)하는 조의제문을 지었는데, 이것은 세조에게 죽음을 당한 단종을 의제에 비유한 것으로 세조의 왕위 찬탈을 비난한 글이다. 무오사화는 김종직의 제자 김일손이 김종직의 조의제문을 사초에 실었던 것이 구실이 되었다.

Solution+ 김종직(호 : 점필재, 1431~1492)

- 정몽주와 길재의 학통 계승
- 1459년(세조 5) 식년 문과 급제
- 성종 때 이조참판, 형조판서, 홍문관 제학 등 역임
- 제자 : 정여창·김굉필·김일손·유호인·남효온
- 『조의제문』 저술 → 무오사화 때 부관참시
- 예림서원(밀양, 김종직 제향)

[2023. 법원직 9급]
왕이 어머니 윤씨가 왕비 자리에서 쫓겨나고 죽은 것이 성종의 후궁인 엄씨와 정씨의 참소 때문이라 여기고, 밤에 그들을 궁정에 결박해 놓고 손으로 함부로 치고 짓밟았다.
- 『조선왕조실록』 -

Theme 갑자사화(1504, 연산군 10)

Keyword 분석
- 밑줄 친 '왕'은 연산군
- 갑자사화

원인	성종 때 일어난 윤비 폐출 및 사사 사건
전개	측근 임사홍의 밀고 → 사화 발생
결과	· 한명회, 정창손 부관 참시 · 김굉필 처형 · 훈구와 사림 모두 피해

[2021. 국가직 9급]
  (가)   이가 올립니다. "지방의 경우에는 관찰사와 수령, 서울의 경우에는 홍문관과 육경(六卿), 그리고 대간(臺諫)들이 모두 능력 있는 사람을 천거하게 하십시오. 그 후 대궐에 모아 놓고 친히 여러 정책과 관련된 대책 시험을 치르게 한다면 인물을 많이 얻을 수 있을 것입니다. 이는 역대 선왕께서 하지 않으셨던 일이요, 한나라의 현량과와 방정과의 뜻을 이은 것입니다. 덕행은 여러 사람이 천거하는 바이므로 반드시 헛되거나 그릇되는 일이 없을 것입니다."

Theme 조광조의 현량과 실시 건의

Keyword 분석
- 자료의 (가)는 조광조
- 자료는 조광조의 현량과(천거제의 일종) 실시 건의

[2016. 교육행정직 9급]
대간이 아뢰기를, "인척의 도움을 받아 공신이 된 자가 30여 명, 유자광에게 뇌물을 바쳐서 공신이 된 자가 5~6명, 재상의 위세로 공신이 된 자가 10여 명이나 됩니다. 이들을 모두 공신록에서 삭제해야 합니다." 하니, 왕이 이를 논의하고자 영의정 정광필, 우의정 안당 등을 불러들였다.

Theme 사림파의 위훈삭제 주장

Keyword 분석
- 밑줄 친 '왕'은 중종
- 자료는 중종 때 사림파의 위훈 삭제 주장

Solution+ 위훈삭제 사건
조선 중종 때에는 조광조 등 사림들이 공신들을 견제하기 위하여 중종반정 때 공을 세운 정국공신 중 자격이 없다고 평가된 사람들의 위훈을 삭제할 것을 주장하였는데 이는 훈구파의 반발을 사 결국 기묘사화의 직접적인 원인으로 작용하였다.

[2021. 소방간부후보]
정암은 타고난 자질이 참으로 아름다웠으나 학문이 충실하지 못하여 시행한 것에 지나침이 있었기 때문에 결국 실패하고 말았다. … (중략) … 요순시대의 임금과 백성같이 되게 하는 것이 아무리 군자의 뜻이라 하더라도 때와 역량을 헤아리지 못한다면 안 되는 것이다. 기묘(己卯)의 실패는 여기에 있었다.

Theme 정암 조광조에 대한 평가

Keyword 분석
- 정암은 조광조의 호
- 기묘의 실패는 중종 때의 기묘사화(1519)를 의미

Solution+ 정암 조광조(1482~1519)의 개혁 정치
- 현량과(천거) 실시(사림 등용 목적)
- 방납의 폐단 시정 주장(수미법 제기)
- 유향소 폐지 주장, 향약 처음 실시
- 경연 강화 및 언론 활동의 활성화
- 소학 교육 및 주자가례 장려
- 도학 정치(이상적 유교정치 실현) 주장
- 소격서(도교 행사 기관) 폐지, 훈구 공신의 위훈 삭제

[2018. 국가직 9급] 난이도 ★★★

지금 국왕께서 풍속을 바꾸려는 데에 뜻이 있으므로 신은 지극하신 뜻을 받들어 완악한 풍속을 고치고자 합니다. …(중략)… 이륜행실(二倫行實)로 말하면 신이 전에 승지가 되었을 때에 간행할 것을 청했습니다. 삼강이 중한 것은 아무리 어리석은 부부라도 모두 알고 있으나, 붕우·형제의 이륜에 이르러서는 평범한 사람들이 제대로 모르는 경우가 있습니다.

Theme 중종 때 편찬된 『이륜행실도』

Keyword 분석
- 밑줄 친 '국왕'은 중종
- 『이륜행실도』: 1518년(중종 13) 조신이 왕명에 의해 장유(長幼)와 붕우(朋友)의 윤리를 진작하기 위하여 만든 책

[2012. 법원직 9급] 난이도 ★★☆

남치근이 많은 군마를 이끌고 산 아래로 접근하며 1명도 내려오지 못하게 하니 적의 모사꾼 서림이 산에서 내려와 항복하였다. 군사를 몰아 숲을 샅샅이 뒤지며 올라가니 여러 적이 다 항복하되 대여섯 명이 꺽정을 따르므로 서림을 시켜 유인하여 다 죽였다.

Theme 명종 때 일어난 임꺽정의 난

Keyword 분석
자료는 명종 때(1559~1562) 황해도, 경기도 일대를 중심으로 활동한 조선의 대표 도적인 임꺽정에 대한 내용이다.

[2019. 법원직 9급] 난이도 ★★★

사신은 논한다. ……저들 도적이 생겨나는 것은 도적질하기를 좋아해서가 아니다. 굶주림과 추위에 몹시 시달리다가 부득이 하루라도 더 먹고살기 위해 도적이 되는 자가 많기 때문이다. 그렇다면 백성을 도적으로 만든 자가 과연 누구인가? 권세가의 집은 공공연히 벼슬을 사려는 자들로 시장을 이루고 무뢰배들이 백성을 약탈한다. 백성이 어찌 도적이 되지 않겠는가? - "○○실록" -

Theme 임꺽정의 난

Keyword 분석
- 자료의 밑줄 친 '○○'은 조선 명종
- 자료는 임꺽정의 난에 대한 내용이다. 사료가 임꺽정의 난이라는 것을 유추할 수 있는 내용은 사실상 없다. 즉 눈에 익혀 두어야 하는 사료이다.

Solution+ 명종(1545~1567) 대의 역사
- 정미약조(1547) : 세견선 25척
- 을묘왜변(1555) → 비변사 상설화, 제승방략 체제
- 직전법 폐지(1556) : 수조권 지급제 소멸, 녹봉만 지급 → 지주 전호제 강화
- 임꺽정의 난(1559) : 경기·황해도 일대
- 보우 중용, 선교 양종 및 승과 제도 부활
- 판옥선 개발, 구황촬요(흉년 대비) 간행
- 조선방역지도 제작, 사단칠정 논쟁(이황·기대승)

[2019. 기상직 9급, 한국사능력검정시험 42회] 난이도 ★★★

윤임은 화심(禍心)을 품고 오래도록 흉계를 쌓아 왔다. 처음에는 동궁(東宮)이 외롭다는 말을 주창하여 사림들 사이에 의심을 일으켰고, 중간에는 정유삼흉(丁酉三兇)의 무리와 결탁하여 국모를 해치려고 꾀하였고, …… 이에 윤임·유관·유인숙 세 사람에게는 사사(賜死)만 명한다.

Theme 을사사화(1545, 명종 즉위년)

Keyword 분석

배경	인종의 단명(1544~1545) → 명종 즉위 → 문정왕후 수렴청정
원인	인종 외척(윤임 등 대윤파) vs 명종 외척(윤원형 등 소윤파)
전개	소윤파의 대윤파 제거
결과	윤임을 지원했던 사림들 희생

[2019. 경찰 1차, 2012. 법원직 9급]

김효원이 알성 과거에 장원으로 합격하여 이조 전랑의 물망에 올랐으나, 그가 윤원형의 문객이었다 하여 심의겸이 반대하였다. 그 후에 심의겸의 동생 심충겸이 장원 급제하여 전랑으로 천거되었으나, 외척이라 하여 김효원이 반대하였다. 이 때 이들을 지지하는 세력이 서로 상대방을 배척하여 붕당이 형성되었다. 심의겸을 지지하는 기성 사림을 중심으로 (㉠)이 형성되고, 김효원을 지지하는 신진 사림을 중심으로 (㉡)이 형성되었다.

Theme 붕당의 형성

Keyword 분석
· 자료의 ㉠은 서인, ㉡은 동인
· 신진 사림과 기성 사림 간에 척신 정치 잔재 청산 및 이조전랑직 문제로 갈등 → 동인과 서인으로의 분당

Solution+ 동인과 서인

동인	서인
· 김효원 및 신진 사림	· 심의겸 및 기성 사림
· 척신정치 개혁에 적극적	· 척신정치 개혁에 소극적
· 이황, 조식, 서경덕 학문 계승	· 이이·성혼의 문인

[2015. 법원직 9급]

적선이 바다를 덮어오니 부산 첨사 정발은 마침 절영도에서 사냥을 하다가, 조공하러 오는 왜라 여기고 대비하지 않았는데 미처 진(鎭)에 돌아오기도 전에 적이 이미 성에 올랐다. 이 날 동래부가 함락되고 부사 송상현이 죽었다.

Theme 임진왜란 발발 초기(1592. 4.)

Keyword 분석
· 부산진 전투(1592. 4. 14.) → 패배(정발 전사)
· 동래 전투(1592. 4. 15) → 패배(송상현 전사)

[2019. 기상직 9급]

기축년 10월 2일 황해감사 한준의 비밀 장계가 들어왔다. …… 그 내용은, 수찬을 지낸 전주에 사는 정여립이 모반하여 괴수가 되었는데, 그 일당인 안악에 사는 조구가 밀고한 것이었다.

Theme 선조 때 정여립 모반사건(1589, 기축옥사)

Keyword 분석
· 원인 : 서인이었다가 동인에 가담한 정여립이 진안 죽도에서 대동계 조직 → 모반 준비 → 발각되어 자결
· 결과 : 서인(정철)에 의해 동인들 처벌(기축옥사)
· 영향 : 정여립 모반 사건과 정철의 건저의 사건(1591)을 계기로 동인이 북인(강경파)과 남인(온건파)으로 분열

[2023. 지방직 9급, 2019. 지방직 9급]

· 여러 도에서 의병이 일어났다. … (중략) … 도내의 거족(巨族)으로 명망 있는 사람과 유생 등이 조정의 명을 받들어 의(義)를 부르짖고 일어나니 소문을 들은 자들은 격동하여 원근에서 이에 응모하였다. … (중략) … 호남의 고경명·김천일, 영남의 곽재우·정인홍, 호서의 조헌이 가장 먼저 일어났다. - 『선조수정실록』 -

· 경성에는 종묘, 사직, 궁궐과 나머지 관청들이 또한 하나도 남아 있는 것이 없으며, 사대부의 집과 민가들도 종루 이북은 모두 불탔고 이남만 다소 남은 것이 있으며, 백골이 수북이 쌓여서 비록 치우고자 해도 다 치울 수 없다. 경성의 수많은 백성들이 도륙을 당했고 남은 이들도 겨우 목숨만 붙어 있다. 굶어 죽은 시체가 길에 가득하고 진제장(賑濟場)에 나아가 얻어먹는 자가 수천 명이며 매일 죽는 자가 60~70명 이상이다.
- 성혼, 『우계집』에서 -

Theme 임진왜란 때의 모습과 의병장

Keyword 분석
· 첫 번째 자료는 임진왜란 때의 의병장
· 두 번째 자료는 임진왜란 당시 경성(한양)의 피해 모습을 보여줌.
· 『우계집』은 성혼의 문집으로 성혼은 1535년(중종 30)에 태어나 1598년(선조 31)까지 생존했던 인물이다.

[2024. 법원직 9급, 2021. 계리직] 난이도 ★★★

- 명군 도독 이여송이 대병력의 관군을 거느리고 곧바로 평양성 밖에 다다라 제장에게 부서를 나누어 본성을 포위하였습니다. …… 조선의 장군들이 군사를 거느리고 가서 매복하고 함께 대로로 나아가니 왜적들은 사방으로 도망가다가 복병의 요격을 입었습니다.
- 이여송이 휘하의 병사들을 거느리고 말을 몰아 급히 진격하였다. 왜적은 벽제관 부근에서 거짓으로 패하는 척하면서 명군을 진흙 수렁으로 유인하였다. 명군이 함부로 전진하다가 여기에 빠지자 왜적들이 갑자기 달려들어 명군을 마구 척살하였다. 겨우 죽음을 면한 이여송은 나머지 부하들을 이끌고 파주, 개성을 거쳐 평양으로 후퇴하였다. - 『연려실기술』, 선조조 고사본말 -

Theme 평양성 탈환과 벽제관 전투(1593. 1.)

Keyword 분석

첫 번째 자료는 조·명 연합군의 평양성 탈환(1593. 1.), 두 번째 자료는 1593년 1월에 있었던 벽제관 전투와 관련된 사료이다. 1593년 1월 이여송의 명군과 유성룡의 조선 관군이 연합해 평양성을 탈환하였다. 이후 왜군을 추격하던 명군은 벽제관 전투에서 패배하고 평양으로 후퇴하였다. 이로 인해 권율의 부대는 행주산성에서 왜군에 포위되는 상황을 맞게 되었으나 권율과 관군, 백성이 합심하여 행주산성에서 왜군을 크게 무찔렀다(행주대첩, 1593. 2.).

[2016. 법원직 9급] 난이도 ★★☆

○○○이(가) 진도에 도착해 보니 남아 있는 배가 10여 척에 불과하였다. …… 적장 마다시가 200여 척의 배를 거느리고 서해로 가려다 진도 벽파정 아래에서 ○○○과(와) 마주치게 된 것이다. 12척의 배에 대포를 실은 ○○○은(는) 조류의 흐름을 이용하기로 하였다. 물의 흐름을 이용해 공격에 나서자 그 많은 적도 당하질 못하고 도망치기 시작하였다. - 『징비록』 -

Theme 이순신의 명량해전(1597. 9.)

Keyword 분석

- 명량해전(명량대첩) : 정유재란 때인 1597년(선조 30) 9월 이순신이 명량(울돌목: 전남 진도와 육지 사이의 해협)에서 일본 수군을 대파한 해전
- 『징비록』은 유성룡이 임진왜란 동안에 경험한 사실을 기록한 책

[2017. 기상직] 난이도 ★★★

명의 사신이 배에 오르자 우리 사신 일행도 배에 올랐다. 이에 앞서 사카이(界)에 도착했을 때, 우리나라에서 잡혀 온 사람들이 앞을 다투어 찾아왔다. …… 왜장들도 말하기를 화친이 이루어지면 사신과 함께 포로들을 돌려보내겠다고 하더니 …… 이때에 이르러 화친이 성사되지 못해 다시 죽이려 한다는 말을 듣게 되자 목 놓아 우는 포로들이 얼마인지 알 수 없었다. - 『일본왕환일기』 -

Theme 왜란 당시의 휴전 협상 결렬 모습

Keyword 분석

'화친이 성사되지 못해'라는 내용을 통해 1593년부터 3년여에 걸친 임진왜란 휴전 회담이 결렬된 상황임을 알 수 있다. 따라서 자료의 내용은 정유재란 발발(1597. 1.) 직전의 상황이다.

[2022. 경찰간부후보, 2014. 서울시 7급] 난이도 ★☆☆

국왕이 도원수 강홍립에게 지시하였다. 원정군 가운데 1만은 조선의 정예병만을 선발하여 훈련했다. 그러니 그대는 명군 장수의 명령을 그대로 따르지만 말고 신중히 처신하여 오직 패하지 않는 전투가 되도록 최선을 다하라.

Theme 광해군의 중립 외교

Keyword 분석

배경	여진족 급성장 → 후금 건국(1616, 누르하치) → 명에 선전 포고 → 명의 조선 원군 요청
전개	명 지원을 위해 강홍립 파견 → but 상황에 따라 대처하도록 명령 → 사르후 전투 패배 → 강홍립 후금에 항복
결과	명의 원군 요청 지속 → 광해군 적절히 거절, 후금과의 친선 도모

[2019. 소방간부] 난이도 ★★☆

왕대비가 교서를 내려 중외에 선유하였는데 내용은 다음과 같다. "…… 황제가 자주 칙서를 내려도 구원병을 파견할 생각을 하지 않아 예의의 나라인 삼한으로 하여금 오랑캐와 금수가 됨을 면치 못하게 하였으니, 그 통분함을 어찌 이루 다 말할 수 있겠는가. 천리를 거역하고 인륜을 무너뜨려 위로는 종묘사직에 죄를 얻고 아래로는 만백성에게 원한을 맺었다. 죄악이 이에 이르렀으니 …… 그러므로 이에 폐위하고 적당한 데 살게 한다."

Theme 광해군 폐위 교서(인목대비의 광해군 비판)

Keyword 분석
- 구원병을 파견할 생각을 하지 않아 → 중립 외교
- 천리를 거역하고 인륜을 무너뜨려 → 광해군의 인목대비 유폐 및 영창대군 살해(폐모살제)

Solution+ 광해군(1608~1623)의 대내 정책
- 경기도 대상 대동법 실시(1608), 양전사업(양안·호적 작성)
- 성곽과 무기 수리, 군사 훈련 실시 등 국방력 강화
- 허준을 지원해 『동의보감』 편찬 마무리
- 왜란 때 소실된 창덕궁 중건, 왜란 때 소실된 사고를 5대 사고로 정비

[2017. 국가직 7급 추가채용] 난이도 ★★☆

최명길이 마침내 국서를 가지고 비변사에서 다시 수정하였다. 예조판서 김상헌이 밖에서 들어와 그 글을 보고는 통곡하면서 찢어 버리고, 왕께 아뢰기를 "명분이 일단 정해진 뒤에는 적이 반드시 우리에게 군신의 의리를 요구할 것이니 성을 나가는 일을 면하지 못할 것입니다.…(중략)…깊이 생각하소서."라고 하였다.

Theme 병자호란 당시 주화론과 척화론

Keyword 분석
- 자료는 병자호란 당시 주화론(최명길)과 척화론(김상헌)의 대립을 보여줌.
- 자료의 밑줄 친 '왕'은 인조

Solution+ 병자호란(1636, 인조 14)

배경	후금이 국호를 청으로 변경 → 군신관계 요구 → 주전론(김상헌,윤집 등) VS 주화론(최명길)
전개	청 태종 침입 → 인조 남한산성 피난
결과	· 청 태종에게 항복(삼전도의 굴욕) · 청과 군신 관계 체결 · 소현세자, 봉림대군, 척화론자(주전파) 3학사 청에 압송

[2015. 법원직 9급] 난이도 ★★★

정주 목사 김진이 아뢰기를, "금나라 군대가 이미 선천·정주의 중간에 육박하였으니 장차 얼마 후에 안주에 도착할 것입니다." 하였다. 임금께서 묻기를, "이들이 명나라 장수 모문룡을 잡아가려고 온 것인가, 아니면 전적으로 우리나라를 침략하기 위하여 온 것인가?" 하니, 장만이 아뢰기를, "듣건데 홍태시란 자가 매번 우리나라를 침략하고자 했다고 합니다." 하였다.

Theme 정묘호란(1627, 인조 5)

Keyword 분석

배경	· 서인들의 친명배금 정책 · 모문룡 가도 사건(1622), 이괄의 난(1624)
전개	· 광해군 보복 명분으로 후금 침입 → 인조의 강화도 피난 · 의병 항쟁 : 정봉수(철산 용골산성), 이립(의주)
결과	후금과 형제 관계 체결(정묘약조)

[2022. 경찰간부후보] 난이도 ★★★

화친을 맺어 국가를 보존하는 것보다 의를 지켜 망하는 것이 옳다고 하였으나 이는 신하가 절개를 지키는 데 쓰이는 말입니다. … (중략) … 자신의 힘은 헤아리지 아니하고 경망하게 큰 소리를 쳐서 오랑캐의 노여움을 사서 백성이 도탄에 빠지고 종묘와 사직에 제사를 지내지 못하게 된다면 그 허물이 이보다 더 클 수 있겠습니까?

Theme 최명길의 주화론

Keyword 분석

후금은 국호를 청으로 바꾸고 조선에 군신 관계를 요구하였다. 조선에서는 화의를 맺자는 주화론과 무력으로 대응하자는 주전론이 대립하였다. 논쟁 끝에 주전론이 힘을 얻어 청의 군신 관계 요구를 거절하자 청 태종이 군대를 이끌고 조선을 공격하였다(병자호란, 1636).

[2024. 법원직 9급, 2017. 국가직 9급 추가채용] 난이도 ★★★

윤집(尹集)이 상소하기를 "화의가 나라를 망친 것은 어제 오늘의 일이 아니고 옛날부터 그러하였으나 오늘날처럼 심한 적은 없었습니다. 명나라는 우리나라에 있어서 부모의 나라이고 노적은 우리나라에 있어서 부모의 원수입니다. ……"
— 『인조실록』—

Theme 윤집의 주전론(척화론, 1636)

Keyword 분석

자료는 1636년(인조 14) 윤집(1606~1637)이 최명길 등이 주장하는 주화론(主和論)을 반대하며 올린 상소이다. 윤집은 병자호란 당시에 오달제 등과 함께 척화론을 주장하였다. 오달제·홍익한과 함께 삼학사로 불린다.

[2024. 국가직 9급] 난이도 ★★☆

홍서봉 등이 한(汗)의 글을 받아 되돌아왔는데, 그 글에, "대청국의 황제는 조선의 관리와 백성들에게 알린다. 짐이 이번에 정벌하러 온 것은 원래 죽이기를 좋아하고 얻기를 탐해서가 아니다. 본래는 늘 서로 화친하려고 했는데, 그대 나라의 군신이 먼저 불화의 단서를 야기시켰다."라고 하였다.

Theme 병자호란(1636)

Keyword 분석

대청국 황제가 조선을 정벌하러 왔다는 내용을 통해 병자호란임을 알 수 있음.

[2023. 서울시 9급, 2021. 소방간부후보] 난이도 ★★☆

청나라 태종은 일찍이 마전포에 진을 치고 단을 설치하여 9층 계단을 만들었다. … (중략) … 수하의 정병 수만 명으로 네모지게 진을 치게 하고는 우리나라 임금으로 하여금 100보 가량을 걸어서 조정 대신들을 데리고 삼배구고두(三拜九叩頭)의 예를 평지에서 행하도록 하였다.

Theme 삼전도의 굴욕

Keyword 분석

병자호란 당시 전세가 기울어진 것을 깨닫고 인조가 주화파의 건의에 따라 삼전도에서 항복의 예(삼궤구고두례)를 취하였다.

[2022. 서울시 9급 1차] 난이도 ★★★

우리나라는 실로 신종 황제의 은혜를 입어 임진왜란 때 나라가 폐허가 되었다가 다시 존재하게 되었고 백성은 거의 죽었다가 다시 소생하였으니, 우리나라의 나무 한 그루와 풀 한 포기와 백성의 터럭 하나하나에도 황제의 은혜가 미치지 않은 것이 없습니다.

Theme 송시열의 「기축봉사」

Keyword 분석

· 자료는 송시열이 1649년(효종 즉위년)에 제출한 「기축봉사」→ 북벌론의 방향 제시

[2021. 경찰 1차] 난이도 ★★☆

(가) 오늘날에 시세를 헤아리지 않고 경솔히 오랑캐와 관계를 끊다가 원수는 갚지 못하고 패배에 먼저 이르게 된다면, 또한 선왕께서 수치를 참고 몸을 굽혀 종사를 연장한 본의가 아닙니다. 삼가 원하건대 전하께서는 마음을 굳게 정하시기를 '이 오랑캐는 임금과 아버지의 큰 원수이니, 맹세코 차마 한 하늘 밑에 살 수 없다.'고 하시어 원한을 축적하십시오.

(나) 우리를 저들과 비교해 본다면 진실로 한 치의 나은 점도 없다. 그럼에도 단지 머리를 깎지 않고 상투를 튼 것만 가지고 스스로 천하에 제일이라고 하면서 지금은 옛날의 중국이 아니라고 말한다. …… 그 언어는 오랑캐말이라고 모함하면서, 중국 고유의 훌륭한 법과 아름다운 제도마저 배척해 버리고 만다.

Theme 북벌론과 북학론

Keyword 분석

· (가)는 서인 송시열의 「기축봉사」의 북벌론
· (나)는 조선 후기 북학파 실학자 박지원의 북학론

Solution+ 북벌 운동

효종	· 송시열, 송준길, 이완 중용 → 어영청 강화(군대 양성) · 서인들은 북벌을 정권 유지 수단으로 이용
숙종	청의 정세 변화(삼번의 난)를 이용하여 윤휴를 중심으로 북벌 제기(실천×)

[2018. 국가직 7급]

예조가 아뢰기를, "자의 왕대비께서 선왕의 상에 입어야 할 복제를 결정해야 하는데, 어떤 사람은 삼년복을 입어야 한다고 하고 어떤 사람은 기년복(期年服)을 입어야 한다고 하니 어떻게 결정해야 할지 모르겠습니다."라고 하였다. 이에 국왕은 여러 대신에게 의견을 물은 다음 기년복으로 결정하였다.
― 『조선왕조실록』 ―

Theme 기해예송(1659, 현종 즉위년)

Keyword 분석

효종이 죽자 인조의 계비인 자의대비 조씨의 상복을 두고 서인과 남인 간에 논란이 벌어졌다. 서인은 효종이 인조의 둘째 아들로서 왕위에 올랐으므로 조씨가 1년간 상복을 입어야 한다고 주장하였다. 이는 효종이 인조의 장남이 아닌 차남으로 왕위를 계승했음을 들어 왕과 사대부에게 동일한 예가 적용되어야 한다는 주장이었다. 반면에 남인은 맏아들이 아니라도 왕실의 종통을 이었으면 당연히 적장자로 인정된 것이므로 3년복을 입어야 한다고 주장하였다. 이는 왕은 일반 사대부와 다른 예가 적용되어야 한다는 주장이었다.

[2023. 국가직 9급]

상소하여 아뢰기를, "신이 좌참찬 송준길이 올린 차자를 보았는데, 상복(喪服) 절차에 대하여 논한 것이 신과는 큰 차이가 있었습니다. 장자를 위하여 3년을 입는 까닭은 위로 '정체(正體)'가 되기 때문이고 또 전중(傳重: 조상의 제사나 가문의 법통을 전함)하기 때문입니다. …(중략)… 무엇보다 중요한 것은 할아버지와 아버지의 뒤를 이은 '정체'이지, 꼭 첫째이기 때문에 참최 3년복을 입는 것은 아닙니다."라고 하였다.
― 『현종실록』 ―

Theme 기해예송에 대한 남인의 주장

Keyword 분석

기해예송 때 남인은 효종이 왕위를 이었기 때문에 장남과 다름이 없어 효종의 죽음에 대해 자의대비가 3년 상복을 입어야 한다고 주장하였다.

[2016. 지방직 9급]

기해년의 일은 생각할수록 망극합니다. 그때 저들이 효종 대왕을 서자처럼 여겨 대왕대비의 상복을 기년복(1년 상복)으로 낮추어 입도록 하자고 청했으니, 지금이라도 잘못된 일은 바로잡아야 하지 않겠습니까?

Theme 예송 논쟁에서의 남인의 주장

Keyword 분석

· 자료는 남인의 주장 : 기해예송에서 기년복을 택한 것에 대한 비판

Solution+ 예송논쟁

구분	남인	서인
입장	왕권 강화 (왕자례부동사서)	신권 강화 (천하동례)
기해예송 (1659, 효종 사망)	3년설	1년설(기년설) (채택)
갑인예송 (1674, 효종비 사망)	1년설(기년설) (채택)	9개월설(대공설)

[2023. 법원직 9급]

소현 세자가 일찍 세상을 뜨고 효종이 인조의 제2 장자로서 종묘를 이었으니 대왕대비께서 효종을 위하여 3년의 상복을 입어야 할 것은 예제로 보아 의심할 것이 없는데, 지금 그 기간을 줄여 1년으로 했습니다. 대체로 3년의 상복은 장자를 위하여 입는데 그가 할아버지, 아버지의 정통을 이은 사람이기 때문입니다. 지금 효종으로 말하면 대왕대비에게는 이미 적자이고, 또 왕위에 올라 존엄한 몸인데, 그의 복제에서는 3년 상복을 입을 수 없는 자와 동등하게 되었으니, 어디에 근거를 둔 것인지 신(臣)은 모르겠습니다.

Theme 기해예송에 대한 남인의 입장

Keyword 분석

· 밑줄 친 '신(臣)'이 속한 붕당은 남인
· 자료의 신(臣)은 남인에 속한 인물로 기해예송 때 서인들이 자의대비의 1년 상복을 주장한 사실을 비판하고 있음.

CHAPTER 02 근세의 사회

[2019. 소방간부] 난이도 ★★★

오늘날 [(가)](이)라는 자들의 등급은 하나가 아니다. 비록 공이 많고 벼슬을 많이 지낸 집안 후손은 아니더라도 상하와 내외의 구별이 있는 자가 있고, 상하·내외의 구별을 하지 않아 대대로 상민이 되는 자가 있으며, 몸은 천인이 아니나 천인과 다름이 없는 자도 있다.

– 『세종실록』 –

Theme 양인

Keyword 분석
- 자료의 (가)는 양인
- 평민, 양인으로도 불리는 상민은 백성의 대부분을 차지하는 농민, 수공업자, 상인을 뜻함.
- '몸은 천인이 아니나 천인과 다름이 없는 자'는 신량역천을 의미함.

Solution+ 조선의 신분제

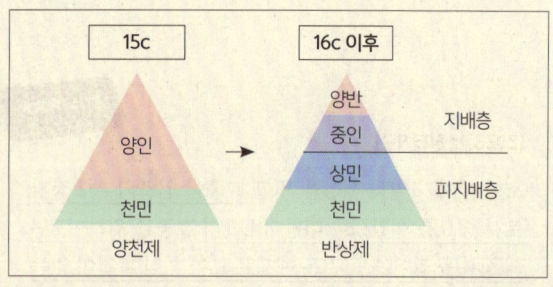

[2012. 지방직 9급] 난이도 ★★☆

공(公)은 열일곱에 사역원(司譯院) 한학과(漢學科)에 합격하여, 틈이 나면 성현(聖賢)의 책을 부지런히 연구하여 쉬는 날 없었다. 경전과 백가에 두루 통달하여 드디어 세상에 이름이 났다. …… 공은 평생 고문(古文)을 좋아하였다.

Theme 기술직 중인 역관

Keyword 분석
- 밑줄 친 '공'은 역관으로 기술직 중인
- 사역원은 외국어의 통역과 번역을 담당한 관청

[2015. 국가직 9급] 난이도 ★★☆

아! 우리는 본시 모두 사대부였는데 혹은 의(醫)에 들어가고 혹은 역(譯)에 들어가 7, 8대 혹은 10여 대를 대대로 전하니 … (중략) … 문장과 덕(德)은 비록 사대부에 비길 수 없으나, 명공(名公) 거실(巨室)외에 우리보다 나은 자는 없다.

Theme 기술직 중인

Keyword 분석
- 밑줄 친 '우리'는 기술직 중인
- 자료의 '의(醫)에 들어가고 혹은 '역(譯)'에 들어간다'라는 표현을 통해 의관이나 역관을 지낸 기술직 중인에 대한 내용임을 알 수 있다. 여기서 의(醫)는 의원 '의'자이고, 역(譯)은 번역할 '역'자이다.

[2017. 국가직 9급] 난이도 ★★☆

- 무릇 민호(民戶)는 그 이웃과 더불어 모으되, 가족 숫자의 다과(多寡)와 재산의 빈부에 관계없이 다섯 집마다 한통(統)을 만들고, 통 안에 한 사람을 골라서 통수(統帥)로 삼아 통 안의 일을 맡게 한다.
- 1리(里)마다 5통 이상에서 10통까지는 소리(小里)를 삼고, … (중략) … 리(里) 안에서 또 이정(里正)을 임명한다.

– 『비변사등록』 –

Theme 오가작통제

Keyword 분석
- 서로 이웃하고 있는 다섯 집을 하나의 통으로 묶고 여기에 통주(통수)를 두어 통 내를 관장하게 한 제도
- 촌락 주민에 대한 지배를 원활히 하고 농민들의 도망과 이탈을 방지하여 부세와 군역의 안정적 확보를 위해 시행

[2016. 사회복지직 9급]

호조에서 아뢰기를, ㉠ 은(는) 진제(賑濟)와 환상(還上)을 위해 설치한 것이고, 국고(國庫)는 군국(軍國)의 수요에 대비한 것입니다. 최근 몇 년 사이에 여러 번 흉년이 들어, 백성의 생활이 오로지 진제와 환상만 바라고 있으니, 이 때문에 ㉠ 이(가) 넉넉하지 못하므로 부득이 국고로 지급하여 구휼하게 되어 군수(軍需)가 점차로 거의 없어지게 되니 진실로 염려할 만한 일입니다.
- 『세종실록』 -

Theme 의창

Keyword 분석
· 자료의 '㉠'은 의창
· 진제(賑濟)는 흉년 때 가난한 백성을 도와주는 것
· 환상(還上)은 백성들에게 빌려준 곡식을 가을에 갚게 하는 것

[2020. 경찰간부후보, 2013. 국가직 9급]

가입하기를 원하는 자에게는 반드시 먼저 규약문을 보여주고, 몇 달 동안 실행할 수 있는가를 스스로 헤아려 본 뒤에 가입하기를 청하게 한다. 가입을 청하는 자는 반드시 단자에 참가하기를 원하는 뜻을 자세히 적어 모임이 있을 때에 진술하고, 사람을 시켜 약정(約正)에게 바치면 약정은 여러 사람에게 물어서 좋다고 한 다음에야 글로 답하고, 다음 모임에 참여하게 한다. - 『율곡전서』 -

Theme 향약(군현 단위 시행)

Keyword 분석

시행	중종 때 조광조가 처음 시행
확산	이황(예안 향약)·이이(해주·서원 향약) 등의 노력으로 전국적 확산
특징	· 상부상조 강조, 전통적 공동 조직과 미풍양속 계승 · 삼강오륜을 중심으로 한 유교 윤리 가미
조직	지방 사족이 주로 직임(간부직 : 도약정·부약정·직월·유사)에 임명됨
4대 덕목	덕업상권, 과실상규, 예속상교, 환난상휼
역할	· 풍속 교화, 향촌 사회 질서 유지 + 치안 담당(향촌 자치 기능) · 향촌 사림 결집, 주민 통제와 교화의 수단으로 이용

[2017. 국가직 9급 추가채용]

우리나라는 자고로 종법이 없고 보첩(譜牒)도 없어서 비록 거가대족(巨家大族)이라도 가승(家乘)이 전혀 없어서 겨우 몇 대를 전할 뿐이므로 고조나 증조의 이름도 호(號)도 기억하지 못하는 이가 있다.
- 안동 권씨 성화보 서문 -

Theme 안동 권씨 성화보[1476, 성종, 현존 최고(最古) 족보]

Keyword 분석
· 딸 재혼 시 그 남편을 후부(後夫)라 하여 성명 기재
· 외손도 대를 이어 모두 기재[but 이름만 기재(성 ×)]
· 자녀가 없는 사람은 이름 밑에 무후(無後)라고 기재
· 양자 들인 사례를 찾아볼 수 없음

[2019. 국가직 9급]

주세붕이 비로소 (가) 을/를 창건할 적에 세상에서 자못 의심했으나, 그의 뜻은 더욱 독실해져 무리들의 비웃음을 무릅쓰고 비방을 극복하여 전례 없던 장한 일을 이루었습니다. … (중략) … 최충, 우탁, 정몽주, 길재, 김종직, 김굉필 같은 이가 살던 곳에 (가) 을/를 건립하게 될 것입니다.
- 『퇴계집』 -

Theme 서원(서원의 시초 백운동 서원)

Keyword 분석
· 자료의 (가)는 서원
· 16세기 중종 때 주세붕이 안향을 제사지내기 위해 백운동 서원 건립(→ 명종 때 이황의 건의로 소수서원으로 사액)

CHAPTER 03 근세의 경제

[2018. 서울시 7급 2차, 2017. 지방직 7급] 난이도 ★★★

대사헌 조준이 글을 올려 아뢰기를 "…… 근년에는 (토지를) 겸병하는 일이 더욱 심해져 간사하고 흉악한 무리의 토지가 주(州)에 걸치고 군(郡)을 포괄하며, 산천을 경계로 삼을 정도입니다. 1무(畝)의 주인이 5, 6명이나 되고 1년에 조세를 받는 횟수가 8, 9차에 이릅니다. 위로는 어분전(御分田)부터 종실·공신·조정·문무관의 토지, 외역·진·역·원·관의 토지와 백성들이 여러 대 동안 심은 뽕나무와 지은 집에 이르기까지 모두 빼앗아 차지하니 호소할 곳 없는 불쌍한 백성들이 사방으로 흩어져 떠돌아다닙니다."

Theme 과전법의 실시 배경

Keyword 분석
- 자료는 권문세족의 토지 겸병 비판(과전법 실시의 배경)
- 자료를 제시하고 이러한 문제점을 해결하기 위해 시행한 토지제도(과전법)에 대해 묻는 문제가 출제된다.

[2013. 지방직 9급] 난이도 ★★☆

경기는 사방의 근본이니 마땅히 과전을 설치하여 사대부를 우대한다. 무릇 경성에 거주하여 왕실을 시위(侍衛)하는 자는 직위의 고하에 따라 과전을 받는다. 토지를 받은 자가 죽은 후, 그의 아내가 자식이 있고 수신하는 자는 남편의 과전을 모두 물려받고, 자식이 없이 수신하는 자의 경우는 반을 물려받는다. 부모가 모두 사망하고 그 자손이 유약한 자는 휼양전으로 아버지의 과전을 전부 물려받고, 20세가 되면 본인의 과에 따라 받는다.
- 『고려사』 -

Theme 과전법 실시

Keyword 분석
- 수신전 : 관리가 죽은 뒤 재혼하지 않은 처에게 지급
- 휼양전 : 과전을 받은 부모가 모두 죽고 자녀가 어린 경우 지급

Solution+ 과전법(1391, 공양왕 3)

배경	고려 말 권문세족의 토지 겸병으로 인한 국가 재정 악화
목적	· 고려 말 토지 제도 모순 해결 · 신진사대부의 경제 기반 마련
내용	· 전·현직 관리에게 경기도에 한하여 과전 지급(수조권 지급) · 최고 150결에서 최하 10결 과전 지급
특징	· 원칙적으로 세습 불가(죽거나 반역 시 국가에 반환) · 사전 : 개인이 수조권 행사(1/10 징수) · 수조율은 공전·사전을 막론하고 1결당 30두 지정(1/10 징수) · 군전 : 지방 한량 품관에게 5결 혹은 10결씩 지급
한계	수신전·휼양전·공신전 등의 명목으로 토지 세습

[2019. 계리직] 난이도 ★★★

도평의사사(都評議使司)에서 왕에게 글을 올려 (가)을/를 제정할 것을 요청하니 왕이 이 제의를 좇았다. 문종 때에 정한 바에 의하여 경기 주군(京畿州郡)으로 결정된 고을들을 좌우도(左右道)로 나누어 설치한다. 1품으로부터 9품과 산직(散職)에 이르기까지 18과(科)로 나누었다.
- 『고려사』 -

Theme 과전법

Keyword 분석
- 밑줄 친 '(가)'는 과전법(1391)
- 도평의사사가 건의했다는 점, 경기에 설치했다는 점, 산직에 이르기까지 18과로 나누어 토지를 지급한 점 등을 통해 과전법임을 알 수 있다.

[한국사 능력검정시험 20회] 난이도 ★★☆

신이 생각하기에 이 법은 국초의 법이 아닙니다. 수신전·휼양전을 폐지하고 이 법을 만드는 바람에 지아비에게 신의를 지키려고 하는 자는 의지할 바를 잃게 되었고, 어버이에게 효도하려는 자는 곤궁해져도 호소할 곳이 없게 되었습니다. 이는 선왕(先王)의 어진 법과 아름다운 뜻을 하루 아침에 없앤 것입니다. 원컨대 전하께서는 이 법을 혁파하고 수신전과 휼양전을 회복하도록 하옵소서.

Theme 직전법(1466, 세조 12)

Keyword 분석
- 밑줄 친 '이 법'은 직전법
- 수신전과 휼양전을 폐지했다는 사실을 통해 알 수 있음

Solution+ 직전법

배경	수신전·휼양전·공신전 등의 명목으로 토지 세습 → 관리에게 줄 토지 부족
내용	· 현직 관리에게만 수조권 지급 · 수신전·휼양전 폐지
결과	관리들이 퇴직 후를 대비해 과다 수취

[2016. 기상직 9급] 난이도 ★★★

근래 흉년이 해마다 더욱 심해진데다가 변경의 일까지 생겨 마구 쓰는 것이 수백가지여서 국고가 고갈되었습니다. 관원을 줄이고 녹봉을 감하여 대전에 기록되어 있는 관리들의 직전까지도 부득이 주지 않고 있는 것입니다.

Theme 직전법 폐지(1556, 명종 11) 관련

Keyword 분석
- 직전법 폐지(1556, 명종)

배경	흉년과 왜구의 침입 등으로 국가 재정 악화 → 직전의 유명무실화
내용	직전법 폐지 → 수조권 지급제 소멸 → 관리에게는 녹봉만 지급
결과	· 양반들의 토지 소유욕 더욱 증가 → 토지 집적 심화 → 농민들의 소작농 전락 多 · 소유권에 바탕을 둔 지주 전호제 강화

[2022. 국회직 9급] 난이도 ★★☆

"(대왕대비가) 전지하기를 …… 지금 들으니 조정 관원이 그 세(稅)를 지나치게 거두어 백성들이 심히 괴롭게 여긴다 한다. ……(중략)……" 하였다. 한명회 등이 아뢰기를, "직전의 세(稅)는 관에서 거두어 관에서 주면 이런 폐단이 없을 것입니다. ……" 하였다. 전지하기를, "직전의 세는 소재지의 관리로 하여금 감독하여 거두어 주게 하고, 나쁜 쌀을 금하지 말며, 제향 아문(祭享衙門)의 관리는 금후로는 가려서 정하라" 하였다. - 『조선왕조실록』 -

Theme 관수관급제(1470, 성종 1)

Keyword 분석

배경	양반 관료의 수조권 남용
내용	국가(관청)에서 수조권 대행
결과	양반 관료들이 수조권을 빌미로 토지와 농민을 지배하는 방식이 사라짐 → 국가의 토지 지배권 강화

[2021. 경찰 2차, 2017. 지방직 9급] 난이도 ★★★

국왕이 말했다. "나는 일찍부터 이 제도를 시행해 여러 해의 평균을 파악하고 답험(踏驗)의 폐단을 영원히 없애려고 해왔다. 신하들부터 백성까지 두루 물어보니 반대하는 사람은 적고 찬성하는 사람이 많았으므로 백성의 뜻도 알 수 있다."

Theme 공법(1444, 세종 26)

Keyword 분석
- 밑줄 친 '이 제도'는 공법
- 세종 때 제정된 공법
  - 답험손실법 폐지
  - 백성들의 여론조사까지 거쳐 시행
  - 연분 9등법(풍흉에 따라 9등급) : 최고 20두(상상년)~ 최하 4두(하하년) 징수
  - 전분 6등법 : 비옥도에 따라 6등급으로 나눔

CHAPTER 04 근세의 문화

[2018. 교행 9급] 난이도 ★★★

우리 태조께서 즉위하시고 국학(國學)을 동북쪽에 설립하였는데, 그 규모와 제도가 완전하지 않은 것이 없었다. 건물을 지어 스승과 제자가 강학하는 장소로 삼고, 이를 명륜당이라고 하였다. 학관(學官)은 대사성 이하 몇 사람을 두는데, 아침에 북을 울리어 학생을 뜰 아래 도열시키고, 한 번 읍한 다음에 명륜당에 올라 경(經)을 가지고 논쟁 하며, 군신, 부자, 장유, 부부, 붕우의 도를 강론하였다.

Theme 성균관(최고 학부)

Keyword 분석
· 대사성은 성균관의 정3품 당상관

Solution+ 성균관
· 최고 학부, 수업 연한 9년
· 입학 자격 원칙 : 생원·진사(소과 합격자)
· 성적 우수자 문과(대과) 초시 면제
· 문묘, 대성전(성현 제사), 명륜당(강의실)

[2019. 계리직] 난이도 ★★★

범례는 한결같이 『자치통감』에 의거하였고, 『강목』의 필삭한 취지에 따라 번다하고 쓸모없는 것은 삭제해서 요령만 남겨 두려고 힘썼습니다. 삼국이 함께 대치하였을 때는 삼국기(三國紀)라 칭하였고, 신라가 통합하였을 때는 신라기(新羅紀)라 칭하였으며, 고려시대는 고려기(高麗紀)라 칭하였고, 삼한 이상은 외기(外紀)라 칭하였습니다.
- 『 (가) 』 서문 -

Theme 『동국통감』(성종 때 서거정 편찬)

Keyword 분석
· 자료의 (가)는 『동국통감』
· 조선 최초의 관찬 통사(단군 조선~고려 말까지), 편년체
· 외기(단군~삼한) – 삼국기 – 신라기 – 고려기로 구성
· 삼국균적(三國均敵) : 삼국을 대등한 국가로 해석
· 국왕과 훈구·사림의 합작품(통사 체계 구성)

[2018. 서울시 7급 2차] 난이도 ★★☆

" (가) 를 역을 피하는 곳으로 삼거니와, 어쩌다 글을 아는 자가 있어도 도리어 (가) 에 이름을 두는 것을 부끄럽게 여겨 온갖 방법으로 교묘히 피하므로, 훈도·교수가 되는 자가 초동(樵童)·목수(牧豎)의 나머지를 몰아다가 그 부족한 수를 채워 살아갈 길을 도모하고 있습니다."

Theme 조선의 향교(지방 중등 교육 기관)

Keyword 분석
· 자료의 (가)는 향교
· 규모와 지역에 따라 중앙에서 교수 또는 훈도 파견
· 성현 제사(공자·대성전), 유생 교육, 지방민 교화
· 문묘 대성전과 명륜당(유교 경전 강의)을 갖춤
· 부·목·군·현에 각각 하나씩 설립
· 부·목·군·현의 인구에 비례하여 정원 책정
· 양인 이상 입학 가능, 성적 우수자 소과 초시 면제, 학비 無

[2020. 소방간부후보] 난이도 ★★★

천하는 아주 넓다. 안으로 중국에서부터 밖으로 사해(四海)에 이르기까지 그 거리가 몇천 몇만 리인지 알 길이 없다. 이를 줄여 몇 자(尺)의 화폭에 천하를 그리려 하다 보니 상세히 만들기가 어려운 것이다. …(중략)… 이번에 이회가 특별히 우리나라의 지도를 보강하고 확대하였으며, 일본의 지도를 덧붙여 새로운 지도를 완성하였다.

Theme 혼일강리역대국도지도

Keyword 분석
· 밑줄 친 '새로운 지도'는 혼일강리역대국도지도(태종)
· '천하를 그려(세계지도)', '이회' 등의 내용을 통해 알 수 있음

Solution+ 혼일강리역대국도지도(태종 2)
· 김사형·이회·이무 제작, 현존 동양 최고(最古)의 세계 지도
· 권근이 발문을 지음, 모사본이 일본 류코쿠 대학 도서관에 소장

[2017. 서울시 7급]
이 사람은 1501년에 출생하여 1572년에 타계한 경상우도를 대표하는 유학자이다. 그의 학문사상 지표는 경(敬)과 의(義)이다. 마음이 밝은 것을 '경(敬)'이라 하고 밖으로 과단성 있는 것을 '의(義)'라고 하였다. 이러한 그의 주장은 바로 '경'으로써 마음을 곧게 하여 수양하는 기본으로 삼고 '의'로써 외부 생활을 처리하여 나간다는 생활 철학을 표방한 것이었다.

Theme 남명 조식

Keyword 분석
· 조식은 경(敬)과 의(義)를 새긴 칼을 차고 다님(경과 의를 근본으로 하는 실천적 성리학풍 강조).

Solution⁺ 남명 조식[1501(연산군 7)~1572(선조 5)]
· 노장 사상에 포용적
· 학문의 실천성 강조('칼 찬 선비', 경과 의를 근본으로 하는 실천적 성리학풍 강조) → 정인홍, 곽재우 등 임진왜란 때의 의병장 배출
· 벼슬 거부, 지리산 처사 자처
· 경(敬)과 의(義)를 새긴 칼을 차고 다녔음
· 서리 망국론(방납의 폐단 비판)

[2017. 기상직 9급, 2015. 법원직 9급]
후세 임금들은 천명을 받아 임금의 자리에 오른 만큼 그 책임이 지극히 무겁고 크지만 자신을 다스리는 도구는 하나도 갖추어지지 않았습니다. …… 바라옵건대 밝으신 임금께서는 이러한 이치를 깊이 살피시어 먼저 뜻을 세워 "순임금은 어떤 사람이고 나는 어떤 사람인가 노력하면 나도 순임금처럼 될 수 있다."라고 생각하십시오.

Theme 이황의 『성학십도』

Keyword 분석
· 군주 스스로가 성학을 따를 것을 제시

Solution⁺ 퇴계 이황[1501(연산군 7)~1570(선조 3)]

사상	· 주리론 집대성(이언적 사상 계승) · 도덕적 행위의 근거로서 인간의 심성 중시 · 근본적이고 이상주의적 성격 강함 · 이기이원론, 이기호발설, 이귀기천론
저서	· 성학십도(선조), 주자서절요 · 전습록변, 송계원명이학통록
영향	· 김성일, 유성룡 등으로 이어져 주리론적인 영남학파 형성 · 위정척사 사상과 항일 의병에 영향 · 이황의 사상은 임진왜란 이후 일본에 전해져 일본 성리학 발전에 영향
기타	· 동방의 주자(별명) · 명종 때 이황의 건의로 백운동 서원이 소수 서원으로 사액됨 · 안동 도산서원 : 이황의 학덕 추모 · 예안향약(경북 안동)을 만들어 발전 · 기대승과의 4단 7정 논쟁(1559~1566, 명종 때)

[2020. 경찰간부후보, 2014. 지방직 9급]
이제 이 도(圖)와 해설을 만들어 겨우 열 폭밖에 되지 않는 종이에 풀어 놓았습니다만, 이것을 생각하고 익혀서 평소에 조용히 혼자 계실 때에 공부하소서. 도(道)가 이룩되고, 성인이 되는 요체와 근본을 바로잡아 나라를 다스리는 근원이 모두 여기에 갖추어져 있사오니, 오직 전하께서는 이에 유의하시어 여러 번 반복하여 공부하소서.

Theme 『성학십도』

Keyword 분석
· 이황의 『성학십도』: 군주 스스로가 성학을 따를 것을 10개의 도식으로 제시하여 설명

[2022. 지방직 9급]
올해 초가을에 비로소 저는 책을 완성하여 그 이름을 『성학집요』라고 하였습니다. 이 책에는 임금이 공부해야 할 내용과 방법, 정치하는 방법, 덕을 쌓아 실천하는 방법과 백성을 새롭게 하는 방법이 실려 있습니다. 또한 작은 것을 미루어 큰 것을 알게 하고 이것을 미루어 저것을 밝혔으니, 천하의 이치가 여기에서 벗어나지 않을 것입니다. 따라서 이것은 저의 글이 아니라 성현의 글이옵니다.

Theme 율곡 이이

Keyword 분석
· 밑줄 친 '저'는 『성학집요』를 저술한 율곡 이이

Solution+ 율곡 이이[1536(중종 31)~1584(선조 17)]

사상	· 주기론 집대성 · 이황에 비하여 상대적으로 기(氣)의 역할 강조 · 관념적 도덕 + 경험적 현실을 중시 · 일원론적 이기이원론, 기발이승일도설, 이통기국론, 사회경장론
저서	· 성학집요, 동호문답 · 만언봉사, 격몽요결, 기자실기
영향	· 조헌·김장생 등에 의해 계승되어 주기론적인 기호학파 형성 · 북학파 실학 사상과 개화 사상에 영향
기타	· 강릉 오죽헌 출생(이원수와 신사임당의 셋째 아들) · 구도장원공 : 아홉 차례의 과거에 모두 장원 · 16세기 조선 사회를 중쇠기(태평스럽다가 점차 쇠약해지는 시기)로 파악 → 개혁 방안 제시 · 파주 자운서원 : 율곡 이이의 학문과 덕행을 기림. · 해주 향약(황해도), 서원 향약(청주) 등을 만듦.

[2017. 서울시 9급, 2017. 교행 9급]
이 책은 왕과 사대부를 위해 왕도정치의 규범을 체계화한 것으로 통설, 수기, 정가, 위정, 성현도통 등으로 구성되어 있다. 이 책은 성리학의 정치 이론서인 〈대학연의〉를 보완함으로써 조선의 사상계에 널리 영향을 미쳤다.

Theme 이이의 『성학집요』

Keyword 분석
· 밑줄 친 '이 책'은 이이의 『성학집요』
· 서문과 통설, 수기(자기 몸의 수양), 정가(가문을 바로 하는 법), 위정(올바른 정치하는 법), 성현도통(학문과 위정의 바른 줄기를 밝힌 것) 등으로 구성

[2020. 경찰간부후보, 2015. 법원직 9급]
제왕의 학문은 기질을 바꾸는 것보다 절실한 것이 없고, 제왕의 정치는 정성을 다해 어진 이를 등용하는 것보다 우선하는 것이 없을 것입니다. 기질을 바꾸는 데는 병을 살펴 약을 쓰는 것이 효과를 거두고, 어진 이를 쓰는 데는 상하가 틈이 없는 것이 성과를 얻습니다.

Theme 이이의 『성학집요』

Keyword 분석
· 이이의 『성학집요』: 현명한 신하가 군주에게 성학을 가르쳐 그 기질을 변화시켜야 한다고 주장

[2019. 서울시 7급 1차] 난이도 ★☆☆

명나라 사신 왕경민이 "항상 기자가 동쪽으로 온 사적에 대해 알 수 없는 것이 한스럽다. 조선에 기록된 것이 있으면 보고 싶다."라고 하니, (㉠)이(가) 전에 본인이 저술한 기자실기를 주었다.

Theme 『기자실기』를 저술한 이이

Keyword 분석
- 자료의 ㉠은 『기자실기』를 저술한 이이
- 왕도 정치가 기자로부터 시작되었다고 평가

[2018. 국회직 9급] 난이도 ★★★

이(理)는 본래 하나이다. 그러나 형기를 초월하여 말하는 것이 있고, 기질로 인하여 이름 지은 것이 있고, 기질을 섞어 말한 것이 있다. 형기를 초월한 것으로 말하면, 곧 태극이라는 명칭이 이것으로, 만물의 이가 동일하다. 기질로 인하여 이름 지은 것으로 말하면, 곧 건순오상(健順五常)의 이름이 이것으로, 사람과 동물의 본성이 같지 않은 것이다. 기질이 섞여 있는 것으로 말한다면, 곧 선악의 성이 이것으로, 사람과 사람, 동물과 동물이 또한 같지 않은 것이다.

— 『남당집』 —

Theme 조선 후기 호락논쟁(18세기)

Keyword 분석
- 자료는 호론의 인물성이론 : 인간과 사물의 본성이 다르다고 주장

Solution+ 조선 후기 호락논쟁(18세기)

구분	호론(충청도 노론)	낙론(서울·경기 노론)
인물	권상하·한원진	이간·김창협
특징	· 기의 차별성 강조(주기파) · 인물성이론(人物性異論) · 인간의 본성 ≠ 사물의 본성	· 이의 보편성 강조(주리파) · 인물성동론(人物性同論) · 인간의 본성 = 사물의 본성
영향	한말 위정척사 사상에 영향	북학파·개화 사상에 영향

[2018. 국가직 7급] 난이도 ★★★

예로부터 나라의 역사가 중기에 이르면 인심이 반드시 편안만 탐해 나라가 점점 쇠퇴한다. 그때 현명한 임금이 떨치고 일어나 천명을 연속시켜야만 국운이 영원할 수 있다. 우리나라도 200여 년을 지내 지금 중쇠(中衰)에 이미 이르렀으니, 바로 천명을 연속시킬 때이다.

Theme 이이의 '중쇠기' 주장

Keyword 분석
율곡 이이는 국가가 중엽의 시기에 이르면 극도로 태평스럽다가 점차 쇠약해지는 시기(중쇠기)가 온다고 보고 이를 극복하기 위한 개혁안으로, 통치기구의 재편과 위정자의 자질 향상, 경제적 능력에 맞는 부세와 중간수탈의 배제를 목표로 한 수미법의 시행 등을 주장하였다.

[2019. 경찰 1차, 2016. 지방직 9급] 난이도 ★★☆

왕께서 학자들에게 명하여 선명력과 수시력 등 여러 역법의 차이를 비교하여 교정하도록 하였다. 또한, 정인지, 정흠지, 정초 등에게 명하여 『태음통궤』와 『태양통궤』 등 중국 역서를 연구하여 우리 실정에 맞는 이 역서(曆書)를 편찬하도록 하였다.

Theme 『칠정산』

Keyword 분석
- 자료의 '이 역서'는 세종 때 편찬된 『칠정산』

Solution+ 칠정산
- 우리 역사상 최초로 서울을 기준으로 천체 운동 계산한 역법
- 내편(중국 원의 수시력 참고) + 외편(아라비아의 회회력 참고)

Chapter 04 근세의 문화 95

[2022. 지방직 9급, 2017. 국가직 9급 추가채용]

지금 우리 왕께서도 밝은 가르침을 계승하시고 다스리는 도리를 도모하시어 더욱 백성들의 일에 뜻을 두셨다. 여러 지방의 풍토가 같지 않아 심고 가꾸는 방법이 지방에 따라서 차이가 있기 때문에 옛 글의 내용과 모두 같을 수가 없었다. 이에 각 도의 감사들에게 명령하시어, 주·현의 노농(老農)을 방문하여 그 땅에서 몸소 시험한 결과를 자세히 듣게 하시었다. 또 신 정초(鄭招)에게 명하시어 말의 순서를 보충케 하시고, 신 종부소윤 변효문(卞孝文) 등이 검토해 살피고 참고하게 하여, 그 중복된 것은 버리고 절실하고 중요한 것은 취해서 한 편의 책을 만들었다.

Theme 『농사직설』

Keyword 분석
· 자료의 밑줄 친 '왕'은 세종
· 정초·변효문 편찬 → 농민의 실제 경험(老農)을 종합해 편찬
· 우리나라 풍토에 맞는 씨앗 저장법, 토질 개량법, 모내기법 등

Solution+ 세종 때의 편찬 사업
· 『용비어천가』, 『월인천강지곡』
· 『여민락』, 『정간보』
· 『농사직설』, 『삼강행실도』, 『효행록』
· 『향약채취월령』, 『향약집성방』, 『의방유취』
· 『칠정산』, 『총통등록』 등

[2015. 기상직 7급]

명의(名醫)가 병을 진찰하고 약을 쓸 때, 모두 기질에 따라 처방하지 처음부터 한 가지 방법에만 매달리지 않았다. 대개 백 리만 떨어져 있어도 풍속이 같지 않고, 천 리가 떨어져 있으면 풍토가 다르다. …… 그러므로 옛 성인(聖人)은 모든 풀과 나무의 맛을 보고 각 지역의 환경에 따라 병을 고쳤다. 우리나라 역시 동방(東方)에 한 지역으로 자리 잡아, 산과 바다에는 여러 가지 보화가 있고, 풀과 나무와 약재들이 자란다. 무릇 백성들의 생명을 기르고 병자(病者)를 치료할 만한 조건을 갖추지 못한 것이 아니다.

– 『세종실록』 15년, 6월 11일 –

Theme 『향약집성방』 서문

Keyword 분석

지방마다 풍토가 다름을 강조한 것을 통해 우리 풍토에 맞는 약재와 치료법을 소개한 『향약집성방』과 관련된 내용임을 알 수 있다. 향약은 우리나라 향토에서 생산되는 약재를 의미하며, 중국산의 약재는 당재(唐材)라고 불렀다.

Solution+ 세종 때 편찬된 의학 서적
· 『향약채취월령』(세종, 1431)
· 『향약집성방』(세종, 1433)
· 『신주무원록』(세종, 1440)
· 『의방유취』(세종, 1445)

[2012. 지방직 9급]

전하께서는 …… 신 서거정 등에게 명해 제가의 작품을 뽑아 한 질을 만들게 하셨습니다. 저희들은 전하의 위촉을 받아 삼국시대로부터 지금에 이르기까지 사(辭), 부(賦), 시(詩), 문(文) 등 여러 문체를 수집하여 이 중 문장과 이치가 순정하여 교화에 도움이 되는 것을 취하고 분류하여 130권을 편찬해 올립니다.

Theme 『동문선』 서문

Keyword 분석

『동문선』은 성종의 명으로 서거정 등이 중심이 되어 우리나라 역대 시와 산문 중에서 뛰어난 것들을 뽑아 편찬한 시문선집이다. 서거정은 『동문선』 서문에서 "우리나라 글은 송·원나라 글이 아니고 한·당의 글이 아니며 바로 우리나라의 글입니다. 마땅히 중국 역대의 글과 나란히 익히고 알려야 할 것이니, 어찌 묻히고 사라져 전함이 없겠습니까."라고 서술하여 우리글이 중국 것에 뒤지지 않는다는 자부심과 조선의 독자적인 면모를 제시하고자 하였다.

Solution+ 성종 때의 편찬 사업

동문선	서거정이 우리나라 역대 시와 산문 중에 뛰어난 것을 뽑아 편찬
동국여지승람	군현의 연혁, 지세, 인물, 풍속, 산물, 교통 등 수록
국조오례의	국가 행사에 필요한 의례 정비
악학궤범	성현이 음악의 원리와 역사, 악기, 무용, 의상 및 소도구까지 망라하여 정리
삼국사절요	단군 조선~삼국 멸망까지 기록
동국통감	조선 최초의 관찬 통사(단군 조선~고려 말까지)

[출제 예상]

나는 궁궐에 몸을 기탁하여 밤낮으로 일에 몰두하고 있는 터에 어찌하여 산림에 이르는 꿈을 꾸었던 말인가? 그리고 또 어떻게 도원에까지 이를 수 있었단 말인가? 내가 서로 좋아하는 사람이 많거늘, 도원에 노닒에 있어서 나를 따른 사람이 하필 이 몇 사람이었는가? 생각건대 본디 그윽하고 궁벽한 곳을 좋아하며 마음에 전부터 산수·자연을 즐기는 생각을 가지고 있었고, 아울러 이들 몇 사람과 교분이 특별히 두터웠던 까닭에 함께 이르게 되었을 것이다. 이에 가도(可度)로 하여금 그림을 그리게 하였다.

Theme 안견의 몽유도원도(1447, 세종 29)

Keyword 분석

- 자료의 밑줄 친 '나'는 안평대군(세종의 셋째 아들)
- 자료의 가도(可度)는 안견을 의미[가도(可度)는 안견의 자(字)]
- 안평대군이 꿈에 도원에서 논 광경을 안견에게 그리게 한 것
- 자연스러운 현실 세계와 환상적인 이상 세계를 능숙하게 처리
- 일본 덴리(천리) 대학 소장

Solution+ 조선 전기의 회화

15세기	16세기
· 안견의 몽유도원도(세종) · 강희안의 고사관수도 · 15세기의 그림은 일본 무로마치 시대 미술에 많은 영향을 줌	· 이상좌의 송하보월도 · 신사임당의 초충도 · 3절 : 황집중(포도, 묵포도도), 이정(대나무, 풍죽도), 어몽룡(매화, 월매도) · 김시의 동자견려도와 한림제설도

PART 5
근대 사회의 태동

Chapter 01 근대 태동기의 정치

Chapter 02 근대 태동기의 사회

Chapter 03 근대 태동기의 경제

Chapter 04 근대 태동기의 문화

CHAPTER 01 근대 태동기의 정치

[2022. 지방직 9급, 2021. 소방직, 2020. 국가직 7급]

- 임시로 [(가)]를 설치하였는데, …… 이것은 일시적인 전쟁 때문에 설치한 것으로서, 국가의 중요한 모든 일을 다 맡긴 것은 아니었다. 그런데 오늘에 와서 …… 의정부는 한갓 헛이름만 지니고 6조는 모두 그 직임을 상실하였다.
- 중앙과 지방의 군국 기무를 모두 관장한다. … (중략) … 도제조(都提調)는 현임과 전임 의정이 겸임한다. 제조는 정수가 없으며, 왕에게 아뢰어 차출하되 이조·호조·예조·병조·형조의 판서, 훈련도감과 어영청의 대장, 개성·강화의 유수(留守), 대제학이 예겸(例兼)한다. 4명은 유사당상(有司堂上)이라 부르고 부제조가 있으면 예겸하게 한다. 8명은 팔도구관당상(八道句管堂上)을 겸임한다.

— 『속대전』 —

Theme 비변사

Keyword 분석

- 자료의 (가)는 비변사
- 조선 후기에 비변사의 기능이 강화되면서 의정부와 6조 중심의 행정 체계의 유명무실화
- 비변사의 구성원은 임진왜란 이후 전·현직 정승을 비롯하여 공조를 제외한 5조의 판서와 참판, 각 군영 대장, 대제학, 강화 유수 등 국가의 중요 관원들로 확대되었다.

Solution+ 비변사

설치	16c 중종 초에 삼포왜란을 계기로 여진족과 왜구에 대비하기 위해 임시 회의 기구로 설치
상설화	16c 명종 때 을묘왜변을 계기로 상설 기구화
임진왜란 이후	· 구성원이 3정승을 비롯한 고위 관원으로 확대 · 거의 모든 정무 총괄(군사·외교·재정·사회·인사 등) · 비변사의 기능 강화로 의정부와 6조 중심의 행정 체계 유명무실화
세도 정치기	· 세도 가문의 비변사 장악 · 핵심적 정치 기구로 자리잡음
폐지	흥선 대원군 집권 후 혁파

[2018. 법원직 9급]

국왕의 행차가 서울로 돌아왔으나, …… 이때에 임금께서 도감을 설치하여 군사를 훈련시키라고 명하시고 나를 그 책임자로 삼으시므로, …… 얼마 안 되어 수천 명을 얻어 조총 쏘는 법과 창, 칼 쓰는 기술을 가르치게 하였다. 또 당번을 정하여 궁중을 숙직하게 하고, 국왕의 행차가 있을 때 이들로써 호위하게 하니 민심이 점차 안정되었다.

— 『서애집』 —

Theme 훈련도감의 설치(1593, 선조)

Keyword 분석

· 훈련도감(훈국)

설치	임진왜란 중 유성룡의 건의로 설치
구성	· 삼수병(포수·사수·살수)으로 구성 · 척계광의 『기효신서』를 편제에 참고
특징	· 장기 근무 · 일정한 급료를 받는 상비군
재원	삼수미세(1결당 2.2두)
성격	직업 군인의 성격

[2020. 소방간부후보]

[(가)]을/를 설치하고 삼남·해서·관동의 5도에서 비로소 삼수미를 거두어 병식(兵食)으로 삼았다. 삼남은 매 1결에 쌀 1두 2승을 거두고, 해서와 관동은 쌀 2두 2승을 거두어 호조에 소속시켰다.

— 『만기요람』 —

Theme 훈련도감

Keyword 분석

- 자료의 (가)는 훈련도감
- 삼수미는 훈련도감 소속의 삼수병을 양성할 목적으로 징수하던 세미(稅米)

[2022. 소방직] 난이도 ★★★

(가) 허적과 허견의 사가(私家)의 부가 왕실보다 많은 것은 백성의 피땀을 뽑아낸 물건이 아닌 것이 없으며, 복선군 이남은 집 재물이 허적과 허견보다 많으니, 지금 적물한 뒤에는 모두 백성을 구호해주는 비용으로 돌리면 어찌 조정의 아름다운 뜻이 아니겠습니까.

(나) 송시열은 산림의 영수로서 나라의 형세가 고단하고 약하여 인심이 물결처럼 험난한 때에 감히 송의 철종을 끌어대어 오늘날 원자의 명호를 정한 것이 너무 이르다고 하였으니, 이런 것을 그대로 두면 무도한 무리들이 장차 연달아 일어날 것이니 당연히 멀리 내쫓아야 할 것이다.

Theme 환국

Keyword 분석
- (가)는 숙종 때의 경신환국(1680)
- (나)는 숙종 때의 기사환국(1689)

Solution+ 숙종 대의 환국

경신환국 (1680)	배경	· 남인 허적의 유악 사건(기름 천막 사건) · 삼복의 변(허적의 서자 허견의 역모 도모)
	결과	· 남인 축출(허적·윤휴 사사) · 서인의 정권 장악
	영향	· 서인의 분화(노론 VS 소론)
기사환국 (1689)	배경	· 희빈 장씨(장희빈) 아들(윤)의 원자 정호(定號)문제
	전개	· 남인 찬성 vs 송시열 등 서인 반대
	결과	· 서인(노론·소론) 축출 → 남인 집권 · 인현왕후 폐비 → 장희빈이 왕비가 됨
갑술환국 (1694)	배경	· 서인들의 폐비 민씨(인현왕후) 복위 운동 전개 VS 남인 반대
	결과	· 남인 축출 → 서인(노론·소론) 재집권 · 인현왕후 중전 복위

[2019. 기상직 9급] 난이도 ★★★

오랫동안 세자가 없다가 무진년에 귀인 장씨가 아들을 낳자 왕께서 아주 사랑하여 세자 탄생의 예로써 높이려 하였다. 그러나 송시열과 김수항이 불만의 말을 하자 왕께서 아주 싫어하셨다. 사람들은 김수항과 송시열이 당할 재앙이 이에서 싹텄다고 하였다.

Theme 기사환국(1689)의 배경

Keyword 분석
- 기사환국(1689, 숙종 15)
  - 원인 : 희빈 장씨(장희빈) 아들(윤)의 원자 정호(定號) 문제
  - 결과 : 서인 축출, 남인 집권

[2024. 국회직 9급] 난이도 ★★☆

신축·임인년 이래로 조정에서 노론, 소론, 남인의 삼색이 날이 갈수록 더욱 사이가 나빠져서 서로 역적이란 이름으로 모함하니 …… 다른 당색끼리는 서로 용납하지 않는 지경에 이르렀다.
― 이중환, 『택리지』―

Theme 조선 후기 붕당 정치의 변질과 폐해

Keyword 분석
- 조선 후기에는 어느 한 붕당이 권력을 독점하는 일당 전제화 전개
- 사료의 신축·임인년은 경종 때 일어난 신축옥사(1721)와 임인옥사(1722)를 의미함. 신임사화라고도 하는데 소론의 공격으로 노론이 큰 피해를 입은 사건임.

[2022. 지방직 9급] 난이도 ★☆☆

팔순 동안 내가 한 일을 만약 나 자신에게 묻는다면 첫째는 탕평책인데, 스스로 '탕평'이란 두 글자가 부끄럽다. 둘째는 균역법인데, 그 효과가 승려에게까지 미쳤다. 셋째는 청계천 준설인데, 만세에 이어질 업적이다. ……
― 『어제문업(御製問業)』―

Theme 영조(1724~1776)

Keyword 분석
- 밑줄 친 '나'는 영조
- 탕평책(완론 탕평), 균역법, 청계천 준설은 영조의 업적임

[2018. 경찰 3차] 난이도 ★★★

원만하여 편벽되지 않음은 곧 군자의 공정한 마음이고, 편벽되어 원만하지 않음은 바로 소인의 사사로운 마음이다.

Theme 영조 때 건립된 탕평비(1742)

Keyword 분석

영조는 1742년에 관학의 최고 학부인 성균관의 반수교 위에 탕평비를 세워 유생들에게 서로 편을 나누지 않고 당을 나누지 않아야 한다는 내용을 알리게 하였다.

[2018. 서울시 7급 2차] 난이도 ★★★☆

백성들이 2필의 응역(應役)에 괴로워하였기 때문에 …… 그 폐단을 줄이려 하였으나 오래도록 결말이 나지 않았다. 이에 1필을 감하고 어(漁)·염(鹽)·선(船)에 세를 거두어 그 감액을 보충하려 하였다. 아! 예부터 민역(民役)을 줄이는 방도는 경비를 절약하여 백성을 넉넉하게 해주는 것보다 나은 방도가 없는 것이다.

Theme 균역법(1750, 영조 26)

Keyword 분석

- 균역법(1750) : 군포 부담을 1년에 2필에서 1필로 경감
- 균역법에 따른 재정 보충책 : 어장세, 염세, 선박세 등 → 궁방에서 징수하던 것을 균역청에 예속시켜 징수

[2021. 경찰간부후보, 2014. 서울시 7급] 난이도 ★★★

붕당의 폐단이 요즈음보다 심한 적이 없었다. …… 다른 붕당의 사람들을 모조리 역당으로 몰고 있다.… 사람을 임용하는 것은 모두 같은 붕당의 인사들만이니 이렇게 하고도 천리의 공(公)에 부합하고 온 세상의 마음을 복종시킬 수 있겠는가 …… 귀양 간 사람들은 그 경중을 참작하여 풀어주고 관리의 임용을 담당하는 관서에서는 탕평(蕩平)하게 거두어 쓰도록 하라.

Theme 영조의 탕평교서

Keyword 분석

- 영조의 탕평책(완론탕평) : 당파를 초월하여 온건하고 타협적인 인물 등용

Solution+ 영조 대(1724~1776)의 역사

탕평책 (완론탕평)	· 즉위 직후 탕평 교서 발표(1725) · 탕평파 중심의 정국 운영, 탕평비 건립(1742) · 서원 정리, 산림(山林)의 존재 부정 · 이조 전랑의 권한 축소
문물 정비	· 균역법(1750) : 군포 1필 징수 · 군영 정비 : 수성 윤음 반포(1751) · 사형수에 대한 삼심제 엄격 시행 · 가혹한 형벌 폐지(압슬형, 낙형 등) · 속대전 편찬, 신문고 부활, 민의 청취(상언, 격쟁) · 청계천 준설 사업(준천사 설치) · 노비종모법(1731) 확정·시행
편찬 사업	속대전, 속병장도설, 속오례의, 동국문헌비고

[2013. 서울시 9급] 난이도 ★★★☆

적(賊)이 청주성을 함락시키니, 절도사 이봉상과 토포사 남연년이 죽었다. 처음에 적 권서봉 등이 양성에서 군사를 모아 청주의 적괴(賊魁) 이인좌와 더불어 군사 합치기를 약속하고는 청주 경내로 몰래 들어와 거짓으로 행상(行喪)하여 장례를 지낸다고 하면서 상여에다 병기(兵器)를 실어다 고을 성 앞 숲 속에다 몰래 숨겨 놓았다. …… 이인좌가 자칭 대원수라 위서(僞書)하여 적당 권서봉을 목사로, 신천영을 병사로, 박종원을 영장으로 삼고, 열읍(列邑)에 흉격(凶檄)을 전해 병마(兵馬)를 불러 모았다. 영부(營府)의 재물과 곡식을 흩어 호궤(犒饋)하고 그의 도당 및 병민(兵民)으로 협종(脅從)한 자에게 상을 주었다.
― 『조선왕조실록』, 영조 4년 3월

Theme 이인좌의 난(1728, 영조 4)

Keyword 분석

명분	· 영조의 정통성 부정, 노론 정책 반대 · 영조가 경종의 죽음과 관계되어 있음
전개	소론 강경파와 남인 일부 가담 → 청주성 함락 → 서울로 북상하였으나 안성과 죽산에서 관군에게 격파됨

[2016. 경찰 1차] 난이도 ★★☆

적전(籍田)을 가는 쟁기를 잡으시니 근본을 중시하는 거동이 아름답고, 혹독한 형벌을 없애라는 명을 내리시니 살리기를 좋아하는 덕이 성대하였다. …… 정포(丁布)를 고루 줄이신 은혜로 말하면 천명을 받아 백성을 보전할 기회에 크게 부합되었거니와 위를 덜어 아래를 더하며 어염세(魚鹽稅)도 아울러 감면되고, 여자·남자가 기뻐하여 양잠·농경이 각각 제자리를 얻었습니다.

Theme 영조의 업적

Keyword 분석
- 가혹한 형벌 폐지(압슬형, 낙형 등)
- 정포(丁布)를 고루 줄이신 은혜 → 균역법 시행을 의미

[2012. 국가직 9급] 난이도 ★★★

국왕께서 왕위에 즉위한 첫 해에 맨 먼저 도서집성 5천여 권을 연경의 시장에서 사오고, 또 옛날 홍문관에 간직했던 책과 강화부 행궁에 소장했던 책과 명에서 보내온 책들을 모았다. …… 창덕궁안 규장각 서남쪽에 열고관을 건립하여 중국본을 저장하고, 북쪽에는 국내본을 저장하니, 총 3만권 이상이 되었다.

Theme 『고금도서집성』 수입

Keyword 분석
- 밑줄 친 '국왕'은 정조
- 중국의 『고금도서집성』 수입(저술×) → 학문 정치의 기초를 다짐.

[2019. 경찰 2차, 2018. 국가직 9급] 난이도 ★★★

달은 하나이나 냇물의 갈래는 만 개가 된다. …(중략)… 나는 그 냇물이 세상 사람들이라는 것을 안다. 빛을 받아 비추어서 드러나는 것은 사람들의 상이다. 달이라는 것은 태극이요, 태극은 나이다.

Theme 정조(만천명월주인옹 : 초월적 군주 자처)

Keyword 분석
정조는 자신을 만물을 비추는 달에 비유하고, 백성과 신하를 수많은 물에 비유하면서 초월적 군주를 자처하였다.

[2024. 지역인재 9급, 2019. 경찰 1차] 난이도 ★★☆

채제공이 아뢰기를, "평시서로 하여금 30년 이내에 신설된 시전을 모두 혁파하게 하십시오. 형조와 한성부에 분부하여 육의전 이외에는 금난전권을 행사하지 못하게 하십시오."라고 하니, 왕이 허락하였다.

Theme 신해통공(1791, 정조 15)

Keyword 분석
- 좌의정이었던 채제공의 건의
- 육의전을 제외한 시전상인의 금난전권 폐지

[2012. 지방직 9급] 난이도 ★★★

이 책이 완성되었다. …… 곤봉 등 6가지 기예는 척계광의 「기효신서」에 나왔는데 …… 장헌세자가 정사를 대리하던 중 기묘년에 명하여 죽장창 등 12가지 기예를 더 넣어 도해(圖解)로 엮어 새로 신보를 만들었고, 상(上)이 즉위하자 명하여 기창 등 4가지 기예를 더 넣고 또 격구, 마상재를 덧붙여 모두 24가지 기예가 되었는데, 검서관 이덕무, 박제가에게 명하여 …… 주해를 붙이게 했다.

Theme 『무예도보통지』

Keyword 분석
- 정조 때 『무예도보통지』 편찬
- 이덕무·박제가가 백동수 등이 왕명에 따라 편찬한 종합무예서.

Solution+ 정조 때의 주요 편찬 사업
- 『대전통편』, 『무예도보통지』, 『동문휘고』, 『홍재전서』, 『일성록』, 『추관지』, 『탁지지』 등

[2023. 국회직 9급]
왕이 대사성 김방행에게 이르기를, "성균관 시험의 시험지 중에 만일 조금이라도 패관잡기에 관련되는 답이 있으면 비록 전편이 주옥같을지라도 하고(下考)로 처리하고 이어 그 사람의 이름을 확인하여 과거를 보지 못하도록 하여 조금도 용서가 없어야 할 것이다. 내일 승보시(陞補試)를 보일 때 여러 선비를 모아 두고 직접 이 뜻을 일러주어 실효가 있게 하라. …… 일전에 남공철의 대책(對策) 중에도 소품(小品)을 인용한 몇 구절이 있었다. …… 오늘 이 하교가 있었음을 듣고서 마음을 고쳐먹고 다시 올바른 길로 가기 전에는 그가 비록 대궐에 들더라도 감히 경연에 오르지는 못할 것이다. 남공철의 지제교 직함을 우선 떼도록 하라. …… 정관(政官)으로 하여금 문신 중에서 그런 문체를 쓰는 자들을 자세히 살펴 다시는 교수(教授)의 후보자로 추천하지 말도록 하라." 하였다.

Theme 문체반정

Keyword 분석
· 자료의 밑줄 친 '왕'은 조선 정조
· 문체반정 : 당시 노론계를 중심으로 유행한 중국의 패관소품체를 정통 고문(古文)으로 바로 잡으려는 정책

Solution+ 정조 대(1776~1800)의 역사

탕평책 (준론탕평)	각 붕당의 주장이 옳은 지 그른지를 명백히 가리는 적극적 탕평책
규장각 설치	창덕궁 후원에 설치 → 강력한 정치 기구로 육성
초계문신제	신진 인물이나 중·하급 관리 중에서 유능한 인사를 재교육
장용영 설치	국왕의 친위 부대
수원 도시 건설	화성 축조
신해통공	육의전을 제외한 시전 상인의 금난전권 폐지
수령 권한 강화	수령이 군현 단위 향약 직접 주관 → 지방 사림의 영향력 약화
기타	· 중국의 『고금도서집성』 수입(저술 ×) · 공장안(장인 등록제) 폐지 · 노비에 대한 차별 완화 · 문체반정, 신해박해(1791)

[2018. 경간부]
박종경은 어떤 인물이기에 요직을 멋대로 주무르고 권력을 남용하여 재물을 탐하고, 사방에 심복을 심어 만사를 제 마음대로 하려 합니까? 외척의 지위를 이용하여 인사, 재정, 군사, 시장 운영의 권한은 물론, 비변사와 주교사의 권한까지 모두 장악하여 득의양양해 하며 왼손에 칼자루를 오른손에 저울대를 쥔 듯이 아무런 거리낌도 없습니다.

Theme 세도 정치

Keyword 분석
· 자료는 순조 대의 세도 정치 비판
· 박종경은 순조 때의 외척으로, 그의 누이는 순조의 생모인 수빈(綏嬪)

Solution+ 세도 정치기의 왕대사

순조 (1800~1834)	· 신유박해(1801) : 정약용 유배 · 중앙 관서 공노비 6만 여명 해방(1801) · 장용영 혁파(1802) · 안동 김씨 집권, 만기요람 편찬(1808) · 홍경래의 난(1811) · 영국 로드 암허스트호의 통상 요구(1832)
헌종 (1834~1849)	· 풍양 조씨(조만영)의 세도 정치 · 기해박해(1839) : 정하상 처형 · 병오박해(1846) : 김대건 순교
철종 (1849~1863)	· 안동 김씨 세도 정치 · 최제우의 동학 창시(1860) · 임술농민봉기(1862)

CHAPTER 02 근대 태동기의 사회

[2016. 지방직 9급] 난이도 ★★☆

• 옷차림은 신분의 귀천을 나타내는 것이다. 그런데 어찌 된 까닭인지 근래 이것이 문란해져 상민·천민들이 갓을 쓰고 도포를 입는 것을 마치 조정의 관리나 선비와 같이 한다. 진실로 한심스럽기 짝이 없다. 심지어 시전 상인들이나 군역을 지는 상민들까지도 서로 양반이라 부른다.
• 근래 세상의 도리가 점점 썩어가서 돈 있고 힘 있는 백성들이 갖은 방법으로 군역을 회피하고 있다. 간사한 아전과 한통속이 되어 뇌물을 쓰고 호적을 위조하여 유학(幼學)이라 칭하면서 면역하거나 다른 고을로 옮겨 가서 스스로 양반 행세를 하기도 한다. 호적이 밝지 못하고 명분의 문란함이 지금보다 심한 적이 없다. - 『일성록』 -

Theme 조선 후기 신분제의 동요
Keyword 분석
• 조선 후기 양반의 수 증가, 상민과 노비의 수 감소
• 납속, 공명첩, 양반 신분 매입, 족보 매입 및 위조(환부역조), 모칭유학 등

[2018. 교행 9급] 난이도 ★★★

진휼청에서 아뢰기를, "관직을 주는 일과 관직을 높여 주는 일 등의 문서를 올봄 각 도에 보내 1만여 석의 곡식을 모아 흉년이 든 백성들을 도와주는 데 보탰습니다. 금년 충청, 경상, 전라도의 흉년은 작년보다 심하니 관직에 임명하는 값을 낮추지 않으면 응할 사람이 줄어들 것입니다. 신 등이 여러 번 상의하여 각 항목별로 (가) 의 가격을 줄였습니다."라고 하였다. - 『비변사등록』 -

Theme 공명첩
Keyword 분석
• 자료의 '(가)'는 공명첩, 임진왜란 때 처음 시행
• 수취자의 이름을 기재하지 않은 백지 임명장
• 전공을 세운 사람 또는 납속을 한 사람들에게 주어짐
• 국가 재정 및 군량 부족 시 또는 구휼을 위해 남발

[2020. 국가직 9급] 난이도 ★★☆

오래도록 막혀 있으면 반드시 터놓아야 하고, 원한은 쌓이면 반드시 풀어야 하는 것이 하늘의 이치다. (가) 와/과 (나) 에게 벼슬길이 막히게 된 것은 우리나라의 편벽된 일로 이제 몇백 년이 되었다. (가) 은/는 다행히 조정의 큰 성덕을 입어 문관은 승문원, 무관은 선전관에 임명되고 있다. 그런데도 우리들 (나) 은/는 홀로 이 은혜를 함께 입지 못하니 어찌 탄식조차 없겠는가?

Theme 중간 계층의 신분 상승 운동
Keyword 분석
• (가)는 서얼, (나)는 기술직 중인
• 자료는 1851년 기술직 중인들의 소청 운동

Solution+ 중간 계층의 신분 상승 운동

서얼 (중서)	• 문과 금지(무·잡과는 가능) • 임진왜란 이후 차별 완화(납속책·공명첩 이용 관직 진출) • 영·정조 때 : 집단 상소로 청요직 진출 허용 요구 • 정조 : 서얼 출신(유득공, 이덕무, 박제가, 서이수)의 규장각 검서관 등용 • 철종 : 서얼 차별 철폐(신해허통, 1851)
중인 (기술직)	• 의관, 역관, 천문관 등 • 법제적으로 문·무과 응시 가능(but 청요직 제한) • 기술직에 종사하며 축적한 재산과 실무 경력을 바탕으로 신분 상승 추구 • 서얼 신분 상승 운동에 자극을 받아 철종 때 대규모 소청 운동 전개 → but 실패 • 의의 : 전문직으로서의 중요 역할 부각

[2018. 법원직 9급, 2015. 기상직 9급]
영덕의 오래된 가문은 모두 남인이며, 이른바 신향(新鄕)은 모두 서리와 품관의 자손으로 자칭 서인이라고 하는 자들이다. 근래 신향이 향교를 주관하면서 구향(舊鄕)과 마찰을 빚었다.
— 『승정원 일기』 —

Theme 향전

Keyword 분석
- 자료는 구향과 신향이 향촌 지배권을 행사하는 데 중요한 역할을 했던 향교를 두고 다투는 내용이다.
- 자료의 영덕은 영남 지방(경상도 지역)에 속한 지역으로 영남 지방은 오랫동안 남인들이 세력을 형성한 곳이다. 이에 대항하여 신향들은 자신들을 자칭 서인이라고 칭하고 있다.

[2015. 지방직 9급]
향회라는 것이 한 마을 사민(士民)의 공론에 따른 것이 아니고, 수령의 손 아래 놀아나는 좌수·별감들이 통문을 돌려 불러 모은 것에 불과합니다. 그 향회에서는 관의 비용이 부족하다는 핑계로 제멋대로 돈을 거두고 법을 만드니, 일의 원통함이 이보다 심한 것이 없습니다.

Theme 조선 후기 향촌 사회의 모습

Keyword 분석
향회가 수령의 손아래 놀아나고 있다는 점, 향회에서 관의 비용이 부족하다는 핑계로 제멋대로 돈을 거두고 있다는 점(향회가 수령의 부세 자문 기구로 전락) 등을 통해 조선 후기 향촌 사회의 모습을 나타낸 것임을 알 수 있다. 조선 후기 관권 강화에 따라 종래에 재지 사족인 양반의 이익을 대변하여 왔던 향회는 주로 수령이 세금을 부과할 때 의견을 물어보는 자문 기구로 성격이 변하였다.

Solution+ 조선 후기 향촌 질서의 변화

양반의 향촌 지배 약화	· 양반 수의 증가 · 경제적으로 몰락하는 양반 多
부농층(신향)의 대두와 성장	· 관권(수령 및 향리)과 결탁 · 향안 등재 및 향회 장악 노력 · 향임직[향청(유향소)의 직책] 진출 · 종래 재지 사족이 담당하던 부세 제도 운영에 적극 참여
향전 발생	· 향촌 사회의 주도권 다툼 · 구향(재지사족, 약파) vs 신향(부농층, 교파)
관권의 강화	· 정조 때 수령이 향약을 직접 주관하게 함 → 지방 사림의 영향력 약화 · 재정 위기 타개를 위해 정부가 부농층 적극 활용 → 납속이나 향직 매매 · 수령 중심의 관권 강화 및 향리의 역할↑
향회의 변질	수령의 부세 자문 기구로 전락

양반의 지위 강화 노력	· 청금록·향안 중시
	· 족적 결합 강화
	  − 동족 마을(동성 마을) 형성
	  − 서원·사우 건립
	· 촌락 단위 동약·동계 실시

[2018. 경찰 3차]
보성군에는 교파와 약파가 있다. 교파는 향교에 다니는 자들이고, 약파는 향약을 주관하는 자들이다. 서로 투쟁이 끊이지 않고 모함하는 일이 갈수록 더하여 갔다. 드디어 풍속이 도에서 가장 나빠졌다.
— 정약용, 『목민심서』 —

Theme 향전

Keyword 분석
- 교파는 신향, 약파는 구향
- 신향(부농층, 교파)과 구향(사족층, 약파) 사이에 향촌 지배권을 둘러싸고 발생 → 수령과 향리의 권한 강화

[2024. 국회직 9급, 2015. 서울시 9급] 난이도 ★★★

• 프란치스코 교황은 16일 오전 순교자 124위 시복미사에 앞서 한국 최대 순교 성지이자 이번에 시복될 124위 복자 중 가장 많은 27위가 순교한 서소문 성지를 참배했다. 이곳은 본래 서 문 밖 순교지로 불리는 천주교 성지였다. 한국에 천주교가 들어온 후 박해를 당할 때마다 이곳에서 많은 사람들이 처형당했으니 …… 「황사영백서」로 알려진 황사영도 이곳에서 처형되었다.
— 「한국일보」, 2014년 8월 16일 —

• 죽은 사람 앞에 술과 음식을 차려 놓는 것은 ㉠ 에서 금하는 바입니다. 살아 있을 동안에도 영혼은 술과 밥을 받아 먹을 수 없거늘 하물며 죽은 뒤에 영혼이 어떻게 하겠습니까?
— 정하상, 『상재상서』 —

Theme 조선 후기 천주교 관련

Keyword 분석

• 첫 번째 자료는 천주교 신자인 황사영이 베이징의 서양인 주교에게 신유박해(1801, 순조 1)의 전말을 보고하려다 발각된 황사영 백서 사건
• 두 번째 자료인 『상재상서』는 기해박해(1839, 헌종 5) 때 박해의 주동자인 우의정 이지연에게 천주교 교리의 정당성을 알리고자 정하상이 작성한 글

Solution+ 천주교 박해

신해박해 (1791, 정조)	윤지충과 권상연이 윤지충의 모친상 때 신주 소각 및 천주교식 장례 → 윤지충·권상연 처형, 이승훈 투옥 후 곧 방면(대대적 박해 ×)
신유박해 (1801, 순조)	• 노론 벽파가 집권하면서 대탄압(노론 벽파가 남인 시파를 축출하기 위한 정치적 보복) • 정약용 강진 유배 • 정약전 흑산도 유배(자산어보 저술) • 이승훈, 이가환과 정약종, 청나라 신부 주문모 처형
기해박해 (1839, 헌종)	• 신자 색출을 위해 5가 작통법 시행 • 척사윤음 반포 • 정하상(상재상서)과 프랑스 앵베르 신부 처형
병오박해 (1846, 헌종)	우리나라 최초의 신부 김대건 순교
병인박해 (1866, 고종)	흥선대원군의 천주교에 대한 대탄압 → 프랑스 신부 9명과 남종삼 등 수천 명 처형(병인양요의 원인)

[2021. 경찰간부후보, 2020. 국가직 9급] 난이도 ★★☆

사람이 곧 하늘이라. 그러므로 사람은 평등하며 차별이 없나니, 사람이 마음대로 귀천을 나눔은 하늘을 거스르는 것이다. 우리 도인은 차별을 없애고 선사의 뜻을 받들어 생활하기를 바라노라.

Theme 동학

Keyword 분석

• 사람이 곧 하늘 → 동학의 인내천 사상

Solution+ 동학의 발생과 확산

창시	1860년(철종) 경주 출신 몰락 양반 최제우가 창시
교리	유(유교) + 불(불교) + 선(도교) + 천주교 일부 교리 + 민간 신앙[주문·부적]
사상	• 후천개벽, 평등사상(시천주, 인내천) • 양반과 상민 차별×, 노비제 폐지 • 여성과 어린이의 인격 존중 사회 추구
탄압	고종(흥선대원군) 때 혹세무민 죄로 최제우 처형(1864)
최시형	• 교리 정리 : 『동경대전』, 『용담유사』 • 교단 조직 정비 : 포접제 → 교세 확장 ※ 『동경대전』과 『용담유사』의 저자는 최제우이나 이를 간행하여 교리를 정리한 것은 최시형

[2014. 국가직 9급] 난이도 ★★★

보잘 것 없는 나, 소자가 어린 나이로 어렵고 큰 유업을 계승하여 지금 12년이나 되었다. 그러나 나는 덕이 부족하여 위로는 천명(天命)을 두려워하지 못하고 아래로는 민심에 답하지 못하였으므로, 밤낮으로 잊지 못하고 근심하며 두렵게 여기면서 혹시라도 선대왕께서 물려주신 소중한 유업이 잘못되지 않을까 걱정하였다. 그런데 지난번 가산(嘉山)의 토적(土賊)이 변란을 일으켜 청천강 이북의 수 많은 생령이 도탄에 빠지고 어육(魚肉)이 되었으니 나의 죄이다.
— 『비변사등록』 —

Theme 순조 때 일어난 홍경래의 난

Keyword 분석

• '보잘 것 없는 나'는 순조, '가산의 토적'은 홍경래를 의미함
• 홍경래의 난은 순조 때인 1811년에 일어났음

[2024. 지방직 9급, 2024. 법원직 9급]

평서 대원수는 급히 격문을 띄우노니 관서 지역의 부로 자제와 공사천민은 모두 이 격문을 들으라. … 조정에서는 관서 지역을 썩은 흙과 같이 버렸다. 심지어 권세 있는 집의 노비들도 서토 사람만 보면 반드시 '평안도 놈'이라고 말한다. 어찌 억울하고 원통하지 않은 자 있겠는가. … 이제 격문을 띄워 먼저 여러 고을의 군후에게 알리노니, 절대로 동요하지 말고 성문을 활짝 열어 우리 군대를 맞으라.

Theme 홍경래의 격문

Keyword 분석
- 서토(西土)는 평안도를 의미함
- 서북민(평안도 지역)에 대한 차별에 반발

Solution⁺ 홍경래의 난(1811, 순조 11)

배경	· 삼정(전정, 군정, 환정)의 문란 · 서북인에 대한 차별(평안도 지역 차별)
참여	· 몰락 양반 홍경래 지휘(평서 대원수 자처) · 영세 농민, 중소 상인, 광산 노동자, 서북 지방 대상인, 향임층, 무사 등 각계각층 합세
전개	처음 가산에서 난을 일으킴 → 선천·정주 점거 → 청천강 이북 지역 장악(전국적×)
결과	정주성에서 관군(순무영)에게 패하고 5개월 만에 평정
한계	지방 차별 타파라는 명분이 전국적 호소력을 얻지 못함

[2021. 계리직]

반란을 일으킨 적도들은 평안도 가산읍 북쪽 다복동에서 무리를 모아 봉기하여 가산과 선천, 곽산 등 청천강 북쪽의 주요 고을들을 점령하고 기세를 떨쳤다.
— 『서정록(西征錄)』 —

Theme 홍경래의 난

Keyword 분석
- 평안도 가산에서 봉기 시작 → 청천강 이북 지역을 거의 장악(but 의주·안주×)

[2024. 지방직 9급, 2021. 소방직]

금번 난민이 소동을 일으킨 것은 오로지 전 우병사 백낙신이 탐욕을 부려서 수탈하였기 때문입니다. 병영에서 포탈한 환곡과 전세 6만 냥을 집집마다 배정하여 억지로 받으려 하였습니다.

Theme 임술 농민 봉기(1862, 철종 13)의 배경

Keyword 분석
- 삼정의 문란(특히 환곡 폐단 大)
- 경상도 우병사 백낙신 등 탐관오리와 토호의 탐학

[2020. 국가직 7급]

진주민 수만 명이 머리에 흰 수건을 두르고 손에는 나무 몽둥이를 들고 무리를 지어 진주 읍내에 모여 서리들의 가옥 수십 호를 불사르고 부수어서, 그 움직임이 결코 가볍지 않았다. 우병사가 해산시키려고 장시에 나갔다. 그때 흰 수건을 두른 백성들이 그를 빙 둘러싸고 백성의 재물을 횡령한 조목, 그리고 아전들이 세금을 포탈하고 강제로 징수한 일들을 여러 번 문책하였다. 그 능멸하고 핍박함이 조금도 거리낌이 없었다.

Theme 임술 농민 봉기(1862)

Keyword 분석
- 임술 농민 봉기 당시 농민들이 머리에 흰 수건을 둘러 '백건당의 난'이라고도 불림.

Solution⁺ 임술 농민 봉기(1862, 철종 13)

배경	· 삼정의 문란(특히 환곡 폐단大) · 경상도 우병사 백낙신 등 탐관오리와 토호의 탐학
전개	경상도 단성에서 시작 → 진주성 점령(유계춘 주도) → 전국 확산(함흥~제주)
정부의 대책	· 안핵사 박규수 파견(진상 조사) · 삼정이정청 설치
한계	대부분의 봉기가 지역별로 전개되어 주변 지역과 연대하는 단계까지 나아가지 못함

CHAPTER 03 근대 태동기의 경제

[2016. 법원직 9급, 2015. 교행 9급, 2015. 경찰 3차] 난이도 ★★☆

양전(量田)을 한 뒤에 마침내 시년상하의 법을 혁파하였다. 삼남 지방은 처음에 각 등급으로 결수를 정하고 조안(租案)에 기록하였다. 영남은 상지하(上之下)까지만 있게 하고, 호남과 호서 지방은 중지중(中之中)까지만 있게 하며, 나머지 5도는 모두 하지하(下之下)로 정하여 전례에 의하여 징수한다. 경기·삼남·해서·관동은 모두 1결에 전세 4두를 징수한다.
- 『만기요람』 -

Theme 영정법(1635, 인조 13) - 전세의 정액화

Keyword 분석
- 시년상하의 법은 연분 9등법을 의미함
- 풍흉에 관계없이 전세를 토지 1결당 미곡 4두(또는 4~6두)로 고정

Solution+ 영정법의 결과
- 전세의 비율이 이전보다 다소 감소
- but 여러 명목의 부가세 징수(전세 납부 시 수수료, 운송비, 자연 소모에 대한 보충 비용 등을 함께 부과)
- 대다수 농민 부담 증가(대부분의 농민이 소작농, 부가세를 농민에게 전가)

[2022. 서울시 9급 2차] 난이도 ★★☆

여러 도감에 바치는 물품은 각 고을에서 현물로 바치려고 해도 여러 궁방에서 방납하는 것을 이롭게 여겨 각 고을에다 협박을 가하여 손을 쓸 수 없도록 합니다. 그러고는 그들의 사물(私物)로 자신에게 납부하게 하고 억지로 높은 값을 정하는데 거위나 오리 한 마리의 값이 소나 말 한 마리이며 조금만 시일을 지체하면 갑절로 징수합니다.
- 『선조실록』 -

Theme 대동법의 실시 배경(방납의 폐단)

Keyword 분석
- 방납은 중앙 관청의 서리가 공물을 대신 내고 그 대가를 많이 챙기는 행위를 말함.

[2017. 경찰 2차] 난이도 ★★☆

'이 제도'가 처음 경기도에서 실시되자 토호와 방납인들은 그동안 얻었던 이익을 모두 잃게 되었다. 그래서 온갖 수단을 다 동원하여 왕에게 폐지할 것을 건의했으나, 백성들이 이 제도가 편리하다고 하였기 때문에 계속 실시하기로 하였다.
- 『열조통기』 -

Theme 대동법

Keyword 분석
- 대동법의 시행 과정
  - 광해군 : 이원익·한백겸 건의 → 경기도에서 처음 시행
  - 인조 : 조익 주장 → 강원도 시행
  - 효종 : 김육 주장 → 충청도·전라도 시행
  - 숙종 : 경상도(1677)·황해도 시행(1708) → 잉류 지역[함경도·평안도·(제주도)]을 제외한 전국적 시행

Solution+ 대동법(1608, 광해군 즉위년)

배경	방납의 폐단 → 농민 부담↑
내용	공납을 토지의 결수에 따라 쌀(1결당 12두), 삼베, 무명, 동전 등으로 징수 → 공납의 전세화 및 금납화
담당 관청	선혜청(1894년 갑오개혁 때 폐지)
결과	· 양반 지주층, 방납인 등의 반대로 전국적 시행까지 100년(1608~1708) 소요 · 공납 부과 기준 변화 : 가호 기준 → 토지 결수 · 토지가 없거나 적은 농민 부담 경감 · 토지를 많이 소유한 지주의 부담 증가 · 관청(선혜청)에 물품을 조달하는 공인 등장 → 상품 수요 증가 → 상품 화폐 경제 발달 · 조세의 금납화 촉진
한계	· 현물 징수 존속 : 상공에만 한정, 별공과 진상 여전히 존속 · 시간이 지날수록 상납미 비율↑, 유치미 비율↓ → 지방 관아 재정 악화 → 수령 및 아전들의 농민 수탈 가중

[2023. 국가직 9급, 2015. 서울시 9급] 난이도 ★★☆

- 이때에 이원익이 ㉠ 을 시행할 것을 청하니, 봄가을로 민전 1결에 각기 8말의 쌀을 내어 경창(京倉)에 수납하게 하고, 때때로 각 관아의 사주인(私主人)에게 나누어 주어 스스로 상공(上供)을 교역하여 바치게 하였다. 이로써 물화를 저축하고 시장에서 값을 오르내리게 하여 그 수를 넉넉히 남겼던 것이다. - 『택당집』-
- 임진왜란 이후에 우의정 유성룡도 역시 미곡을 거두는 것이 편리하다고 주장하였으나, 일이 성취되지 못하였다. 1608년에 이르러 좌의정 이원익의 건의로 (가) 을/를 비로소 시행하여, 민결(民結)에서 미곡을 거두어 서울로 옮기게 하였다. - 『만기요람』-

Theme 대동법

Keyword 분석
- 첫 번째 자료의 '㉠'과 두 번째 자료의 (가)는 대동법
- 대동법 실시 초기에는 봄, 가을에 각각 토지 1결당 8두(8말)씩 총 16두를 징수하였으나 이후에는 토지 1결당 12두로 조정함.

[2017. 지방직 9급, 2015. 국가직 9급] 난이도 ★☆☆

왕이 양역을 절반으로 줄이라고 명령했다. "…… 호포(戶布)나 결포(結布) 모두 문제가 있다. 이제 1필을 줄이는 것으로 온전히 돌아갈 것이니 경들은 1필을 줄였을 때 생기는 세입 감소분을 보충할 방법을 강구하라."

Theme 균역법(1750, 영조 26)

Keyword 분석

배경	군역의 부담 과중과 군역의 폐단
내용	군포 부담을 1년에 2필에서 1필로 경감
재정 보충책	· 결작 : 지주에게 토지 1결당 미곡 2두 징수 · 선무군관포 　- 대상 : 일부 상류층(일부 부유한 상민층) 　- 내용 : 선무군관 칭호를 주고 군포 1필 징수 · 잡세 : 어장세, 염세, 선박세 등 → 궁방에서 징수하던 것을 균역청에 예속시켜 징수
결과	농민 부담 일시 감소 → but 결작의 부담을 소작 농민에게 전가, 군적 문란 심화로 농민 부담 다시 가중

[2021. 국회직 9급] 난이도 ★★☆

현재 10여 만 호로써 50만 호가 져야 할 양역을 감당해야 합니다. 한 집안에 비록 남자가 4, 5명 있어도 모두 군역에서 벗어나지 못합니다. 군포를 마련할 길이 없어 마침내 죽거나 도망을 가게 되고, 이러한 자의 몫을 채우기 위해 황구첨정 등의 폐단이 생겨나는 것입니다.

Theme 균역법 실시 배경

Keyword 분석
- 군포 징수 과정에서의 폐단

인징	도피한 군역 의무자의 군포를 이웃에게 징수
족징	도피한 군역 의무자의 군포를 친척에게 징수
황구첨정	어린 아이에게 군포 징수
백골징포	죽은 사람에게 군포 징수

[2021. 경찰간부후보] 난이도 ★★★

(가) 을(를) 하면 파종하는 것에 비해 힘이 5분의 4가 적게 든다. 그러므로 일할 사람이 많으면 한없이 경작할 수 있고, 땅이 없는 자는 빌려서 농사지을 수도 없다.

Theme 이앙법(모내기법)의 영향

Keyword 분석
- 밑줄 친 '(가)'는 이앙법
- 잡초 제거(김매기) 일손 절감 → 광작의 대두 → 지주들은 광작이 가능해지면서 소작지 회수 → 소작 농민은 소작지를 잃기는 쉬워지고 얻기는 더욱 어려워짐

Solution+ 조선 후기의 농업 기술

논농사	· 이모작 일반화(벼·보리) · 이모작 일반화로 보리 재배 확대 · 이앙법(모내기법)을 통한 노동력 절감 → 광작의 대두
밭농사	견종법(밭고랑에 파종)

[2021. 국가직 9급, 2015. 국회직 9급]

대개 이 농법을 귀중하게 여기는 이유는 다음과 같다. 두 땅의 힘으로 하나의 모를 서로 기르는 것이고, … (중략) … 옛 흙을 떠나 새 흙으로 가서 고갱이를 씻어 내어 더러운 것을 제거하는 것이다. 무릇 벼를 심는 논에는 물을 끌어들일 수 있는 하천이나 물을 댈 수 있는 저수지가 꼭 필요하다. 이러한 것이 없다면 볏논이 아니다. - 『임원경제지』 -

Theme 이앙법(모내기법)

Keyword 분석
- 두 땅의 힘으로 하나의 모를 서로 기르는 것 → 이앙법은 벼농사에서, 못자리에서 모를 어느 정도 키운 다음, 그 모를 본논으로 옮겨 심는 재배 방법
- 저수지가 꼭 필요 → 이앙법은 가뭄에 취약하기 때문

[2017. 국가직 9급]

황해도 관찰사의 보고에 따르면, 수안군에는 본래 금광이 다섯 곳이 있었다. 올해 여름에 새로 39개소의 금혈을 뚫었는데, 550여 명의 광꾼들이 모여들었다. 도내의 무뢰배들이 농사를 짓지 않고 다투어 모여들 뿐만 아니라 다른 지방에서 이익을 좇는 무리들도 소문을 듣고 몰려온다. …(중략)… 금점을 설치한 지 이미 여러 해가 된 곳에는 촌락이 즐비하고 상인들이 물품을 유통시켜 큰 도회지를 이루고 있다.

Theme 조선 후기 광산촌의 모습(민영 광산의 증가)

Keyword 분석
- 설점수세제 (17c, 효종) : 민간인에게 광산 채굴을 허용하고 세금 징수
- 경영 전문가인 덕대(德大)가 상인 물주에게 자본을 조달받아 채굴업자(혈주)와 채굴 노동자, 제련 노동자 등을 고용하여 광물 채굴 및 제련 → 분업에 토대를 둔 협업

[2024. 지역인재 9급, 2019. 국가직 9급]

- 서울 안팎과 번화한 큰 도시에 파·마늘·배추·오이밭 따위는 10묘의 땅에서 얻은 수확이 돈 수만을 헤아리게 된다. 서도 지방의 담배 밭, 북도 지방의 삼밭, 한산의 모시밭, 전주의 생강 밭, 강진의 고구마 밭, 황주의 지황 밭에서의 수확은 모두 상상등전(上上等田)의 논에서 나는 수확보다 그 이익이 10배에 이른다.
- 작은 보습으로 이랑에다 고랑을 내는데, 너비 1척, 깊이 1척이다. 이렇게 한 이랑, 즉 1묘 마다 고랑 3개와 두둑 3개를 만들면, 두둑의 높이와 너비는 고랑의 깊이와 너비와 같아진다. 그 뒤 고랑에 거름 재를 두껍게 펴고, 구멍 뚫린 박에 조를 담고서 파종한다.

Theme 조선 후기 상품 작물 재배와 견종법

Keyword 분석
- 첫 번째 자료는 조선 후기 상품 작물 재배
  - 시장에 팔기 위한 작물 재배(ex 쌀, 목화, 채소, 담배, 약초 등) → 가계 수입 증가
  - 쌀 : 장시에서 가장 많이 거래됨(쌀의 상품화 활발) → 쌀 수요 증가로 밭을 논으로 바꾸는 현상 활발
  - 고추·담배(남초·남령초) : 17c 초 일본에서 전래
- 두 번째 자료는 견종법(밭고랑에 파종)

[2018. 교행 9급]

사행이 책문을 출입할 때 의주 상인과 개성 상인 등이 은(銀), 삼(蔘)을 몰래 가지고 인부나 마필 속에 섞여 들어 물종을 팔아 이익을 꾀하였다. 되돌아올 때는 걸음을 일부러 늦추어 사신을 먼저 책문으로 나가게 하여 거리낄 것이 없게 한 뒤에 저희 마음대로 매매하고 돌아오는데 이것을 책문 후시라고 한다. - 『만기요람』 -

Theme 조선 후기 대외 무역

Keyword 분석

17세기 중엽부터 청과의 무역이 활발해지면서, 국경 지대를 중심으로 공적으로 허용된 무역인 개시와 사적인 무역인 후시가 이루어졌다.

Solution+ 조선 후기 대외 무역의 발달

대청 무역	· 공무역(중강 개시·경원 개시·회령 개시)
	· 사무역(중강 후시·책문 후시)
	· 수출품 : 은, 종이, 무명, 인삼 / 수입품 : 비단, 약재, 문방구
	· 주요 상인 : 의주의 만상(대청 무역 주도)
대일 무역	· 형태 : 왜관 개시, 왜관 후시
	· 수출품 : 인삼, 쌀, 무명 / 수입품 : 은, 구리, 황, 후추
	· 주요 상인 : 동래 내상(대일 무역 주도)

[2021. 법원직 9급, 2012. 국가직 9급]

"내 조금 시험해 볼 일이 있어 그대에게 만 금(萬金)을 빌리러 왔소."하였다. 변씨는 "그러시오."하고 곧 만 금을 내주었다. …… 허생은 만 금을 얻어 생각하기를 "저 안성은 기(畿)·호(湖)의 어우름이요, 삼남의 어귀이다."하고는 이에 머물러 살았다. 그리하여 대추, 밤, 감, 배, 석류, 귤, 유자 등의 과실을 모두 두 배 값으로 사서 저장하였다. 허생이 과실을 몽땅 사들이자 온 나라가 잔치나 제사를 치르지 못하게 되었다. 그런 지 얼마 아니 되어서 두 배 값을 받은 장사들이 도리어 열 배의 값을 치렀다.

— 박지원, 『허생전』 —

Theme 조선 후기 도고

Keyword 분석

자료는 조선 후기 경제 상황을 묘사한 박지원의 소설 『허생전』 중 일부로 상품의 매점매석을 통하여 이윤의 극대화를 노리던 도고 행위를 보여주고 있다.

Solution⁺ 조선 후기 상업의 발달

관허상인	공인	· 대동법이 실시되면서 등장한 어용상인 · 관청에서 공가(貢價)를 미리 받아 물품을 사서 납부
	시전상인	정조 때의 신해통공으로 위축
	보부상	· 농촌의 장시를 하나의 유통망으로 연계 · 전국 장시를 무대로 활동, 보부상단 형성
사상	난전	종루(종로 일대), 이현(동대문 부근), 칠패(남대문 밖)
	만상(의주)	청과의 무역 주도
	내상(동래)	일본과의 무역 주도
	유상(평양)	평양 중심으로 활동
	송상(개성)	· 전국에 지점 설치(송방), 인삼 재배 및 판매 · 중계무역(의주의 만상과 동래의 내상 중계)
	경강상인	· 운송업에 종사하며 거상으로 성장 · 한강을 근거지로 서남 연해안을 오가며 미곡, 어물 등 거래 · 선박의 건조 등 생산 분야 진출
	객주·여각	· 포구나 지방의 큰 장시에서 활동 · 상품 매매 중개 + 부수적으로 운송, 보관, 숙박, 금융 등의 영업

[2015. 국가직 9급]

배에 물건을 싣고 오가면서 장사하는 장사꾼은 반드시 강과 바다가 이어지는 곳에서 이득을 얻는다. 전라도 나주의 영산포, 영광의 법성포, 흥덕의 사진포, 전주의 사탄은 비록 작은 강이나 모두 바닷물이 통하므로 장삿배가 모인다. … (중략) … 그리하여 큰 배와 작은 배가 밤낮으로 포구에 줄을 서고 있다.

— 『비변사등록』 —

Theme 조선 후기 포구의 상업 활동

Keyword 분석

· 조선 후기에 들어 포구가 새로운 상업 중심지로 성장(장시보다 상거래 규모 大) → ex) 18c 강경포, 원산포
· 선상, 객주·여각 등이 포구를 거점으로 활발하게 활동

[2012. 국가직 7급]

숙종 4년 1월 을미, 대신과 비변사의 여러 신하들을 접견하고 비로소 돈을 사용하는 일을 정하였다. 돈은 천하에 통행하는 재화인데, 오직 우리나라에서는 예부터 누차 행하려 하였으나 행할 수 없었다. …… 시중에 유통하게 되었다.

Theme 상평통보의 유통

Keyword 분석

자료는 1678년(숙종 4) 상평통보를 만들어 시중에 유통하게 된 사실을 보여주고 있다. 숙종 때인 1678년(숙종 4)에는 영의정 허적의 제의에 따라 상평통보를 법화로 채택하여 주조·유통함으로써 점차 전국적으로 널리 유통되었다.

CHAPTER 04 근대 태동기의 문화

[2017. 국가직 7급]

나의 학문은 안에서만 구할 뿐이고 밖에서는 구하지 않는다. …(중략)… 그런데 오늘날 주자를 말하는 자들로 말하면, 주자를 배우는 것이 아니라 다만 주자를 빌리는 것이요, 주자를 빌릴 뿐만 아니라 곧 주자를 부회해서 자기들의 뜻을 성취하려 하고 주자를 끼고 위엄을 지어 자기들의 사욕을 달성하려 할 뿐이다.

Theme 정제두와 양명학

Keyword 분석

- 자료는 정제두의 문집인 『하곡집』
- '나의 학문은 안에서만 구할 뿐이고 밖에서는 구하지 않는다.' → 양명학의 사상인 심즉리(心卽理), 즉 인간의 마음이 곧 이(理)라는 이론
- 정제두는 양명학을 체계화하면서 공론과 사리에 사로잡혀 있는 주자학파를 비판함.

Solution+ 양명학

전래	· 16세기 중종 때 전래 · 이황에 의해 배척(전습록변)
사상	심즉리, 치양지설, 지행합일, 친민설
확산	정권에서 소외된 소론파와 불우한 종친, 서얼 출신 인사들 사이에서 가학(家學)으로 이어져 확산
정제두 (소론)	· 18세기 초 강화학파 형성 · 일반민을 도덕 실천의 주체로 인정 · 양반 신분제 폐지 주장 · 저서 : 하곡집, 존언, 만물일체설
의의	한말·일제 강점기에 이건창, 박은식(유교 구신론), 정인보 등은 양명학을 계승하여 국학 운동 전개

[2023. 법원직 9급, 2019. 서울시 9급]

국가는 마땅히 한 집의 재산을 헤아려 전(田) 몇 부(負)를 한정하여 1호(戶)의 영업전(永業田)을 삼기를 당나라의 조제(租制)처럼 해야 한다. 그렇다고 해서 많이 소유한 자의 것을 줄이거나 빼앗지 않고, 모자라게 소유한 자라고 해서 더 주지 않는다. 돈이 있어 사고자 하는 자는 비록 천백 결(結)이라도 모두 허가하고, 토지가 많아 팔고자 하는 자도 단지 영업전 몇 부 이외에는 역시 허가한다.

Theme 이익의 한전론

Keyword 분석

- 영업전(생계 유지 위한 최소한의 토지) 매매 금지, 그 외 토지만 매매 허용 → 토지 소유의 하한선 설정

[2010. 국가직 7급]

농사를 힘쓰지 않는 자 중에 그 좀이 여섯 종류가 있는데, 장사꾼은 그 중에 들어가지 않는다. 첫째가 노비요, 둘째가 과거요, 셋째가 벌열이요, 넷째가 기교요, 다섯째가 승니요, 여섯째가 게으름뱅이들이다.

Theme 이익의 6좀

Keyword 분석

- 이익이 '나라의 좀'으로 비판한 6가지 폐단 : 노비제, 과거제, 양반 문벌 제도, 사치와 미신, 승려, 게으름

Solution+ 성호 이익(1681~1763)

학파 형성	제자 양성(안정복, 정약용 등) → 성호학파 형성
한전론	토지 소유의 하한선 설정
6좀	나라를 좀먹는 여섯 가지 폐단 지적
붕당론	· 양반의 수와 특권 제한 · 과거 시험의 주기를 3년에서 5년으로 늘려 합격자를 줄일 것
폐전론	화폐의 폐단 지적
사창제 주장	환곡의 개선책 주장
저서	성호사설, 곽우록

[2023. 서울시 9급 1차, 2015. 국가직 7급]

지금 농사를 하고자 하는 사람은 토지를 얻고, 농사를 하지 않는 사람은 토지를 얻지 못하도록 한다. 즉 여전(閭田)의 법을 시행하면 나의 뜻을 이룰 수 있을 것이다. ……
무릇 1여의 토지는 1여의 사람들로 하여금 공동으로 경작하게 하고, 내 땅 네 땅의 구분 없이 오직 여장의 명령만을 따른다. 매 사람마다의 노동량은 매일 여장이 장부에 기록한다. 가을이 되면 무릇 오곡의 수확물을 모두 여장의 집으로 보내어 그 식량을 분배한다. 먼저 국가에 바치는 공세를 제하고, 다음으로 여장의 녹봉을 제하며, 그 나머지를 날마다 일한 것을 기록한 장부에 의거하여 여민들에게 분배한다.

Theme 정약용의 여전론

Keyword 분석
- 마을 단위 토지의 공동 소유 및 경작 → 수확량을 노동량에 따라 차등 분배(but 후에 정전제를 우리 현실에 맞게 실시할 것을 주장)

[2017. 지방직 9급, 2021. 계리직]

- 오늘날 백성을 다스리는 자는 백성에게서 걷어들이는 데만 급급하고 백성을 부양하는 방법은 알지 못한다. …… '심서(心書)'라고 이름 붙인 까닭은 무엇인가? 백성을 다스릴 마음은 있지만 몸소 실행할 수 없기 때문에 그렇게 이름 붙인 것이다.
- 수령이라는 직책은 관장하지 않는 것이 없으니, 여러 조목을 열거하여도 오히려 직책을 다하지 못할까 두려운데, 하물며 스스로 실행하기를 기대할 수 있겠는가? 이 책은 첫머리의 부임(赴任)과 맨 끝의 해관(解官) 2편을 제외한 나머지 10편에 들어 있는 것만 해도 60조나 되니, 진실로 어진 수령이 있어 제 직분을 다할 것을 생각한다면 아마도 방법에 어둡지는 않을 것이다.

Theme 정약용의 『목민심서』(1818)

Keyword 분석
- 정약용은 『목민심서』에서 목민관, 즉 수령이 지켜야 할 지침을 밝히면서 관리들의 폭정을 비판함.

[2015. 지방직 7급]

그들의 권능은 사람을 경사스럽게 만들기 충분하며 그들의 형률과 위엄은 사람을 겁주기에 충분하다. 그리하여 거만하게 제 스스로 높은 체하고 태연히 제 혼자 좋아서 자신이 목민자임을 잊어버리고 있다. 한 사람이 다투다가 찾아가 판정해 달라고 하면 불쾌한 표정으로 말하기를 "어찌 이렇게 시끄럽게 구느냐"라고 하고, …(중략)… 곡식이나 옷감을 바치지 아니 하면 매질이나 몽둥이질을 하여 피가 흘러서야 그친다. 날마다 문서 장부에다 고쳐 쓰고 덧붙여 써서 돈과 베를 거두어들여 그것으로 밭과 집을 장만한다. 또한 권귀와 재상에게 뇌물을 써서 훗날의 이익을 도모하고 있다. 그리하여 "백성이 목민자를 위하여 살고 있는 것이다"라고 말하지만 그것이 어디 이치에 합당하겠는가? 목민자는 백성을 위하여 있는 것이다.

– 『원목』 –

Theme 정약용의 『원목』

Keyword 분석
자료는 정약용의 『원목』으로, 통치자(목민관, 목민자)는 백성을 위하여 존재한다는 이론이다. 정약용은 이 글에서 목민관들이 백성을 수탈하고 괴롭히는 현실을 신랄하게 비판하였으며, 백성이 목민관을 위해 존재하는 것이 아니라 목민관이 백성을 위해 존재한다는 것을 강조하며, 통치자의 이상적인 상을 제시하였다.

Solution+ 다산 정약용(1762~1836)

계승	이익의 실학 사상 계승
여전론	• 병농일치제, 마을 단위 토지의 공동 소유 및 경작 → 수확량을 노동량에 따라 차등 분배 • but 후에 정전제를 우리 현실에 맞게 실시할 것을 주장
저서	경세유표, 목민심서, 흠흠신서, 원목, 탕론, 전론, 마과회통, 기예론 등
기타	• 이용감 설치 주장 • 배다리(주교) 설계, 거중기 제작

[2024. 국회직 9급, 2021. 경찰 2차] 난이도 ★★★

- 무릇 천자란 무엇 때문에 있는 것인가. 하늘이 천자를 공중에서 내려보내서 세운 것인가, 아니면 땅에서 솟아나게 하여 천자가 된 것인가. …… 여러 현장(縣長)들이 함께 추대한 자가 제후가 되며, 제후들이 함께 추대한 자가 천자가 되니, 천자란 민중이 추대하여 만든 것이다.
- 활차(滑車)를 이용하여 무거운 물건을 운반하는 것은 두 가지 편리한 점이 있으니 첫째는 사람의 힘을 줄이는 것이고, 둘째는 무거운 물건을 떨어뜨리지 않고 안전하게 운반하는 것입니다. …… 크고 작은 바퀴가 서로 통하고 서로 튕기는 방법을 이용하면 천하에 무거운 물건이 없습니다.

Theme 정약용의 『탕론』과 『기중도설』

Keyword 분석
- 『탕론』: 백성이 정치의 근본임을 밝히고 있으며, 역성혁명 옹호
- 『기중도설』: 도르래의 원리를 이용하여 물체를 들어 올리는 방법 수록

[2017. 국가직 9급] 난이도 ★★★

천체가 운행하는 것이나 지구가 자전하는 것은 그 세가 동일하니, 분리해서 설명할 필요가 없다. 생각건대 9만 리의 둘레를 한 바퀴 도는 데 이처럼 빠르며, 저 별들과 지구와의 거리는 겨우 반경(半徑)밖에 되지 않는데도 오히려 몇 천만 억의 별들이 있는지 알 수가 없다. 하물며 은하계 밖에도 또 다른 별들이 있지 않겠는가!

Theme 홍대용의 지전설

Keyword 분석

자료는 홍대용이 저술한 『의산문답』의 내용 중 일부이다. '지구가 자전한다'는 내용을 통해 지구 자전설(지전설)을 주장했음을 알 수 있고, '은하계 밖에도 또 다른 별들이 있지 않겠는가'라는 내용을 통해 무한우주론을 알 수 있다. 이처럼 홍대용은 『의산문답』에서 지전설을 주장하고 무한우주론의 우주관을 제시하여 중국이 세계의 중심이라는 생각을 비판하였다.

[2018. 기상직 9급] 난이도 ★★★

어찌하여 하늘은 천한 금수(禽獸)에게 후하게 하고 귀하게 해야 할 인간에게는 야박하게 하였는가. 그것은 인간에게는 지혜로운 생각과 교묘한 궁리가 있으므로 기예(技藝)를 익혀서 제 힘으로 살아가게 한 것이다.……온갖 공장의 기예가 정교하면 궁실과 기구를 만들고 성곽과 배, 수레, 가마 따위도 모두 편리하고 튼튼하게 될 것이니, 진실로 그 방법을 다 알아서 힘껏 시행한다면 나라는 부유해지고 군사는 강성해지고 백성도 부유하면서 오래 살 수 있을 것인데 이를 알면서도 고치지 않는구나.

Theme 정약용의 『기예론』

Keyword 분석

자료는 정약용이 과학 기술의 중요성을 강조한 기예론의 내용이다. 정약용은 과학 기술의 중요성을 확신하고 기술 개발에 앞장섰다. 그는 인간이 다른 동물보다 뛰어난 것은 기술 때문이라고 보고, 기술의 발달이 인간 생활을 풍요롭게 한다고 믿었다(기예론).

[2024. 서울시 9급, 2014. 국가직 9급] 난이도 ★★☆

- 중국은 서양과 180도 정도 차이가 난다. 중국인은 중국을 중심으로 삼고 서양을 변두리로 삼으며, 서양인은 서양을 중심으로 삼고 중국을 변두리로 삼는다. 그러나 실제는 하늘을 이고 땅을 밟는 사람은 땅에 따라서 모두 그러한 것이니 중심도 변두리도 없이 모두가 중심이다.
- 하늘에서 본다면 어찌 안과 밖의 구별이 있겠느냐? 그러니 각각 자기 나라 사람끼리 서로 사랑하고, 자기 임금을 높이며, 자기 나라를 지키고, 자기 풍속을 좋게 여기는 것은 중국이나 오랑캐나 마찬가지다.

- 『의산문답』 -

Theme 홍대용의 주장(중화사상 탈피)

Keyword 분석

자료는 『의산문답』에 수록된 홍대용의 글이다. '중국인은 중국을 중심으로 삼고 서양을 변두리로 삼으며, 서양인은 서양을 중심으로 삼고 중국을 변두리로 삼는다.'라는 내용과 '중심도 변두리도 없이 모두가 중심이다.'라는 내용을 통해 중국이 세계의 중심이라는 생각을 비판하고 있음을 알 수 있다.

[2019. 기상직 9급]

아홉 도의 전답(田畓)을 고루 나누어 3분의 1을 취해서 아내가 있는 남자에 한해서는 각각 2결(結)을 받도록 한다. (그 자신에 한하며 죽으면 8년 후에 다른 사람에게 옮겨 준다.) 전원(田園) 울타리 밑에 뽕나무와 삼[麻]을 심도록 하며, 심지 않는 자에게는 벌로 베[布]를 받는데 부인이 3명이면 베[布] 1필, 부인이 5명이면 명주[帛] 1필을 상례(常例)로 정한다.

Theme 홍대용의 균전제 주장

Keyword 분석
- 홍대용의 균전제 : 성인 남자들에게 토지 2결 지급

Solution+ 담헌 홍대용(1731~1783)

출신	노론 명문 출신
주장	기술 혁신과 문벌 제도의 철폐, 성리학의 극복이 부국강병의 근본이라고 강조
의산문답	· 실옹과 허자의 문답형식을 빌어 고정관념을 상대주의 논법으로 비판 · 지전설과 무한 우주론 주장
임하경륜	· 균전제 주장 : 성인 남자들에게 토지 2결 지급, 병농일치 군대 조직 제안 · 놀고먹는 선비들의 생산 활동 종사 역설
역외춘추론	세계에 안과 밖이 없으니 내가 서 있는 땅이 세계의 중심이라는 사상
저서	· 임하경륜, 의산문답, 담헌서 · 연기(청나라 견문록), 주해수용(수학책)
기타	혼천의 제작

[2023. 국회직 9급, 2022. 국가직 9급]

토지를 겸병하는 자라고 해서 어찌 진정으로 빈민을 못살게 굴고 나라의 정치를 해치려고 했겠습니까? 근본을 다스리고자 하는 자라면 역시 부호를 심하게 책망할 것이 아니라 관련 법제가 세워지지 않은 것을 걱정해야 할 것입니다. … (중략) … 진실로 토지의 소유를 제한하는 법령을 세워, "어느 해 어느 달 이후로는 제한된 면적을 초과해 소유한 자는 더는 토지를 점하지 못한다. 이 법령이 시행되기 이전부터 소유한 것에 대해서는 아무리 광대한 면적이라 해도 불문에 부친다. 자손에게 분급해 주는 것은 허락한다. 만약에 사실대로 고하지 않고 숨기거나 법령을 공포한 이후에 제한을 넘어 더 점한 자는 백성이 적발하면 백성에게 주고, 관(官)에서 적발하면 몰수한다."라고 하면, 수십 년이 못 가서 전국의 토지 소유는 균등하게 될 것입니다.

Theme 박지원의 한전론

Keyword 분석
- 토지 소유의 상한선 설정, 그 이상의 토지 소유 금지

Solution+ 연암 박지원(1737~1805)

열하일기 (1780, 정조 4)	· 청에 다녀와 저술 · 상공업 진흥 강조 · 수레와 선박 이용 주장 · 화폐 유통의 필요성 주장 · 양반 문벌 제도의 비생산성 비판
농업 진흥책	『과농소초』: 농업 생산력 증대에 관심(영농 방법 혁신, 상업적 농업 장려, 수리 시설 확충)

[2024. 지방직 9급, 2020. 법원직 9급]

재물은 비유하자면 샘과 같은 것이다. 우물물은 퍼내면 차고, 버려두면 말라 버린다. 그러므로 비단옷을 입지 않아서 나라에 비단 짜는 사람이 없게 되면 여공이 쇠퇴하며, 찌그러진 그릇을 싫어하지 않고 기교를 숭상하지 않아서 공장이 기술을 익히지 않게 되면 기예가 사라진다. 심지어 농사가 황폐해져서 농사짓는 법을 잊고, 상업은 이익이 적어서 생업을 잃게 된다. 그리하여 사농공상의 사민이 모두 곤궁해져서 서로 도울 수 없게 된다.

Theme 박제가의 『북학의』

Keyword 분석

박제가는 『북학의』에서 생산과 소비의 관계를 우물물에 비유하면서 생산을 자극하기 위해서는 절약보다 소비를 권장해야 한다고 주장하였다.

Solution+ 초정 박제가(1750~1805)

서얼 출신	· 양반 집안의 서자 출신(서얼 출신) · 정조 때 규장각 검서관 등용
북학의 저술	· 청의 문물 적극 수용 제창 · 상공업의 발달, 청과의 통상 강화, 수레와 선박의 이용 주장 · 무역선을 파견하여 국제 무역 참여 주장 · 절약보다 소비 권장(우물론 : 생산과 소비를 우물물에 비유)
기타	· 서양 선교사를 초빙하여 서양의 과학·기술을 배우자고 제안 · 정약용과 함께 종두법 연구

[2024. 국회직 9급]

…… 청나라가 천하를 차지한 지 1백여 년이 지났다. …… 그런데 여기에 있는 사람들을 모조리 오랑캐라 하고 중국의 법마저 함께 폐기해 버린다면 크게 옳지 못하다. 진실로 백성에게 이롭다면 그 법이 비록 오랑캐에게서 나왔다 하더라도 성인은 장차 취할 것이다. ─ 「존주론」 ─

Theme 박제가의 북학론

Keyword 분석

· 「존주론」은 박제가가 저술한 『북학의』 외편에 수록된 글
· 청의 문물을 수용해야 한다는 북학론 제기

[2024. 법원직 9급, 2022. 국가직 9급]

부여씨와 고씨가 망한 다음에 김씨의 신라가 남에 있고, 대씨의 발해가 북에 있으니 이것이 남북국이다. 여기에는 마땅히 남북국사가 있어야 할 터인데, 고려가 그것을 편찬하지 않은 것은 잘못이다."

Theme 유득공의 『발해고』

Keyword 분석

· 발해사 연구 심화, 최초로 '남북국 시대' 용어 사용
· 이종휘의 『동사』와 함께 고대사 연구의 시야를 만주 지방까지 확대
· 한반도 중심의 협소한 사관 극복 노력

[2015. 지방직 9급]

삼국사에서 신라를 으뜸으로 한 것은 신라가 가장 먼저 건국했고, 뒤에 고구려와 백제를 통합하였으며, 또 고려는 신라를 계승하였으므로 편찬한 것이 모두 신라의 남은 문적(文籍)을 근거로 했기 때문이다. …(중략)… 고구려의 강대하고 현저함은 백제에 비할 바가 아니며, 신라가 차지한 땅은 남쪽의 일부에 불과할 뿐이다. 그러므로 김씨는 신라사에 쓰여진 고구려 땅을 근거로 했을 뿐이다.

Theme 안정복의 『동사강목』

Keyword 분석

자료는 안정복의 『동사강목』(정조, 1778)이다. 자료의 하단에 있는 김씨는 『삼국사기』를 편찬한 김부식을 말한다. 안정복은 이 글을 통해 고구려나 백제도 신라에 뒤지지 않는 강대함을 보였다고 주장하였다. 이는 안정복이 『동사강목』에서 삼국을 무통으로 본 것과 연계시켜 이해할 수 있다.

Solution+ 『동사강목』(1778, 정조 2)

계승	이익의 역사 의식 계승
서술 방식	고조선~고려 말까지의 통사(강목체 형식의 편년체)
특징	· 독자적 삼한(마한) 정통론 제시 : 단군 → 기자 → 마한 → 통일 신라 → 고려 · 우리 역사를 치밀하게 고증 → 고증 사학의 토대 마련 · 고구려의 강대함 강조, 신라가 자처한 땅의 일부는 남쪽에 불과할 뿐이라고 주장

Chapter 04 근대 태동기의 문화 117

PART 6
근대 사회의 전개

Chapter 01   외세의 침략적 접근과 개항

Chapter 02   개화 정책의 추진과 반발

Chapter 03   동학 농민 운동과 갑오개혁

Chapter 04   러시아 VS 일본 대립기

Chapter 05   일본 독주기

Chapter 06   개항 이후의 경제와 사회

Chapter 07   근대 문물의 수용과 근대 문화의 형성

CHAPTER 01 외세의 침략적 접근과 개항

[2019. 소방간부, 2018. 경찰 1차] 난이도 ★★☆

(가) 이/가 집권한 후 어느 공회 석상에서 음성을 높여 여러 대신을 향해 말하기를 "나는 천리를 끌어다 지척(咫尺)을 삼겠으며 태산을 깎아내려 평지를 만들고 또한 남대문을 3층으로 높이려 하는데 여러 공들은 어떠시오?"라고 하였다. …… 대개 천리지척이라는 말은 종친을 높인다는 뜻이요, 남대문 3층이라는 말은 남인을 천거하겠다는 뜻이요, 태산을 평지로 만들겠다는 말은 노론을 억압하겠다는 의사이다.

— 황현, 『매천야록』 —

Theme 흥선 대원군

Keyword 분석
- (가)에 해당하는 인물은 흥선 대원군
- 자료는 흥선대원군의 발언으로 천리지척이라는 말은 종친을 높인다는 뜻이고, 남대문을 3층으로 높이려 한다는 말은 남인을 천거하겠다는 뜻이며, 태산을 평지로 만들겠다는 말은 노론을 억압하겠다는 의사이다.

[2021. 국가직 9급, 2017. 기상직 9급] 난이도 ★★☆

- 인정(人丁)에 대한 세를 신포(身布)라고 하는데 충신과 공신의 자손에게는 모두 그것이 면제되었다. 그 모자라는 액수는 반드시 평민에게만 덧붙여 징수하였다. 그는 이를 수정하고자 동포(洞布)라는 법을 제정하였다. 가령 한 동리에 2백여 호가 있으면 매 호에 더부살이 호가 약간씩 있는 것을 자세히 밝혀서 계산하고, 신포를 부과하여 고르게 징수하였다.
- 군역에 뽑힌 장정에게 군포를 거두었는데, 그 폐단이 많아서 백성들이 뼈를 깎는 원한을 가졌다. 그런데 사족들은 한평생 한가하게 놀며 신역(身役)이 없었다. … (중략) … 그러나 유속(流俗)에 끌려 이행되지 못하였으나 갑자년 초에 그가 강력히 나서서 귀천이 동일하게 장정 한 사람마다 세납전(歲納錢) 2민(緡)을 바치게 하니, 이를 동포전(洞布錢)이라고 하였다.

— 『매천야록』 —

Theme 흥선 대원군의 호포법 실시

Keyword 분석
- 밑줄 친 '그'는 흥선 대원군
- 호포법(동포제) : 상민에게만 받던 군포를 반상에 구분 없이 가호에 부과하여 양반들에게도 군포 징수

Solution+ 흥선 대원군의 대내 정책

세도정치 타파	안동 김씨 축출, 능력에 따른 인재 등용
비변사 혁파	의정부(정무)와 삼군부(군사) 기능 부활
경복궁 중건	• 왕실의 권위를 높이기 위한 목적 • 원납전 징수, 당백전 발행, 청전 수입 및 유통
수취 체제 개혁	• 전정 : 양전 사업 실시 • 군정 : 호포법 실시 • 환곡 : 사창제 실시
서원 정리	47개의 사액 서원만 남기고 모두 철폐
만동묘 철폐	명나라 신종을 제사 지내기 위해 세운 사당인 만동묘 철폐
법전 정비	대전회통, 육전조례 편찬
국방	삼수병 강화, 진무영 강화, 순무영 설치

[2018. 국회직 9급, 2017. 서울시 9급] 난이도 ★★☆

그가 크게 노하여 말하기를, "진실로 백성에게 해되는 것이 있으면 비록 공자가 다시 살아난다고 하더라도 나는 용서치 않겠다. 하물며 서원은 우리나라 선유를 제사하는 것인데 지금에는 도둑의 소굴이 됨에 있어서랴."라고 하였다. …… 그리하여 일시에 서원을 철폐시킬 수 있었다.

Theme 흥선 대원군의 서원 정리

Keyword 분석
- 밑줄 친 '그'는 서원을 정리한 흥선 대원군
- 만동묘를 철폐하는 것을 비롯해 전국에 사액 서원 47개소만 남기고 나머지는 모두 철폐

[2019. 지방직 9급]

이때 거두어들인 돈을 '스스로 내는 돈'이라는 뜻에서 원납전이라 하였다. 그런데 백성들은 입을 삐쭉거리면서 '원납전 즉 원망하며 바친 돈이다.' 라고 하였다.

- 『매천야록』에서 -

Theme 흥선 대원군의 경복궁 중건

Keyword 분석

내용	왕실의 권위를 높이기 위해 임진왜란 때 불탄 경복궁 중건(1868)
재정 확보책	· 원납전 징수 : 강제 기부금 징수 · 당백전 발행 : 상평통보의 100배 가치를 지닌 고액 화폐 → 화폐량 증가 → 인플레이션 초래 · 기타 : 결두전 징수, 도성문 통행세 징수, 청전 수입 및 유통

[2019. 소방직]

장령(掌令) 최익현이 올린 상소의 대략은 이러하였다.
· 첫째는 토목 공사를 중지하는 일입니다.
· 둘째는 백성들에게 세금을 가혹하게 거두는 정사를 그만두는 것입니다.
· 셋째는 당백전을 혁파하는 것입니다.
· 넷째는 문세(門稅)를 받는 것을 금지하는 것입니다.

Theme 최익현의 경복궁 중건 비판 상소

Keyword 분석

자료는 최익현의 시폐 4조소(1868)이다. 1868년(고종 5) 최익현은 사헌부 장령으로 임명된다. 이에 최익현은 대간으로서의 직무를 즉시 수행하여 당대의 4가지 폐단에 대하여 논하는 시폐 4조소를 상소했다. 최익현은 이 상소를 통해 흥선대원군이 주도한 경복궁 중건 사업의 중지를 주장하였다.

[2021. 경찰간부후보]

남문을 열고 파루를 치니 계명산천이 밝아 온다
을축 사월 갑자일에 [(가)] 을(를) 이룩하세
도편수의 거동을 봐라 먹통을 들고서 갈팡질팡한다
우리나라 좋은 나무는 [(가)] 중건에 다 들어간다

Theme 경복궁 타령(흥선 대원군의 경복궁 중건을 비판)

Keyword 분석

· 자료는 흥선 대원군의 경복궁 중건을 비판하는 경복궁 타령
· (가)에 해당하는 곳은 경복궁
· 양반들의 묘지림 벌목, 백성들을 공사에 동원 → 양반과 백성 모두 불만 ↑

[2022. 소방간부후보]

평안 감사가 보고하기를, "대동강에 정박한 이양선이 더욱 방자히 날뛰며 대포와 총을 쏘면서 우리나라 사람을 살해하였습니다. 이에 승리할 방책은 화공(火攻)보다 나은 것이 없었습니다. 일제히 불을 질러 그 배를 불태워버렸습니다."라고 하였다.

- 『승정원일기』-

Theme 제너럴 셔먼호 사건(1866)

Keyword 분석

미국 상선 제너럴셔먼호가 대동강을 거슬러 올라와 통상을 요구하며 약탈과 살육 자행 → 평안도 관찰사였던 박규수와 평양의 군민들이 힘을 합쳐 배를 불태워 침몰시킴 → 신미양요의 배경

[2024. 법원직 9급]

정족산성 수성장 양헌수가 … 우리 군사들이 좌우에 매복했다가 일제히 총탄을 퍼부었습니다. 저들은 죽은 자가 6명이고 아군은 죽은 자가 1명입니다.

Theme 병인양요(1866)

Keyword 분석

· 병인박해를 구실로 프랑스가 강화도 침략
· 문수산성(한성근), 정족산성(양헌수)에서 격퇴

[2024. 법원직 9급, 2018. 법원직 9급]
- 너희 나라와 우리나라의 사이에는 애당초 소통이 없었고, 또 서로 은혜를 입거나 원수진 일도 없었다. 그런데 이번 덕산묘소에서 저지른 변고야말로 어찌 인간의 도리상 차마 할 수 있는 일이겠는가?
- 삼가 말하건대 남의 무덤을 파는 것은 예의가 없는 행동에 가깝지만 무력을 동원하여 백성들을 도탄 속에 빠뜨리는 것보다 낫기 때문에 하는 수 없이 그렇게 하였습니다.

Theme 오페르트 도굴 미수 사건(1868)

Keyword 분석

1868년 독일 상인이었던 오페르트는 통상을 요구하다 거절당하자 미국인 젠킨스와 프랑스 선교사 페롱의 도움을 받아 충남 덕산에 있는 남연군(대원군 아버지)의 묘를 도굴하여 유해를 미끼로 통상을 요구하려 하였다(오페르트 도굴 미수 사건). 이 사건은 실패로 끝났지만 반외세 감정이 고조되고 흥선 대원군의 통상 수교 거부 의지를 강화시키는 결과를 가져왔다.

[2019. 서울시 7급 2차]
서양 오랑캐가 침범하였을 때 싸우지 않는 것은 화친하는 것이요, 화친을 주장하는 것은 나라를 파는 것이다.

Theme 척화비

Keyword 분석

"洋夷侵犯 非戰則和 主和賣國 戒我萬年子孫 丙寅作 辛未立(양이침범 비전즉화 주화매국 계아만년자손 병인작 신미립)" → "서양 오랑캐가 침범하는 데도 싸우지 않으면 화친하는 것이요, 화친을 주장하는 것은 나라를 팔아먹는 것이다. 이를 자손 만대에 경계하노라. 병인년에 만들고 신미년에 세운다."

Solution+ 흥선 대원군 집권기 주요 사건 순서

병인박해(1866. 1.) ⇨ 제너럴 셔먼호 사건(1866. 7.) ⇨ 병인양요(1866. 9.) ⇨ 오페르트 도굴 미수 사건(1868) ⇨ 신미양요(1871) ⇨ 척화비 건립(1871)

[2024. 법원직 9급, 2020. 국가직 9급]
- 그들 조선군은 비상한 용기를 가지고 응전하면서 성벽에 올라 미군에게 돌을 던졌다. 창칼로 상대하는데 창칼이 없는 병사들은 맨손으로 흙을 쥐어 적군 눈에 뿌렸다. 모든 것을 각오하고 한 걸음 한 걸음 다가드는 적군에게 죽기로 싸우다 마침내 총에 맞아 죽거나 물에 빠져 죽었다.
- 흉악한 적들을 무찌르다가 수많은 총알을 고슴도치의 털처럼 맞아서 순직하였으니 … 죽은 진무중군 어재연에게 특별히 병조 판서와 지삼군부사의 관직을 내리노라.

Theme 신미양요(1871) 당시 광성보 전투

Keyword 분석

· 신미양요(1871)

내용	제너럴 셔먼호 사건을 구실로 미국 로저스 제독 함대가 강화도 침략
항전	광성보에서 어재연 장군의 항전 but 광성보 함락
결과	미국이 어재연 수자기 약탈(2007년 대여 형식 반환)

[2024. 법원직 9급, 2023. 국가직 9급]
- 조선국은 자주국으로 일본국과 평등한 권리를 보유한다.
- 경기, 충청, 전라, 경상, 함경 5도 연해 중에서 통상하기 편리한 항구 두 곳을 택하여 지정한다.
- 일본국 인민이 조선국 지정의 각 항구에 머무는 동안에 죄를 범한 것이 조선국 인민에 관계되는 사건일 때에는 일본국 관원이 재판한다.

Theme 강화도 조약(조·일 수호 조규, 1876. 2.)

Keyword 분석

· 조선은 자주국(청의 종주권 부인)
· 부산 외 2개 항구 개항
· 해안 측량권, 치외법권(영사 재판권)

[2021. 법원직 9급] 난이도 ★★★

제7관 일본국 인민은 본국의 현행 여러 화폐를 사용해 조선국 인민이 소유한 물품과 교환할 수 있다. 조선국 인민은 그 교환한 일본국의 여러 화폐로 일본국에서 생산한 여러 가지 화물을 구매할 수 있다.

Theme 조·일 수호 조규 부록(1876. 7)

Keyword 분석
- 일본 거류민의 거주 지역 설정(간행이정 10리)
- 개항장에서 일본 화폐 유통 허용

[2021. 국가직 9급] 난이도 ★★☆

1905년 8월 4일 오후 3시, 우리가 앉아있는 곳은 새거모어 힐의 대기실. 루스벨트의 저택이다. 새거모어 힐은 루스벨트의 여름용 대통령 관저로 3층짜리 저택이다. … (중략) … 대통령과 마주하자 나는 말했다. "감사합니다. 각하. 저는 대한제국 황제의 친필 밀서를 품고 지난 2월에 헤이 장관을 만난 사람입니다. 그 밀서에서 우리 황제는 1882년에 맺은 조약의 거중조정 조항에 따른 귀국의 지원을 간곡히 부탁했습니다."

Theme 조·미 수호 통상 조약(1882. 4.)

Keyword 분석

자료는 이승만과 미국 루스벨트 대통령의 만남에서 조·미 수호 통상 조약이 거론된 사실을 보여준다. 1882년에 맺은 조약이라는 것과 거중조정 조항 등의 힌트를 통해 밑줄 친 '조약'이 1882년 4월에 체결된 조·미 수호 통상 조약임을 알 수 있다.

Solution⁺ 조·미 수호 통상 조약

배경	조선책략 유포
과정	청의 알선으로 체결
체결	조선의 신헌과 김홍집 - 슈펠트
내용	· 치외법권(영사 재판권), 관세부과 · 거중조정, 최혜국 대우

[2024. 국가직 9급, 2017. 지방직 9급] 난이도 ★★☆

조선 땅덩어리는 실로 아시아의 요충을 차지하고 있어 형세가 반드시 다투게 마련이며, … (중략) … 그렇다면 오늘날 조선의 책략은 러시아를 막는 일보다 더 급한 것이 없을 것이다. 러시아를 막는 책략은 어떠한가? 중국과 친하고, 일본과 맺고, 미국과 이어짐으로써 자강을 도모할 따름이다.

Theme 황쭌셴(황준헌)의 『조선책략』

Keyword 분석

자료는 1880년(고종 17) 일본에 2차 수신사로 간 김홍집에게 당시 일본 주재 청국 공사관의 참찬관 황준헌이 동아시아의 정세 및 조선이 취해야 할 외교 정책에 대해 자신의 의견을 제시한 『조선책략』이다. 『조선책략』의 요지는 조선은 러시아 세력의 진출을 막기 위해서 친중국(親中國)하고 결일본(結日本)하며 연미국(聯美國)하여야 한다는 것이다.

CHAPTER 02 개화 정책의 추진과 반발

[2020. 국가직 9급] 난이도 ★★☆

군신, 부자, 부부, 붕우, 장유의 윤리는 인간의 본성에 부여된 것으로서 천지를 통하는 만고불변의 이치이고, 위에 존재하는 것으로서 도(道)가 됩니다. 이에 대해 배, 수레, 군사, 농사, 기계가 국민에게 편리하고 나라에 이롭게 하는 것은 외형적인 것으로서 기(器)가 됩니다. 신이 변혁을 꾀하고자 하는 것은 기(器)이지 도(道)가 아닙니다.

Theme 동도서기론

Keyword 분석
동도서기론은 우리의 전통적인 제도와 사상을 지키면서 서양의 근대적인 기술과 과학을 받아들이자는 주장으로, 1880년대 초반 조선 정부의 개화 정책 추진(근대 문물 수용)의 사상적 기반이 되었다.

[2021. 소방간부후보] 난이도 ★★☆

양이(洋夷)의 화가 금일에 이르러 홍수나 맹수의 해로움보다도 더 심합니다. 전하께서는 부지런히 힘쓰시고 외물(外物)에 견제·동요됨을 경계하시어 안으로는 관리들로 하여금 사학(邪學)의 무리를 잡아 베게 하시고 밖으로는 장병들로 하여금 바다를 건너오는 적을 정벌하게 하소서.

Theme 1860년대 위정척사 운동

Keyword 분석
자료는 이항로의 척화주전론으로, 1860년대 통상 반대 운동과 관련된 사료이다. 1860년대 이항로와 기정진을 비롯한 유생들은 열강의 통상 요구와 침략에 맞서 싸우자는 척화주전론을 주장하여 흥선 대원군의 통상 수교 거부 정책을 뒷받침하였다.

[2016. 국가직 7급] 난이도 ★★☆

오늘날 급선무는 인재를 등용하며 국가 재정을 절약하고 사치를 억제하며, 문호를 개방하고 이웃 나라와 친선을 도모하는 데 있다. … (중략) … 일본은 법을 변경한 이후로 모든 것을 바꾸었다[更張]고 한다.

Theme 급진 개화파

Keyword 분석
- 자료는 급진 개화파 김옥균의 주장
- 일본의 메이지유신(문명개화론)을 본받은 급진적 개혁 추구

Solution+ 온건 개화파 vs 급진 개화파

구분	온건 개화파	급진 개화파
인물	김홍집, 김윤식, 어윤중 등	김옥균, 박영효, 홍영식 등
정치	민씨 정권과 결탁, 집권 세력	청의 간섭과 정부의 사대 정책 반대
개혁 방안	동도서기론에 바탕을 둔 점진적 개혁 추구	문명개화론에 바탕을 둔 급진적 개혁
외교	친청 사대 정책	반청 친일 정책
모델	청의 양무 운동 : 중체 서용	일본의 메이지 유신 : 문명 개화론

[2023. 지방직 9급, 2022. 국회직 9급] 난이도 ★★☆

일단 강화를 맺고 나면 저 적들의 욕심은 물화를 교역하는 데 있습니다. 저들의 물화는 모두 지나치게 사치하고 기이한 노리개이고 손으로 만든 것이어서 그 양이 무궁합니다. … (중략) … 저들은 비록 왜인이라고 하나 실은 양적입니다. 강화가 한번 이루어지면 사학의 서적과 천주의 초상화가 교역하는 속에서 들어올 것입니다.

Theme 1870년대 위정척사 운동

Keyword 분석
자료는 최익현이 개항을 반대하며 주장한 '5불가소'의 일부로 왜양일체론에 대한 내용을 담고 있다. '저들은 비록 왜인이라고 하나 실은 양적입니다.'라는 내용을 통해 알 수 있다. 1870년대에 들어 일본이 문호 개방을 요구하자, 최익현을 비롯한 유생들은 일본이 서양과 같은 오랑캐라는 왜양일체론을 내세우며 강화도 조약 체결에 반대하였다.

[2024. 서울시 9급, 2019. 국가직 7급] 난이도 ★★★

(㉠)은(는) 우리가 신하로서 섬기는 나라로, 신의를 지켜 속방이 되어 온 지 2백년이 되었습니다. 이제 무엇을 더 친할 것이 있겠습니까? … (중략) … (㉡)은(는) 우리에게 매여 있던 나라입니다. 3포 왜란이나 임진왜란 때의 숙원이 아직 풀리지 않고 있는데, 만일 그들이 우리가 허술한 것을 알고 공격하면 장차 이를 어떻게 막겠습니까? … (중략) … (㉢)은(는) 우리가 본래 모르던 나라입니다. 돌연히 타인의 권유로 불러 들였다가 그들이 우리의 허점을 보고 어려운 청을 강요하면 장차 이에 어떻게 대응할 것입니까? … (중략) … (㉣)은(는) 본래 우리와는 싫어하고 미워할 처지에 있지 않은 나라(우리와 혐의가 없는 나라)입니다. 공연히 타인의 말만 믿고 틈이 생기면 우리의 체통이 손상되게 됩니다. 또, 이를 빌미로 저들이 군사로 침략해 온다면 장차 이를 어떻게 막을 것입니까?
― 이만손 외 만인소, 『일성록』, 1881 ―

Theme 1880년대 위정척사 운동

Keyword 분석
- 자료는 이만손의 영남 만인소(1881)
- ㉠은 청, ㉡은 일본, ㉢은 미국, ㉣은 러시아

Solution+ 위정척사 운동의 흐름

시기	배경	대표 인물	활동
1860년대	병인양요	이항로, 기정진	통상 반대 운동 (척화주전론)
1870년대	강화도 조약	최익현, 유인석	개항 반대 운동 (왜양일체론, 개항불가론)
1880년대	· 조선책략 유포 · 정부의 개화정책 추진	이만손, 홍재학	개화 반대 운동
1890년대	을미사변과 단발령	유인석, 문석봉	항일 의병 운동

[2016. 지방직 9급] 난이도 ★★★

임오년 서울의 영군(營軍)들이 큰 소란을 피웠다. 갑술년 이후 대내의 경비가 불법으로 지출되고 호조와 선혜청의 창고도 고갈되어 서울의 관리들은 봉급을 못 받았으며, 5영의 병사들도 가끔 결식을 하여 급기야 5영을 2영으로 줄이고 노병과 약졸들을 쫓아냈는데, 내쫓긴 사람들은 발붙일 곳이 없으므로 그들은 난을 일으키려 했다.

Theme 임오군란(1882)의 배경

Keyword 분석
- 개항 후 일본으로의 곡물 대량 유출 → 쌀값 폭등 → 하층민의 경제적 압박↑
- 5군영을 2영으로 개편 → 실직 군인 증가
- 민씨 정권의 신식 군대(별기군) 우대
- 구식 군대(무위영·장어영) 차별(월급 13개월 동안 미지급) → 선혜청 도봉소 사건(월급에 겨와 모래를 섞음) → 구식 군인 봉기

[2024. 서울시 9급, 2018. 교행 9급] 난이도 ★★★

- 대원군은 이 변란(임오군란)으로 인하여 다시 정권을 잡았으며, 크고 중요한 벼슬자리가 많이 바뀌었다. …… 왕후는 충주에 있으면서 몰래 사람을 보내 소식을 보냈으며, 민태호에게 밀사를 보내 청국 정부에 급박함을 알리도록 명하였다.
- 대원군에게 군국사무를 처리하라는 명이 내려지자 대원군은 궐내에서 거처하며 기무아문과 무위·장어 2영을 폐지하고 5영의 군제를 복구하라는 명령을 내려 군량을 지급하도록 하였다. 그리고 난병(亂兵)은 물러가라는 명을 내렸다. … (중략) … 이때 별안간 마건충 등은 호통을 치면서 대원군을 포박하여 교자(轎子) 안으로 밀어 넣어 그 교자를 들고 후문으로 나가 마산포로 가서 배를 타고 훌쩍 떠나버렸다.
― 『매천야록』 ―

Theme 임오군란(1882) 당시 흥선 대원군의 재집권

Keyword 분석
임오군란 당시 흥선 대원군이 재집권해 통리기무아문과 별기군 폐지, 삼군부와 5군영 부활 등의 정책 실시 → 민씨 일파가 청에 군대 요청 → 청군의 출병·진압 → 흥선 대원군 청으로 압송

[2021. 경찰 1차, 2018. 경찰 3차] 난이도 ★★★

1조. 지금부터 20일을 기한으로 하여 조선국은 흉도들을 잡아 그 수괴를 엄격히 심문하여 엄하게 징벌한다.
4조. 흉도들의 포악한 행동으로 인하여 일본국이 입은 손해와 공사를 호위한 해군과 육군의 군비 중에서 50만 원을 조선국에서 보충한다.
5조. 일본 공사관에 군사 약간을 두어 경비를 서게 한다. 병영을 설치하거나 수선하는 일은 조선국이 맡는다.
6조. 조선국은 사신을 특파하여 국서를 가지고 일본국에 사과한다.

Theme 제물포 조약(1882. 7, 조선-일본)

Keyword 분석
- 임오군란 결과로 체결
- 일본 공사관에 경비병 주둔 인정, 배상금 지불 → 3차 수신사 박영효 파견

[2023. 서울시 9급 1차, 2016. 국가직 9급] 난이도 ★★★☆

전에는 … (중략) … 개화당을 꾸짖는 자도 많이 있었으나, 개화가 아름답다는 것을 말하면 듣는 사람들도 감히 크게 반대하지는 않았다. 그런데 정변을 겪은 뒤부터 조정과 민간에서 모두 "이른바 개화당이라고 하는 자들은 충의를 모르고 외국인과 연결하여 나라를 팔고 겨레를 배반하였다."라고 말하고 있다.
- 『윤치호 일기』 -

Theme 갑신정변(1884)

Keyword 분석
- 밑줄 친 '정변'은 갑신정변(1884)
- 갑신정변은 급진개화파(개화당)가 주도함
- 갑신정변은 소수 지식인들이 중심이 된 위로부터의 근대화 운동으로, 일본의 군사적 지원에 지나치게 의존하였으며 일반 백성의 지지를 이끌어내지 못했음.

[2024. 지방직 9급, 2023. 국가직 9급, 2012. 법원직 9급] 난이도 ★★★☆

조선은 오랫동안 제후국으로서 중국에 대해 정해진 전례가 있다는 것은 다시 의논할 여지가 없다. …… 이번에 제정한 수륙 무역 장정은 중국이 속방을 우대하는 뜻이니만큼, 다른 조약 체결국들이 모두 똑같은 이익을 균점하도록 하는 데 있지 않다. ……
제2조 중국 상인이 조선 항구에서 만일 개별적으로 신소(伸訴)를 제기하였을 경우에는 중국 상무위원에 넘겨 심의·처리한다. …(후략)…
제4조 … (전략) … 조선 상인이 북경(北京)에서 규정에 따라 물건을 팔고 사도록 하며 중국 상인이 조선의 양화진과 서울에 들어가서 영업소를 차려놓을 수 있도록 허락하는 외에 각종 화물을 내륙 지방으로 운반하여 상점을 차려놓고 파는 것은 승인하지 않는다.

Theme 조·청 상민 수륙 무역 장정(1882. 8)

Keyword 분석
- 청의 속국(속방)임을 명기(청의 종주권 확인)·치외법권(영사 재판권)
- 청 상인의 내지통상권 실질적 허용

[2015. 서울시 9급] 난이도 ★★★☆

그들의 실패는 우리에게 무척 애석한 일이다. 내 친구 중에 이 사건을 잘 아는 이가 있는데, 그는 어쩌다 조선의 최고 수재들이 일본인에게 이용당해서 그처럼 큰 잘못을 저질렀는지 참으로 애석하다고 했다. 진실로 일본인이 조선의 운명과 그들의 성공을 위해 노력을 다했겠는가? 우리가 만약 국가적 발전의 기미를 보였다면 일본인들은 백방으로 방해할 것이 자명한데 어찌 그들을 원조했겠는가?
- 『한국통사』 -

Theme 갑신정변(1884)

Keyword 분석
- 밑줄 친 '그들'은 갑신정변을 주도한 급진 개화파
- 자료는 박은식이 『한국통사』에서 갑신정변을 일으킨 급진 개화파에 대해 평가하고 있는 내용이다. 급진 개화파가 일본의 지원을 믿고 갑신정변을 일으킨 것은 잘못이라고 평가하고 있다.

[2021. 소방직]

이날 밤 우정국에서 낙성연을 열었는데 총판 홍영식이 주관하였다. 연회가 끝나갈 무렵 담장 밖에서 불길이 일어나는 것이 보였다. 이때 민영익도 우영사로서 연회에 참가하였다가 불을 끄기 위해 먼저 일어나 문 밖으로 나갔다. 밖에 흉도 여러 명이 휘두른 칼을 맞받아치다가 민영익이 칼에 맞아 당상 위로 돌아와 쓰러졌다. …… 왕이 경우궁으로 거처를 옮기자 각 비빈과 동궁도 황급히 따라갔다. …… 깊은 밤, 일본 공사가 군대를 이끌고 와 호위하였다.
- 『고종실록』 -

Theme 갑신정변의 발발(1884)

Keyword 분석
- 갑신정변은 급진 개화파가 우정국 낙성식 축하연을 이용해 정변을 일으킴으로써 발발함

Solution⁺ 갑신정변(1884)

배경	· 임오군란 이후 청의 내정 간섭 심화 · 김옥균의 일본 차관 도입 실패(급진 개화파 입지 위축) · 청·프 전쟁(1884)을 위해 조선 주둔 청국군 일부 철수 · 일본 공사의 재정과 군사 지원 약속
전개	· 우정총국 개국 축하연을 이용한 급진 개화파의 정변 → 반대파 제거 → 개화당 정부 수립 → 혁신정강 공포 · 청군의 공격 → 급진 개화파의 군대 및 일본군 패퇴(3일 천하)
결과	· 흥분한 민중들이 일본 공사관 파괴 · 한성조약 체결(조-일, 1884. 11.) : 일본 공사관 신축비와 배상금 지불 등 · 톈진조약 체결(청-일, 1885. 3.) : 청·일 양군 철수, 조선에 군대 파견 시 상대국에게 미리 통보

[2018. 서울시 7급 2차, 2018. 지방직 7급]

- 대원군을 돌아오게 하고 청에 대한 조공을 폐지한다.
- 문벌을 폐지하여 인민 평등의 권리를 제정한다.
- 재정은 모두 호조에서 관할하게 한다.
- 대신들은 의정부에 모여서 법령을 의결한다.

Theme 갑신정변 14개조 개혁 정강

Keyword 분석
1. 청에 잡혀간 흥선 대원군 귀국 및 청에 대한 조공 허례 폐지
2. 문벌 폐지, 인민 평등, 능력에 따른 인재 등용
3. 지조법(조세 제도) 개혁(토지 개혁 ×)
4. 내시부 폐지 → 국왕의 권력 제한
5. 탐관오리 처벌 → 국가 기강 확립, 민생 안정
6. 각 도의 환상미(환곡미) 폐지 → 환곡 제도 개선
7. 규장각 폐지 → 국왕의 권력 제한
8. 순사를 두어 도둑 방지(근대적 경찰 제도 확립)
9. 혜상공국 혁파(보부상의 특권 폐지 → 자유 상업 발전)
10. 귀양살이 및 옥에 갇혀 있는 자를 정상을 참작해 감형
11. 4영을 1영으로 축소, 근위대 설치 → 군제 개혁(군의 통솔권 확립)
12. 모든 재정은 호조에서 일원화
13. 대신과 참찬은 의정부에 모여 정령을 의결하고 반포(입헌 군주제)
14. 의정부와 6조 외에 불필요한 기관 폐지

[2021. 경찰 1차]

제1조 조선국은 국서를 일본국에 보내 사의를 표명한다.
제4조 일본 공관을 새로운 곳으로 옮겨 신축하는 것은 마땅히 조선국에서 기지와 방옥을 교부해 공관 및 영사관으로 사용할 수 있도록 한다. 수축 중건에는 조선국이 다시 2만 원을 지불해 공사비를 충당한다.

Theme 한성 조약(1884, 조선-일본)

Keyword 분석
- 갑신정변의 결과로 체결됨
- 일본 공사관 신축비와 배상금 지불

[2017. 사회복지직 9급]

1. 청·일 양국 군대는 4개월 이내에 조선에서 동시 철병할 것
2. 청·일 양국은 조선국왕의 군대를 교련하여 자위할 수 있게 하되, 외국 무관 1인 내지 여러 명을 채용하고 두 나라의 무관은 조선에 파견하지 않을 것
3. 장차 조선에서 변란이나 중대사로 두 나라 중 한 나라가 출병할 필요가 있을 때는 먼저 문서로 조회하고 사건이 진정된 뒤에는 즉시 병력을 전부 철수하여 잔류시키지 않을 것

Theme 톈진 조약(1885. 3.)

Keyword 분석
- 갑신정변 결과 청과 일본 사이에 체결
- 청·일 양군 철수
- 조선에 군대 파견 시 상대국에게 미리 통보
- 일본이 조선에 대해 청과 동등한 파병권 획득 → 훗날 청·일 전쟁의 원인

[2020. 경찰 1차]

대저 우리나라가 아시아의 중립국이 된다면 러시아를 방어하는 큰 기틀이 될 것이고, 또한 아시아의 여러 대국들이 서로 보전하는 정략도 될 것이다. 오직 중립만이 우리나라를 지키는 방책인데, 우리 스스로가 제창할 수도 없으니 중국에 청하여 처리해야 할 것이다. 중국이 맹주가 되어 영국, 프랑스, 일본, 러시아 같은 아시아에 관계 있는 여러 나라들과 화합하고 우리나라를 참석시켜 같이 중립 조약을 체결토록 해야 될 것이다.

Theme 유길준의 한반도 중립화론(1885)

Keyword 분석

갑신정변 이후 조선을 둘러싸고 청과 일본의 대립이 격화되었고 영국도 러시아의 남하 정책에 대항하여 거문도를 불법으로 점령함으로써 한반도는 열강들의 대립으로 긴장감이 높아졌다. 이 무렵 조선 주재 독일 부영사 부들러는 한반도의 중립화를 조선 정부에 건의하였으며, 미국 유학에서 귀국한 유길준도 한반도의 중립화론을 집필하였다.

[2013. 서울시 7급]

1885년 3월 1일, 영국 동양함대 사령관 윌리엄 도웰 제독이 이끄는 영국 군함 세 척이 거문도를 불법 점령했다. 거문도에 상륙한 영국군은 섬 안에 포대를 구축하고 병영을 건설한 후 영국 국기를 게양하고 자기 마음대로 포트해밀턴이라고 불렀다. 거문도는 영국 동양함대의 전진 기지 역할을 톡톡히 해냈다.

Theme 거문도 사건(1885)

Keyword 분석
- 영국이 러시아의 남하를 견제하기 위해 거문도 불법 점령(1885~1887)

[2008. 지방직 7급 하반기]

무릇 개화란 인간의 온갖 만물이 가장 아름다운 경지에 이르는 것을 일컫는데 개화에는 인륜 개화, 학술 개화, 정치 개화, 법률 개화, 기계 개화, 물품 개화가 있다. 인륜 개화는 천하만국을 통하여 그 동일한 규모가 천만 년이 지나도 장구함이 변하지 않거니와, 정치 이하의 여러 개화는 시대에 따라서 변개하기도 하고 지방에 따라 다르기도 하다. 그런고로 옛날에는 맞았지만 지금은 맞지 않으며, 저쪽에는 좋지만 이쪽에는 좋지 않은 것도 있어, 곧 고금의 형세를 살피고 피차 사정을 비교하여 장점을 취하고 단점을 버리는 것이 개화의 대도(大道)다.

Theme 유길준의 개화의 등급

Keyword 분석
- 개화를 철학적으로 설명하여 유교적 관념에 충실한 관료와 지식인들에게 개화를 친숙하게 설명하기 위한 전략
- 개화의 등급을 개화한 자, 반만 개화한 자, 개화하지 못한 자로 분류

CHAPTER 03 동학 농민 운동과 갑오개혁

[2024. 지방직 9급, 2018. 국가직 9급] 난이도 ★☆☆

- 고부성을 격파하고 군수 조병갑의 목을 베어 매달 것
  군기창과 화약고를 점령할 것
  군수에게 아첨하여 백성을 침탈한 탐욕스러운 아전을 쳐서 징벌할 것
  전주 감영을 함락하고 서울로 곧바로 향할 것
- 방금 안핵사 이용태의 보고에 따르면 "죄인들이 대다수 도망치는 바람에 조사하지 못하였다."라고 하였다.

― 『승정원일기』 ―

Theme 고부 민란

Keyword 분석
- 첫 번째 자료는 1893년 11월 전북 고부에서 전봉준 등이 작성한 사발통문
- 두 번째 자료는 고부 민란에 대한 안핵사 이용태의 진상 조사 → 백성들을 역적죄로 탄압해 농민 봉기의 원인 제공

Solution+ 고부 민란(1894. 1.)

배경	고부 군수 조병갑의 학정 : 만석보 개수(농민 강제 동원, 수세 강제 징수), 아버지 공덕비 건립(강제 돈 징수)
경과	전봉준이 '사발통문'을 돌리고 농민들과 고부 관아 습격 → 군수를 내쫓고 아전 징벌
결과	신임 군수 박원명의 온건한 무마책으로 10여 일 만에 자진 해산 → 정부는 안핵사 이용태 파견 진상 조사(but 백성들을 역적죄로 탄압)

[2015. 법원직 9급] 난이도 ★★★

첫째, 사람을 함부로 죽이지 말고 가축을 잡아먹지 말라.(不殺人 不殺物)
둘째, 충효를 다하여 세상을 구하고 백성을 편안케 하라.(忠孝雙全 濟世安民)
셋째, 일본 오랑캐를 몰아내고 나라의 정치를 바로 잡는다.(逐滅倭夷 澄淸聖道)
넷째, 군사를 몰아 서울로 쳐들어가 권신귀족을 모두 제거한다.(驅兵入京 盡滅權貴)

― 정교, 「대한계년사」 ―

Theme 동학 농민군 4대 강령

Keyword 분석
1894년 3월 무장에서 봉기한 동학 농민군은 백산에 집결하여 4대 강령과 격문을 발표했다. 동학 농민군의 4대 강령은 '사람을 죽이지 말고 가축을 잡아먹지 말라.', '충효를 다하여 세상을 구하고 백성을 편안하게 하라.', '일본 오랑캐를 몰아내고 나라의 정치를 깨끗이 한다.', '군대를 몰고 서울로 들어가 권세가와 귀족을 모두 없앤다.'라는 내용이 포함되었다.

[2022. 법원직 9급, 2016. 지방직 7급] 난이도 ★★★

우리가 의를 들어 여기에 이르렀음은 그 본뜻이 다른 데 있지 않고 창생(蒼生)을 도탄(塗炭) 중에서 건지고 국가를 반석(磐石) 위에 두고자 함이라. 안으로는 탐학한 관리의 머리를 베고, 밖으로는 횡포한 왜적의 무리를 내몰고자 함이라.

Theme 백산 봉기(1894. 3.) 격문

Keyword 분석
자료는 동학 농민군의 백산 창의문(1894. 3.)이다. 전봉준과 농민군은 보국안민, 제폭구민의 기치를 내걸고 1894년 3월 하순에 백산에 집결하여 4대 강령과 농민 봉기를 알리는 격문(백산 창의문)을 발표하였다.

[2016. 법원직 9급]
동학의 무리가 금구현을 거쳐 전주 삼천에 주둔하였다가 이날 전주부에 돌입한 것이다. 전주감사 김문현 등은 동학의 무리가 갑자기 뛰어듦을 보고 군졸을 급히 동원하여 전주부민과 더불어 사문(四門)을 파수하였으나 동학의 무리가 별안간 사방을 포위하고 기세가 심히 맹렬하매 성을 지키는 군졸 등이 놀라 흩어져 버렸다.

Theme 동학 농민군의 전주성 점령(1894. 4.)

Keyword 분석
자료는 동학 농민군이 1894년 4월 27일 전주성을 점령한 사실을 보여주고 있다. 전주부 돌입, 성(전주성)을 지키는 군졸 등이 놀라 흩어져 버렸다는 내용을 통해 알 수 있다.

[2016. 교육행정직 9급]
아직 돌아가지 않고 남아 있는 자들이 있다니 우려스럽다. 그대들은 얼마 전에 서로 맺은 약속대로 향리로 돌아가도록 하라. 생각해 보건대 며칠 전 상륙한 청국 병사들은 매우 사나운 군대이다. 그들이 자기 나라로 돌아가지 않고 혹시라도 이쪽으로 진군해 온다면 어찌 해를 입지 않겠는가! 본 관찰사는 폐정 개혁안을 조정에 상주하기로 하겠다. 그대들이 억울하게 여기는 사안들은 각 지방에 두기로 한 집강소를 통해 아뢰도록 하라. - ○○관찰사 효유문 -

Theme 전주 화약 체결 이후의 모습

Keyword 분석
자료는 전라 관찰사 김학진의 효유문(백성을 타이르는 글)로 전주 화약(1894. 5. 8.) 직후 동학 농민군들에게 서로 맺은 약속(전주 화약)을 지킬 것을 타이르고 있는 내용이다. 집강소를 통해 아뢰라는 내용을 통해서도 전주 화약 직후의 상황임을 알 수 있다.

[2018. 국가직 9급]
전봉준은 금구 원평에 앉아 (전라) 우도에 호령하였으며, 김개남은 남원성에 앉아 좌도를 통솔하였다. - 갑오약력 -

Theme 집강소 설치

Keyword 분석
농민군이 1894년 5월 전주 화약을 체결한 이후 집강소를 설치한 상황을 보여준다. 전주 화약 이후 동학 농민군은 전라도 53개 고을에 농민의 자치적 개혁 기관인 집강소를 설치하고 전봉준은 금구, 원평을 근거로 전라우도를, 김개남은 남원을 중심으로 전라좌도를 호령하였다.

Solution+ 전주 화약 체결 이후 집강소의 모습

…… 동도가 각 읍을 할거하고 공청(公廳)에 집강소를 설치하고 서기·성찰·집사·동몽과 같은 임원을 두어 완연히 하나의 관청을 이루었다. 집강소는 날마다 백성들의 재물을 뒤져서 뺏는 것을 일삼았다. 이른바 읍재(邑宰, 수령)는 이름만 있을 뿐 행정을 할 수가 없었다. 심지어는 읍재를 내쫓고 이서(吏胥)들은 모두 동당(東黨)에 입적(入籍)하여 목숨을 보존하는 경우도 있었다. 전봉준은 수천의 무리를 거느리고 금구 원평에 웅거하면서 전라우도(全羅右道)를 호령하였으며, 김개남은 수만의 무리를 거느리고 남원성에 웅거하면서 전라좌도를 통할하였다.

[2020. 경찰 2차, 2015. 서울시 7급]
적은 모두 천민 노예이므로 양반, 사족을 가장 증오하였다. 길에서 갓을 쓴 자를 만나면 곧바로 꾸짖으며 말하였다. "너도 양반인가?" 갓을 빼앗아 찢어 버리거나 자기가 쓰고 거리를 돌아다니면서 양반을 욕주었다. 무릇 집안 노비로서 적을 따르는 자는 물론이요, 비록 적을 따르지 않는 자라 할지라도 모두 적을 끌어다 대며 주인을 협박하여 노비 문서를 불사르고 면천해 줄 것을 강요하였다. … (중략) … 때로 양반 가운데 주인과 노비가 함께 적을 따른 경우도 있었다. 이들은 서로를 '접장'이라 부르면서 적의 법도를 따랐다. 백정이나 재민들도 평민이나 양반과 평등한 예를 하였으므로 사람들은 더욱 치를 떨었다. - 『오하기문』 -

Theme 집강소의 활동

Keyword 분석
- 밑줄 친 '적'은 동학 농민군
- 동학은 포와 접으로 이루어진 포접제라는 교단 조직을 가지고 있었는데, 접의 우두머리를 접장(접주)이라고 불렀다.

[2019. 서울시 7급 1차, 2019. 소방간부] 난이도 ★★☆

심문자 : 작년 고부 등지에서 무슨 사연으로 민중을 크게 모았는가?
전봉준 : 그때 고부 군수의 수탈이 심하여 의거하였다.
심문자 : 흩어져 돌아간 후에는 무슨 일로 군대를 봉기하였느냐?
전봉준 : 이용태가 내려와 의거 참가자 대다수가 일반 농민이었음에도 모두를 동학도로 통칭하고, 그 집을 불태우며 체포하고 살육을 행했기 때문에 다시 일어났다.
심문자 : 전주 화약 이후 다시 군대를 일으킨 이유는 무엇이냐?
전봉준 : | (가) |

Theme 전봉준 공초

Keyword 분석

(가)에 들어갈 내용은 동학 농민군이 재봉기(2차 봉기)한 이유에 대한 답변이다. 따라서 (가)에 들어갈 답변은 '일본이 개화를 구실로 군대를 동원하여 왕궁(경복궁)을 공격하고 임금을 놀라게 하였다.'이다.

Solution⁺ 동학 농민 운동의 전개 과정

1차 봉기	· 무장 봉기(3월 20일) · 백산 봉기(3월 25일) · 황토현 전투(4월 7일) · 황룡촌 전투(4월 23일) · 동학 농민군의 전주성 점령(4월 27일) → 정부가 청에 군사적 지원 요청 → 청군의 아산만 상륙(5월 5일) → 톈진 조약을 구실로 일본군의 인천 상륙(5월 6일) · 전주 화약(5월 8일) → 집강소 설치
2차 봉기	· 전봉준이 삼례에서 반일 기치로 재봉기(9월) · 남접(전봉준, 전라도)과 북접(손병희, 충청도) 논산 집결(10월) · 공주 우금치 전투 패배(11월) · 전봉준 순창에서 체포(12월)

[2013. 국가직 9급] 난이도 ★★★

총재 1명, 부총재 1명, 그리고 16명에서 20명 사이의 회의원으로 구성되었다. 이밖에 2명 정도의 서기관이 있어서 활동을 도왔고, 또 회의원 중 3명이 기초 위원으로 선정되어 의안의 작성을 책임졌다. 총재는 영의정 김홍집이 겸임하고, 부총재는 내아문독판으로 회의원인 박정양이 겸임하였다.

Theme 군국기무처

Keyword 분석

자료는 제1차 갑오개혁(1894)을 주도한 군국기무처의 구성원에 대한 설명으로 총재가 김홍집이었음을 주목하자.

[2016. 지방직 9급] 난이도 ★★☆

· 공·사 노비제도를 모두 폐지하고, 인신 매매를 금지한다.
· 연좌법을 폐지하여 죄인 자신 외에는 처벌하지 않는다.
· 과부의 재혼은 귀천을 막론하고 그 자유에 맡긴다.

Theme 제1차 갑오개혁(1894)

Keyword 분석

추진	1차 김홍집 내각(군국기무처 주도)
정치	· 청 연호 폐지 → 개국 연호(개국 기년, 개국 기원) 사용 · 왕실(궁내부 신설)과 정부(의정부) 사무 분리 · 6조 → 8아문 · 과거제 폐지(새로운 관리 임용제 마련) · 경무청 신설(근대적 경찰제)
사회	· 신분제 철폐(공·사노비제 폐지) · 인신 매매 금지, 조혼 금지 · 과부 재가 허용, 고문과 연좌법 폐지
경제	· 재정 기관 일원화(탁지아문에서 관할) · 은본위제(신식 화폐 발행 장정 제정) · 도량형 통일, 조세 금납제 시행

[2022. 경찰간부후보, 2014. 지방직 7급]
- 청에 의존하는 생각을 버리고, 자주독립의 기초를 세운다.
- 종실, 외척의 정치 간섭을 용납하지 않는다.
- 조세의 징수와 경비 지출은 모두 탁지아문의 관할에 속한다.
- 문벌을 가리지 않고 인재 등용의 길을 넓힌다.

Theme 홍범 14조(1894. 12.)

Keyword 분석
- 홍범 14조는 제2차 갑오개혁의 신호탄
- 탁지아문으로의 재정 일원화는 제1차 갑오개혁의 내용이지만 홍범 14조가 국정 운영의 기본 방침을 밝힌 문서이기 때문에 이미 실시되고 있던 정책들도 일부 포함되었다.

Solution+ 제2차 갑오개혁

추진	2차 김홍집 내각(김홍집, 박영효 연립 내각, 친일 내각)
정치	· 홍범 14조 발표(1894. 12) · 의정부를 내각으로 개편(내각제 도입) · 8아문 → 7부 · 지방 제도 개편(23부 337군) · 재판소 설치(사법권 독립, 지방관의 사법권 박탈)
사회	고종의 교육 입국 조서 발표(1895. 2.) → 한성 사범학교·소학교·외국어 학교 관제 발표, 유학생 파견
경제	· 육의전과 상리국 폐지 · 예산 제도 시행, 조세 법정주의 · 징세 기관 일원화, 공납제 폐지

[2023. 국가직 9급, 2021. 경찰간부후보]

우리 황조가 우리 왕조를 세우고 우리 후손들에게 물려준 지도 503년이 되는데 짐의 대에 와서 시운(時運)이 크게 변하고 문화가 개화하였으며 우방이 진심으로 도와주고 조정의 의견이 일치되어 오직 자주독립을 해야 우리나라를 튼튼히 할 수 있는 것입니다. …(중략)… 짐은 이에 14개 조목의 큰 규범을 하늘에 있는 우리 조종의 신령 앞에 고하면서 조종이 남긴 업적을 우러러 능히 공적을 이룩하고 감히 어기지 않을 것이니 밝은 신령은 굽어 살피시기 바랍니다.

Theme 홍범 14조(1894. 12.)

Keyword 분석
자료는 1894년 12월 제2차 갑오개혁의 신호탄이라 할 수 있는 홍범 14조를 발표한 사실을 보여준다. '14개 조목의 큰 규범'이라는 힌트를 통해 이를 알 수 있다. 고종은 문무백관을 거느리고 종묘에 나아가 독립서고문을 바치고, 국정 개혁의 기본 강령인 홍범 14조를 반포하였다(1894. 12.).

Solution+ 홍범 14조(1894. 12.) 요약
1. 청국에 의존하는 생각을 끊고 자주 독립의 기초를 세운다.
4. 왕실 사무와 국정 사무를 분리해 서로 혼동하지 않는다.
5. 의정부 및 각 아문의 직무, 권한을 명백히 규정한다.
6. 납세는 법으로 규정하고 함부로 세금을 징수하지 아니한다.
7. 조세의 징수와 경비 지출은 모두 탁지아문(度支衙門)의 관할에 속한다.
9. 왕실과 관부(官府)의 1년간의 비용을 예정해 재정의 기초를 확립한다.
11. 우수한 젊은이들을 파견시켜 외국의 학술·기예를 받아들인다.
12. 장교를 교육하고 징병을 실시해 군제의 기초를 확립한다.
13. 민법·형법을 제정해 인민의 생명과 재산을 보호한다.
14. 문벌을 가리지 않고 널리 인재를 등용한다.

CHAPTER 04 러시아 VS 일본 대립기

[2024. 지방직 9급, 2022. 경찰간부후보]

제1조 청은 조선이 완전무결한 독립 자주국임을 확인한다. 따라서 독립 자주성을 훼손하는, 청에 대한 조선의 공헌 전례(조공, 책봉)등은 폐지한다.
제4조 청은 배상금 2억냥을 일본에 지불한다.

Theme 시모노세키 조약(1895. 4.)

Keyword 분석
· 청·일 전쟁 결과 체결된 시모노세키 조약(1895. 4)
· 청·일 전쟁에서 일본이 승리
· 일본이 청의 요동 반도를 할양 받음

Solution+ 주요 사건 순서
시모노세키 조약(1895. 4.) ⇨ 러·프·독의 삼국 간섭(1895. 4.) ⇨ 3차 김홍집 내각 성립(친러, 1895. 7.) ⇨ 을미사변(1895. 8.) ⇨ 을미개혁(1895. 8.~1896. 2, 4차 김홍집 내각에서 추진)

[2023. 서울시 9급]

국가의 국가 됨은 둘이 있으니 자립(自立)하여 타국에 의뢰하지 아니하고, 자수(自修)하여 한 나라에 정치를 행하는 것입니다. 그런데 자립에서는 재정권과 병권·인사권을 자주(自主)하지 못하고, 자수에서는 제도와 법도가 행해지지 않고 있으니, 국가가 이미 국가가 아닌즉, 원컨대 안으로는 정식의 제도를 실천하시고 밖으로는 타국에 의뢰함이 없게 하시어 우리의 황제권을 자주하고 국권을 자립하소서.
— 정교, 『대한계년사』 —

Theme 독립 협회의 구국 운동 상소문

Keyword 분석
독립 협회는 구국 운동 상소문을 올리고 만민 공동회를 개최하여 러시아의 간섭과 이권 요구를 규탄하였다. 결국 러시아는 군사 교관과 재정 고문을 철수하고, 한·러 은행을 폐쇄하였으며, 절영도 조차 요구도 철회하였다.

[2013. 법원직 9급]

제1조 국내의 육군을 친위와 진위 2종으로 나눈다.
제2조 친위는 경성에 주둔하여 왕성 수비를 전적으로 맡는다.
제3조 진위는 부(府) 혹은 군(郡)의 중요한 지방에 주둔하여 지방 진무와 변경 수비를 전적으로 맡는다.

Theme 을미개혁(1895. 8.~1896. 2.)

Keyword 분석
· 자료는 을미개혁 때의 군제 정비(친위대와 진위대 설치)

Solution+ 을미개혁의 주요 내용

추진	4차 김홍집 내각(친일 내각)
개혁 내용	· 단발령 시행, '건양' 연호 사용 · 태양력 사용, 종두법 실시, 소학교 설치 · 친위대(중앙)·진위대(지방) 설치 · 갑신정변으로 중단되었던 우편 사무 재개

[2013. 법원직 9급]

…… 사람이 토지에 의거하여 나라를 세울 때 임금과 정부와 백성이 동심 합력하여 나라를 세웠나니, …… 백성의 권리로 나라가 된다고 말하는 것이요. …… 해외 강국이 와서 나라를 빼앗는데 종묘사직과 임금과 나라 이름을 그대로 두고 사람의 권리와 토지 이익만 가져가고 또 총명 강대한 백성을 옮겨다 가두고 주장을 하나니, …… 관민이 합심하여 정부와 백성의 권리가 절반씩 함께 한 후에야 대한이 억만 년 무강할 줄로 나는 아노라.
— 1898. 12. 15.

Theme 독립 협회의 주장

Keyword 분석
'관민이 합심하여 정부와 백성의 권리가 절반씩 함께 한 후에야 대한이 억만 년 무강할 줄로 나는 아노라.'라는 내용을 통해 독립 협회의 의회 설립 운동을 떠올릴 수 있다.

[2024. 서울시 9급, 2023. 법원직 9급, 2017. 국가직 9급]

1. 외국인에게 의지하지 말고 관민이 한마음으로 힘을 합하여 전제 황권을 견고하게 할 것
2. 외국과의 이권에 관한 조약은 각 대신과 중추원 의장이 합동 날인하여 시행할 것
3. 국가 재정을 탁지부에서 전관하고 예산과 결산을 국민에게 공포할 것
4. 중대 범죄를 공판하되 피고의 인권을 존중할 것
5. 칙임관(勅任官)을 임명할 때는 정부의 자문을 받아 다수의 의견에 따를 것
6. 정해진 규칙을 실천할 것

Theme 독립 협회의 헌의 6조

Keyword 분석

1. 자주 국권의 확립
2. 열강의 이권 침탈 방지
3. 재정 기관의 일원화
4. 재판의 공개와 피고의 인권 존중
5. 입헌 군주제 지향
6. 법치 행정 준수

Solution+ 독립 협회의 활동

자주 국권 운동	· 러시아의 절영도 조차 요구 저지 · 일본의 석탄고 기지를 반환하게 함 · 러시아의 군사 교련단과 재정 고문단을 철수시킴 · 러시아의 목포, 증남포 해역 토지 매도 저지 · 프랑스·독일의 광산 채굴권 요구 저지
자유 민권 운동	· 국민의 신체와 재산권 보호 운동 전개 · 언론과 집회의 자유권 쟁취 운동 전개 · 국민 참정권 운동 및 의회 설립 운동 전개
자강 개혁 운동	· 진보적 박정양 내각 수립에 기여 · 관민 공동회를 개최하여 헌의 6조 채택 · 관선 25명, 민선 25명으로 구성된 중추원 관제 반포에 기여

[2012. 법원직 9급]

회원 김정현이 급히 배재학당으로 가서 교사 이승만 및 학도 40~50인과 함께 경무청 앞에 갔고 다른 회원들은 백목전 도가(都家)에 모여 윤시병을 만민 공동회 회장으로 삼아 경무청 앞으로 갔다. 이때 인민들이 다투어 모인 자가 수천 인이었다.
― 「대한계년사」―

Theme 독립 협회 관련

Keyword 분석

밑줄 친 '회원'은 독립 협회의 회원을 말한다. '만민 공동회의 회장으로 삼아'라는 내용을 통해 알 수 있다.

[2022. 소방직]

어려운 때를 만났으나, 하늘이 도와 위기를 모면하고 안정되었으며 독립의 터전을 세우고 자주의 권리를 행사하게 되었다. 이에 여러 신하들과 백성들이 글을 올려 황제의 칭호를 올리라고 제의하였다. 여러 차례 사양하다가 끝내 사양할 수 없어서 하늘과 땅에 제사를 지내고 황제의 자리에 올라 국호를 (가) (으)로 정하였다.
― 『승정원일기』―

Theme 대한 제국 수립(1897. 10.)

Keyword 분석

· 밑줄 친 '(가)'는 대한 제국
· 아관 파천 이후 열강의 이권 침탈이 심해지자 내부적으로 고종이 환궁해야 한다는 여론이 조성되었다. 결국, 고종은 러시아 공사관으로 거처를 옮긴 지 1년여 만에 경운궁으로 돌아왔다(1897. 2.). 환궁한 고종은 연호를 광무로 바꾸고, 환구단에서 황제로 즉위하여 대한 제국의 수립을 선포하였다(1897. 10.).

[2024. 지방직 9급, 2016. 법원직 9급] 난이도 ★★☆

제1조 대한국은 세계 만국에 공인된 자주 독립 제국이니라.
제2조 대한국의 정치는 만세 불변할 전제 정치이니라.
제3조 대한국 대황제께서는 무한한 군권을 향유하시느니라.
제4조 대한국 신민이 대황제가 향유하는 군권을 침해할 행위가 있으면 신민의 도리를 잃은 자로 인정할 것이다.
제5조 대한국 대황제께서는 육·해군을 통솔하시고 계엄·해엄을 명하시느니라.

Theme 대한국 국제(1899. 8.)

Keyword 분석

1899년 대한 제국은 일종의 헌법으로 제정한 대한국 국제를 반포하여 황제권의 무한함을 강조하고 군대 통수권, 입법권, 행정권, 사법권, 외교권 등을 황제의 대권으로 규정하였다.

Solution+ 대한 제국의 광무개혁(원칙 : 구본신참)

정치	· 대한국 국제 반포(1899. 8.) · 경위원 설치(1901, 황실 경찰 기구) · 궁내부 확대, 내장원 강화
경제	· 광무 양전 사업 · 상무사 설치(1899) : 보부상 지원 목적 · 서북 철도국 설치(1900) : 경의선 부설 시도
군사	· 원수부 설치, 시위대와 진위대 증강 · 무관학교 설립(1898, 장교 양성)
외교	· 한청 통상 조약(1899) · 만국 우편 연합 가입(1900) · 파리 만국 박람회 참여(1900) · 대한제국 칙령 41호 반포(1900) · 간도 관리사 파견(1903, 이범윤) · 국외 중립 선언(1904. 1, 러일 전쟁 발발 직전)

[2021. 경찰 2차] 난이도 ★★★

제1관 앞으로 대한국과 대청국은 영원히 우호를 다지며 양국 상인과 인민이 거류하는 경우 모두 온전히 보호와 우대의 이익을 얻는다.
제2관 이번 조약을 맺은 이후부터 양국은 서로 병권대신을 파견하여 피차 수도에 주재시키고, 아울러 통상 항구에 영사 등의 관원을 설립하는 데 모두 편의를 봐줄 수 있다.
제5관 재한국 중국 인민이 범법(犯法)한 일이 있을 경우에는 중국 영사관이 중국의 법률에 따라 심판 처리하며, 재중국 한국 인민이 범법한 일이 있을 경우에는 한국 영사관이 한국의 법률에 따라 심판 처리한다.

Theme 한·청 통상 조약(1899. 9.)

Keyword 분석

· 청과 대등한 주권 국가 입장에서 체결
· 양국이 균등한 자격으로 거류민의 신분과 재산 보호
· 전권대사 교환, 총영사관 설치
· 범법 행위 발생 시 양국 영사관을 통해 조회하여 그 국법에 따라 처벌

CHAPTER 05 일본 독주기

[2023. 법원직 9급, 2023. 국회직 9급, 2020. 소방직]
우리 국모의 원수를 생각하며 이미 이를 갈았는데, 참혹한 일이 더하여 우리 부모에게서 받은 머리털을 풀 베듯이 베어 버리니 이 무슨 변고란 말인가.

Theme 을미의병(1895) 당시 격문

Keyword 분석
- 을미사변(명성황후 시해 사건)과 단발령으로 인해 발생

Solution+ 을미의병(1895) – 유생 의병장 중심

원인	을미사변과 단발령
대표 의병장	· 유인석(충청도 제천·충주), 이소응(강원도 춘천) · 허위(경상도 선산), 기우만(전라도 장성)
해산	아관파천을 계기로 친일 정권 붕괴 → 단발령 철회, 국왕의 해산 권고 조칙 → 자진 해산

[2018. 국가직 7급]
오호라, 작년 10월에 저들이 한 행위는 만고에 일찍이 없던 일로서, 한 조각의 종이에 강제로 조인하게 하여 5백 년 전해오던 종묘사직이 마침내 하룻밤 사이에 망했으니 …… 우리 의병군사의 올바름을 믿고, 적의 강대함을 두려워하지 말자. 이에 격문을 돌리니 다 함께 일어나라.

Theme 을사의병(1905~1906) 당시 최익현의 격문

Keyword 분석
자료에서 작년 10월에 저들이 한 행위는 을사늑약 체결에 해당한다. 을사늑약은 1905년 11월에 체결되었는데 10월이라고 한 이유는 음력을 기준으로 하였기 때문이다.

Solution+ 을사의병(1905~1906)

배경	을사 늑약(1905. 11, 제2차 한·일 협약)
대표 의병장	· 민종식 : 충청도 홍주성 점령 · 최익현 : 전북 태인 봉기 → 순창 진격 → 스스로 체포됨 → 쓰시마섬에 끌려가 순절 · 신돌석 : 평민 의병장, 태백산 호랑이, 영해·평해·울진 등 경상·강원도 일대에서 유격전

[2017. 지방직 7급]
- 시장에 외국 상인의 출입을 엄금할 것
- 다른 나라에 철도부설권을 허용하지 말 것
- 시급히 방곡령을 실시하고 구민법을 채용할 것
- 금광의 채굴을 금지하고 인민의 방책을 꾀할 것

Theme 활빈당의 대한사민논설

Keyword 분석
자료는 1900년(고종 37) 활빈당(活貧黨)의 활동 강령이라 할 수 있는 「대한사민논설 13조목」의 일부 내용이다.

Solution+ 활빈당(1900~1904)

결성	동학 농민군 잔여 세력과 을미의병 일부가 결성
활동	탐관오리와 부호, 일본 상인 습격 → 빼앗은 재물을 빈민에게 분배 → 1905년 이후 활빈당의 잔여 세력 의병에 합류
성격	반봉건·반침략 운동

[2017. 국가직 9급, 2017. 교행 9급]
현재 우리나라 군대는 용병으로 만들어진 까닭에, 상하가 일치하여 국가를 지키는 데 충분하지 못하다. 짐은 지금부터 군제 쇄신을 꾀하여 사관 양성에 전력하고 이후 징병법을 발포하여 공고한 병력을 구비하려 한다. 이에 짐은 유사(有司)에게 명하여 황실 시위에 필요한 자를 일부 남기고 기타는 해산하노라.

Theme 대한 제국의 군대 해산(정미의병의 계기)

Keyword 분석
자료는 1907년 발표한 군대 해산 조칙이다. '황실 시위에 필요한 자를 일부 남기고 기타는 해산하노라.'라는 내용을 통해 알 수 있다

Solution+ cf) 을미의병 해산 권고 조칙

이번에 너희들이 의병을 일으킨 것은 어찌 다른 뜻이 있어서였겠는가? … 나라를 어지럽힌 무리는 처단당하고 남은 수괴들은 이미 다 귀양갔으니 … 너희들 백성들은 … 지금의 형세를 헤아리고 짐의 고충을 살피어 즉시 서로 이끌고 물러가서 원래의 생업에 안착하라. －『고종실록』－

[2013. 법원직 9급] 난이도 ★★★

〈해외 동포에게 드리는 격문〉
동포들이여! 우리는 함께 뭉쳐 우리의 조국을 위해 헌신하여 우리의 독립을 되찾아야 한다. 우리는 야만 일본 제국의 잘못과 광란에 대해서 전 세계에 호소해야 한다. 간교하고 잔인한 일본 제국주의자들은 인류의 적이요, 진보의 적이다. 우리는 모두 일본놈들과 그들의 첩자, 그들의 동맹인과 야만스런 제국주의 군인을 모조리 죽이는 데 힘을 다해야 한다.
— 대한 관동 창의대장 이인영 —

Theme 13도 창의군의 격문

Keyword 분석

1907년 12월 이인영을 총대장으로 하는 13도 창의군이 결성되었다. 이들은 각국 영사관에 의병을 국제 공법상의 교전 단체로 인정해 주기를 요청하였으며, 재외 동포에게도 격문을 보냈다.

Solution+ 정미의병(1907)

배경	· 고종의 강제 퇴위(1907. 7. 20.) · 한일 신협약(정미 7조약, 1907. 7. 24.)에 따른 군대 해산(1907. 7. 31.)
13도 창의군 결성 (1907. 12.)	· 서울 주재 각국 영사관에 서신 발송(의병을 국제법상 교전 단체로 인정 요구) · 서울 진공 작전(1908. 1.) : 경기도 양주 집결 → 허위의 선발대가 동대문 밖 30리 지점까지 진격 → 일본군의 화력에 밀려 실패
의의	· 평민·군인 출신 의병장 수가 양반 유생 출신 의병장 수 능가(다양한 계층의 의병장) · 평민 의병장 활약 : 홍범도(포수), 김수민(농민) 등
한계	평민 출신 의병장 신돌석, 홍범도 등은 서울 진공 작전에서 배제
영향	서울 진공 작전 실패 후 호남 의병의 유격전 치열 → 일제의 남한 대토벌 작전(1909. 9.)으로 위축 → 간도와 연해주로 근거지를 옮겨 항전

[2015. 기상직 9급] 난이도 ★★☆

군대를 움직이는 데 가장 중요한 것은 개별 부대의 고립을 피하고 일치단결하는 데 있으니 각 도 의병을 통일하여 둑을 무너뜨리는 형세로 경기로 쳐들어간다면 온 천하에 우리 물건이 안 되는 것이 없을 것이다.

Theme 13도 창의군

Keyword 분석

자료는 1907년 정미의병 당시 이인영이 13도 창의군 결성과 관련하여 내건 격문이다. '각 도 의병을 통일하여 둑을 무너뜨리는 형세로 경기로 쳐들어간다면'이라는 내용을 통해 서울 진공 작전을 전개한 13도 창의군(13도 연합 의병)을 떠올릴 수 있다.

[2021. 법원직 9급, 2020. 소방직] 난이도 ★★★

군사장은 미리 군비를 신속히 정돈하여 철통과 같이 함에 한 방울의 물도 샐 틈이 없는지라. 이에 전군에 명령을 전하여 일제히 진군을 재촉하여 동대문 밖으로 진격할 때, 대군은 긴 뱀의 형세로 천천히 전진하게 하고, …… 3백 명을 인솔하고 선두에 서서 동대문 밖 삼십 리 되는 곳에 나아가 전군이 모이기를 기다려 일거에 서울로 공격하여 들어가기로 계획하더니, 전군이 모이는 시기가 어긋나고 일본군이 갑자기 진격해 오는지라. 여러 시간을 격렬히 사격하다가 후원군이 이르지 않아 할 수 없이 퇴진하였다.

Theme 13도 창의군의 서울 진공 작전(1908. 1.)

Keyword 분석

1908년 1월에는 13도 창의군의 군사장 허위의 선발대가 동대문 밖 30리 지점까지 진격하였으나, 일본군의 화력에 밀려 실패하고 말았다.

[2024. 국회직 9급] 난이도 ★★★

「만국공법」 제2장에 따르면 "한 나라는 반드시 국토를 독점적으로 관할하여 통제하고 운영할 수 있는 권리를 가진다. 따라서 국가는 토지, 물산, 민간 재산 등을 관리할 권한을 가지며, 다른 나라는 이 권리를 함께 가질 수 없다."라고 하였습니다. 또한 "<u>국가는 비록 토지를 관할하는 전권을 가지고 있지만, 조금이라도 이를 타국에게 매각할 수는 없다.</u> 이는 한 나라가 공유하는 권리이지 한 사람이 사유하는 권리가 아니다. ······"라고 하였습니다. <u>지금 이 일본 공사의 도리에 어긋난 행동은 고금에 없었으며, 공법을 살펴보면 모든 일이 다 어그러지고 위배되어 그 비루함이 만 배나 더 심합니다.</u> - 『황성신문』, 1904. 7. 23. -

Theme 보안회(1904. 7.)

Keyword 분석
- 조직 : 러·일 전쟁 발발 직후 일본인 나가모리의 황무지 개척권 요구에 대항하여 원세성, 송수만 등이 서울에서 조직
- 활동 : 일본의 황무지 개간권 요구 반대 운동 전개 → 철회 성공

[2022. 소방간부후보, 2015. 지방직 9급] 난이도 ★★☆

<u>무릇 우리나라의 독립은 자강에 있음이라.</u> 오늘날 우리 한국은 3천리 강토와 2천만 동포가 있으니 힘써 자강하여 단체가 합하면 앞으로 부강할 전도를 바랄 수 있고 국권을 능히 회복할 수 있을 것이다. <u>자강의 방법으로는 교육을 진작하고 산업을 일으켜 흥하게 하면 되는 것이다.</u> 무릇 교육이 일지 못하면 민지(民智)가 열리지 못하고 산업이 늘지 못하면 국부가 부강할 수 없다.

Theme 대한자강회 창립 취지서

Keyword 분석
- 대한 자강회는 대한 제국이 일본의 보호국으로 전락한 이유를 옛날부터 자강(自强)하지 못했기 때문이라고 진단함.

Solution+ 대한 자강회(1906~1907)

조직	윤효정, 장지연, 윤치호, 서울에서 조직, 헌정 연구회 계승
활동	· 전국에 25개 지회 설치, 월보 간행, 강연회 개최 · 국채 보상 운동 때 적극적 참여 결의
해체	고종 강제 퇴위 반대 운동 전개 및 한일 신협약 반대 → 통감부 보안법(1907. 7.)에 의해 해산

[2019. 소방간부] 난이도 ★★☆

도덕의 타락에 <u>신윤리</u>가 시급하며, 문화의 쇠퇴에 신학술이 시급하며, 실업의 초췌에 <u>신모범</u>이 시급하며, 정치의 부패에 신개혁이 시급이라. 천만 가지 일에 신(新)을 기다리지 않는 바 없도다.
　　　　　　　… (중략) …
무릇 우리 대한인은 내외를 막론하고 통일연합으로써 그 진로를 정하고 독립 자유로써 그 목적을 세움이니, 이것이 ☐(가)☐ 이/가 원하는 바이며, ☐(가)☐ 이/가 품어 생각하는 소이이니, 간단히 말하면 오직 <u>신정신</u>을 불러 깨우쳐서 <u>신단체</u>를 조직한 후에 새 나라(新國)를 건설할 뿐이다.

Theme 신민회 설립 취지문

Keyword 분석
- 자료의 (가)는 신민회
- 신민회는 완고하고 부패한 국민 생활을 개혁할 새로운 사상이 시급히 필요하다고 주장함.

Solution+ 신민회(1907~1911)

조직		안창호, 양기탁, 이동휘, 신채호, 박은식, 이회영, 이상재, 이승훈 등 사회 각계각층의 인사 참여
목표		국권 회복과 공화 정치 체제의 근대 국가 수립
특징		· 비밀결사 단체 · 최초로 공화정을 주장한 단체
활동	교육	· 대성학교(1907 또는 1908, 평양, 안창호) · 오산학교(1907, 정주, 이승훈)
	산업	· 태극 서관(서적 출판, 평양·서울·대구) · 자기 회사(평양)
	문화	· '대한매일신보'(신민회 기관지) · 조선 광문회 후원, 잡지 『소년』 발간
	군사	· 국외 독립 운동 기지 건설 　- 서간도 삼원보 : 신흥강습소(후에 신흥무관학교) 설립 　- 북만주 밀산부 한흥동(이상설)
해산		105인 사건(1911, 데라우치 총독 암살 미수 사건 조작)

[2020. 법원직 9급]

　(가)　의 목적은 한국의 부패한 사상과 습관을 혁신하여 국민을 유신케 하며, 쇠퇴한 발육과 산업을 개량하여 사업을 유신케 하며, 유신한 국민이 통일 연합하여 유신한 자유 문명국을 성립케 한다고 말하는 것으로서, 그 깊은 뜻은 열국 보호 하에 공화정체의 독립국으로 함에 목적이 있다고 함.
　　　　　　　　　　　- 일본 헌병대 기밀 보고(1908) -

Theme   신민회의 활동 방향

Keyword 분석

- 자료의 (가)는 신민회
- 자료는 주한 일본 공사관의 기록으로 일본 헌병대가 신민회의 활동 방향을 보고한 기밀 문서이다. '공화정체의 독립국으로 함에 목적이 있다.'는 내용 등을 통해 최초로 공화정을 주장한 단체인 신민회를 떠올릴 수 있다.

[2016. 서울시 7급]

1. 국민에게 민족 의식과 독립사상 고취
2. 동지를 발견하고 단합하여 국민 운동 역량 축적
3. 상공업 기관 건설로 국민의 부력(富力) 증진
4. 교육 기관 설립으로 청소년 교육 진흥

Theme   신민회 4대 강령

Keyword 분석

자료는 신민회의 4대 강령이다. 동지를 발견하고 단합한다는 내용과, 상공업 기관 건설(태극서관, 자기회사), 교육 기관 설립(대성학교, 오산학교)의 내용을 통해 이를 알 수 있다.

[2018. 계리직]

1조 각 소에 권유원을 파견하여 권유문을 뿌리며 인민의 정신을 각성케 할 것
2조 신문 잡지 및 서적을 간행하여 인민의 지식을 계발케 할 것
3조 정미(精美)한 학교를 건설하여 인재를 양성할 것
7조 본회에 합자로 실업장을 설립하여 실업계의 모범을 만들 것

Theme   신민회 통용 장정

Keyword 분석

서적 간행, 학교 건설, 실업장 설립 등의 내용을 통해 신민회의 활동을 떠올릴 수 있다. 신민회는 인재 양성을 위해 정주에 오산 학교, 평양에 대성 학교를 설립하였고, 태극 서관을 통해 계몽 서적을 출판·보급하였으며, 평양에 자기 회사를 설립하여 민족 산업 육성을 위해 노력하였다.

[2016. 교육행정직 9급]

피고 유동열은 윤치호, 안창호 등과 함께 국권 회복 후 공화 정치를 수립하기로 했다. 그들은 목적을 달성하고자 비밀 결사를 조직하고 그 단체가 뽑은 조선 13도의 대표가 되었다. 피고는 이 단체에 속한 주요 인물과 모의하여 총독이 압록강 철교 개통식에 참석할 때 그를 암살하기로 계획했다. 피고는 이 사실을 극구 부인하고 있지만, 우리는 그가 유죄라고 생각한다.
　　　　　　　　　　　- 조선 총독부 경무총감부 -

Theme   105인 사건에 대한 공판 기록

Keyword 분석

- 밑줄 친 '비밀 결사'는 신민회
- 자료는 신민회 해체의 원인이 된 105인 사건

Solution+ 105인 사건(1911)

1910년 12월 안명근이 황해도에서 군자금을 모금하다 체포되자 일제는 대대적으로 황해도 일대의 애국지사를 체포하였는데, 이를 안악 사건이라 한다. 더 나아가 일제는 1911년 9월 윤치호, 이승훈 등 신민회 회원 600여 명을 체포하고 이들에게 데라우치 총독의 암살을 기도하였다는 죄목을 씌워 재판에 넘겼다. 1심 재판에서 이들 가운데 105명이 유죄 판결을 받았다고 하여, 이를 105인 사건이라고 한다.

[2020. 국회직 9급, 2017. 사회복지직 9급]

- 오라총관 목극등은 국경을 조사하라는 교지를 받들어 이 곳에 이르러 살펴보고 서쪽은 압록강으로 하고 동쪽은 토문강으로 경계를 정해 강이 갈라지는 고개 위에 비석을 세워 기록하노라.
- 박권이 보고하였다. "총관이 백두산 산마루에 올라 살펴보았는데, 압록강의 근원이 산허리의 남쪽에서 나오기 때문에 이미 경계로 삼았으며, 토문강의 근원은 백두산 동쪽의 가장 낮은 곳에 한 갈래 물줄기가 동쪽으로 흘렀습니다. 총관이 이것을 가리켜 두만강의 근원이라 하고 말하기를, '이 물이 하나는 동쪽으로 하나는 서쪽으로 흘러서 나뉘어 두 강이 되었으니 분수령 고개 위에 비를 세우는 것이 좋겠다.'라고 하였습니다."

Theme 백두산 정계비 건립(1712, 숙종 38)

Keyword 분석

정계비에 '서쪽은 압록강, 동쪽은 토문강을 국경으로 삼는다〈西爲鴨綠, 東爲土門, 故於分水嶺, 勒石爲記〉.'라고 되어 있었다. 그러나 조선은 토문강을 송화강 상류로, 청은 두만강으로 달리 해석하여 훗날 간도 귀속 문제의 쟁점이 되었다.

Solution+ 간도 관련

백두산 정계비 (1712, 숙종 38)	• 청의 오라총관 목극등과 조선의 박권 등의 현지 답사 후 건립 • 내용 : '서쪽은 압록강, 동쪽은 토문강을 국경으로 삼는다.'
19세기 간도 귀속 문제	• 조선 : 토문강이 송화강 지류이므로 간도가 우리 영토임을 주장 • 청 : 백두산 정계비의 토문강이 두만강이라고 주장
정부의 대응	• 1882년 : 서북 경략사 어윤중 파견 • 1885년 : 토문 감계사 이중하 파견 • 1902년 : 이범윤을 간도 시찰원으로 파견 • 1903년 : 이범윤을 (북변) 간도 관리사로 임명 (간도를 함경도의 행정구역에 포함하고 이를 청에 통고)
을사늑약 (외교권 박탈) 이후	• 일제의 통감부 간도 출장소(파출소) 설치(1907) • 간도 협약(청-일, 1909. 9.) : 일본이 남만주 철도 부설권과 푸순 광산 채굴권을 획득하는 조건으로 간도를 청의 영토로 인정

[2022. 소방간부후보]

김규홍이 아뢰기를, "이미 수십 년 전부터 우리 백성이 이곳으로 이주하여, 이제는 수만 호에 십여만 명이나 된다고 합니다. 그리하여 지난번에 이범윤을 파견하여 황제의 교화를 선포하고 호구를 조사하였습니다. … (중략) … 이범윤을 이곳에 계속 주재시키면서 사무를 관장하도록 하여 백성들의 생명과 재산을 보호하게 하는 것이 어떻겠습니까?"라고 하였다.

Theme 간도

Keyword 분석

- 자료의 '이곳'은 간도
- 대한 제국 정부는 한인이 거주하고 있는 간도 관리에 적극적으로 나서 1902년 이범윤을 간도 시찰원이라는 명목으로 파견하였다가, 이듬해인 1903년에 (북변) 간도 관리사로 임명하였다.

[2017. 지방직 7급]

칙령 제41호
제1조 울릉도를 울도라 개칭하여 강원도에 부속하고, 도감을 군수로 개정하여 관제 중에 편입하고, 군의 등급은 5등으로 한다.
제2조 군청 위치는 태하동으로 정하고, 구역은 울릉전도(鬱陵全島)와 죽도, (㉠)을/를 관할한다.

Theme 대한 제국 칙령 제41호(1900)

Keyword 분석

- 자료의 ㉠은 독도
- 대한 제국은 1900년 칙령 제41호를 반포하여 울릉도를 울도군으로 승격하고 독도를 울도군 안에 포함시켰다. 대한 제국은 이 칙령을 중앙 관보에 게재하여 독도가 대한 제국의 고유 영토임을 세계에 공표하였다.

Solution+ 독도가 우리 영토라는 일본측 기록

- 은주시청합기(1667), 일본여지노정전도(1779)
- 삼국접양지도(1785), 조선국교제시말내탐서(1870)
- 태정관 문서(1877)

CHAPTER 06 개항 이후의 경제와 사회

[2021. 법원직 9급, 2019. 지방직 9급] 난이도 ★★★
- 조선국 항구에 머무르는 일본은 쌀과 잡곡을 수출·수입할 수 있다.
- 일본국 정부에 소속된 모든 선박은 항세(港稅)를 납부하지 않는다.

Theme 조·일 무역 규칙(1876. 7, 제1차 조·일 통상 장정)

Keyword 분석
- 일본 수출입 상품에 대한 무관세
- 일본국 정부 소속 선박에 대한 무항세
- 양곡의 무제한 유출 허용

[2019. 지방직 9급] 난이도 ★★★
- 입항하거나 출항하는 각 화물이 세관을 통과할 때에는 세칙에 따라 관세를 납부해야 한다.
- 조선 정부가 쌀 수출을 금지하고자 할 때에는 반드시 먼저 1개월 전에 지방관이 일본 영사관에게 통고해야 한다.

Theme (개정) 조·일 통상 장정(1883)

Keyword 분석
- 방곡령 선포 규정(단, 1개월 전에 지방관이 일본 영사관에 통고)
- 관세 부과 규정
- 최혜국 대우 규정

[2021. 소방간부후보, 2013. 국가직 9급] 난이도 ★★☆
- 제1조 구 백동화 교환에 관한 사무는 금고로 처리케 하여 탁지부 대신이 이를 감독함
- 제3조 구 백동화의 품위(品位)·양목(量目)·인상(印象)·형체(形體)가 정화(正貨)에 준할 수 있는 것은 매 1개에 대하여 금 2전 5푼의 가격으로 새 화폐로 교환함이 가함
- 상태가 매우 좋은 갑종 백동화는 개당 2전 5리의 가격으로 새 돈으로 바꾸어 주고, 상태가 좋지 않은 을종 백동화는 개당 1전의 가격으로 정부에서 사들이며, 팔기를 원치 않는 자에 대해서는 정부가 절단하여 돌려준다. 다만 모양과 질이 조잡하여 화폐로 인정하기 어려운 병종 백동화는 사들이지 않는다. - 「탁지부령」 -

Theme 화폐 정리 사업의 부등가 교환

Keyword 분석
- 자료는 화폐 정리 사업에 해당하는 탁지부령 '구 백동화 교환에 관한 건'

Solution+ 화폐 정리 사업(1905~1909)

주도	제1차 한·일 협약 체결로 파견된 재정 고문 메가타
집행	탁지부에서 정책 집행
명분	문란한 화폐 제도(백동화 남발로 인한 물가 상승)의 재정비
내용	· 사전 작업 　- 화폐 정리를 위한 차관 도입(3백만원) 　- 백동화를 남발하던 전환국 폐지(1904. 11.) · 조선 화폐 [백동화, 엽전(상평통보)] 회수 → 일본 제일 은행권 화폐로 교환 · 부등가 교환 : 갑종 2전 5리, 을종 1전, 병종 교환 거부
결과	· 화폐 발행권 강탈(제일 은행권의 본위 화폐화, 금본위제) · 조선 상공인 타격, 농촌 경제 파탄 · 민족 은행 몰락 및 일본 은행에 예속화(ex 한성은행, 천일은행) · 유통 화폐 부족 현상(전황, 디플레이션) · 사업 과정에서 일본에 막대한 빚을 지게 됨 → 국채 보상 운동의 배경

[2020. 경찰간부후보, 2016. 사회복지직 9급] 난이도 ★★☆

남자는 담배를 끊고 부녀자들은 비녀·가락지 등을 팔아서 민족 언론 기관에 다양한 액수의 돈을 보내며 호응했다. 이는 정부가 일본으로부터 빌린 차관 1,300만 원이라는 액수를 상환하여 경제적 독립을 이룩하기 위한 것이었다.

Theme 국채 보상 운동(1907)의 목적

Keyword 분석

일제가 강제로 차관을 제공한 결과, 1907년까지 일본으로부터 들여온 차관 총액은 대한 제국의 1년 예산과 맞먹는 1,300만 원에 달하였다. 이에 국민 모금으로 정부가 진 빚을 갚아서 경제 자립과 국권 수호를 이룩하자는 운동이 국채 보상 운동이다.

[2023. 지방직 9급, 2014. 국가직 7급] 난이도 ★★☆

국채 1,300만 원은 우리 대한의 존망에 관계가 있는 것이다. 갚아 버리면 나라가 존재하고 갚지 못하면 나라가 망하는 것은 대세가 반드시 그렇게 이르는 것이다. 현재 국고에서는 이 국채를 갚아 버리기 어려운 즉, 장차 삼천리강토는 우리나라와 백성의 것이 아닌 것으로 될 위험이 있다. 토지를 한 번 잃어버리면 다시 회복하기 어려운 것이다.

Theme 국채 보상 운동(1907)

Keyword 분석

배경	화폐 정리, 시설 개선 등의 명목으로 일제의 막대한 차관 제공(1907년까지 차관 총액 1300만원)
시작	대구(김광제, 서상돈)
전개	· 서울에서 국채 보상 기성회 조직(1907) → 전국적 모금 운동 전개 · 각계각층 동참, 언론의 후원 : 대한매일신보, 황성신문, 만세보, 제국신문 등(독립신문 ×)
결과	· 통감부(총독부 ×)의 방해로 실패 - 일진회 이용 방해 - 국채 보상 기성회 간사 양기탁 구속(국채 보상금 횡령 누명)

[2022. 서울시 9급 1차, 2017. 경찰 2차] 난이도 ★★★

· "북촌의 어떤 여자 중에서 군자(君子) 수 삼 인이 개명(開明)에 뜻이 있어 여학교를 설시하라는 통문(通文)이 있기에 놀랍고 신기하여 우리 논설을 삭제하고 다음에 기재한다."

· 우리보다 먼저 문명개화한 나라들을 보면 남녀평등권이 있는지라. 어려서부터 각각 학교에 다니며, 각종 학문을 다 배워 이목을 넓히고, 장성한 후에 사나이와 부부의 의를 맺어 평생을 살더라도 그 사나이에게 조금도 압제를 받지 아니한다. 이처럼 대접을 받는 것은 다름이 아니라 그 학문과 지식이 사나이 못지않은 까닭에 그 권리도 일반과 같으니 어찌 아름답지 않으리오.

Theme 찬양회의 여권통문(여성통문, 1898)

Keyword 분석

· 찬양회(1898)
 - 서울 북촌 양반 부인들을 중심으로 조직
 - 한국 최초의 여성 운동 단체, 최초의 여권 운동 전개
 - 독립신문과 황성신문에 여성의 참정권, 직업권, 교육권을 주장하는 여성통문 발표
 - 여성 계몽을 위한 연설회와 토론회 개최
 - 여성 교육을 위해 순성 여학교 설립(1899)

Solution⁺ 여권통문 발표 시기 관련

7차 국정 교과서와 2020년 경찰 간부, 2011년 서울시 7급, 한능검 고급 13회 기출에서는 찬양회가 여권통문을 발표한 것으로 서술 및 출제하였다. 그러나 일부 개정 8종 교과서와 2022년 서울시 9급 기출 문제에서는 북촌 양반 부인들의 여권 통문 발표를 계기로 찬양회가 조직되었다고 서술 및 출제되기도 하였다. 따라서 둘 다 맞는 표현이다.

CHAPTER 07 근대 문물의 수용과 근대 문화의 형성

[2016. 법원직 9급]
경인 철도 회사에서 어저께 개업식을 거행하는데, 인천에서 화륜거가 떠나 삼개 건너 영등포로 와서 내외국 빈객들을 수레에 영접하여 앉히고 오전 9시에 떠나 인천으로 향하는데, 화륜거 구르는 소리는 우레 같아 천지가 진동하고 기관거의 굴뚝 연기는 반공에 솟아 오르더라.
— 독립신문(1×××.9.19) —

Theme 경인선 개통(1899)

Keyword 분석
자료는 1899년 9월 19일자 독립신문에 실린 경인선 개통과 관련된 기사이다. 1899년 우리나라 최초의 철도인 경인선이 제물포와 노량진 사이에 개통되었다. 해당 사료를 제시하고 당시에 볼 수 있는 모습을 묻는 문제가 출제된다.

[2020. 지방직 7급, 2017. 사회복지직 9급]
그러므로 우리 조정에서도 박문국을 설치하고 관리를 두어 외국의 기사를 폭넓게 번역하고 아울러 국내의 일까지 기재하여 국중에 알리는 동시에 열국에까지 널리 알리기로 하고, 이름을 旬報라 하며…

Theme 한성순보(1883~1884)

Keyword 분석
- 우리나라 최초의 신문, 박문국에서 발행
- 순한문, 10일 주기 발행, 관보(정부의 개화 정책 홍보)
- 갑신정변으로 박문국이 파괴되면서 폐간(1884)

[2020. 국가직 7급]
그 종점이 되는 초량 등은 혹시 그럴 수도 있으므로 괴이할 것이 없으나 중간 장시나 향촌의 참(站)에는 화물이 풍부하지 않고 탑승객이 많지 않은데 어찌 그 부지로 20만 평이나 쓰는가. 이는 일본인의 식민 계략이니, … (중략) … 또한 본 철도 선로가 완성되면 물산 제조와 정치상 사업이 진보하여 얼마간 확장되는 면이 있겠으나 일본의 식민 욕심은 이 때문에 더욱 절실해질 것이다.
— 『황성신문』, 1901년 10월 7일 —

Theme 경부선(1905)

Keyword 분석
종점이 초량(부산)이라는 내용으로 보아 밑줄 친 '철도'가 경부선임을 알 수 있다.

Solution+ 철도의 역사

철도	부설권	개통
경인선	미국(1896) → 일본(1897)	1899년 일본
경부선	일본(1898)	1905년 일본
경의선	프랑스(1896) → 일본(1904)	1906년 일본

[2023. 계리직, 2013. 경찰 1차]
우리 신문이 한문을 쓰지 않고 한글만 쓰는 것은 상하 귀천이 다 보게 하기 위함이다. 또 한글을 이렇게 띄어쓰기를 한 것은 아무라도 쉽게 신문의 글을 자세히 알아보게 하기 위함이다. 각국에서는 사람들이 남녀를 무론하고 자기 나라의 언어를 먼저 배운 후에야 외국어를 배우는데 조선에서는 한글은 배우지 않고 한문만 공부하는 까닭에 한글을 잘 아는 사람이 드물다. …… 우리 신문은 빈부귀천에 상관없이 이 신문을 보고 외국에 대한 지식과 사정을 알게 하려는 것이라. 남녀노소 상하 귀천 간에 우리 신문을 하루건너 몇 달간 보면 새로운 지식과 새로운 학문이 생길 것을 미리 아는 바다.

Theme 독립신문(1896~1899) 창간 논설

Keyword 분석
- 정부의 지원을 받아 서재필 창간
- 최초의 민간신문
- 최초의 순한글판 간행(영문판도 간행)
- 띄어쓰기 실시, 1899년 폐간

[2019. 계리직]

대황제 폐하께서 갑오년 중흥(中興)의 기회를 맞아 자주 독립의 기초를 확정하시고 새로이 경장(更張)하는 정령(政令)을 반포하실 때에 특히 한문과 한글을 같이 사용하여 공사 문서(公私文書)를 국한문으로 섞어 쓰라는 칙교(勅敎)를 내리셨다. 모든 관리가 이를 받들어 근래에 관보와 각 부군(府郡)의 훈령, 지령과 각 군(各郡)의 청원서, 보고서가 국한문으로 쓰였다. 이제 본사에서도 신문을 확장하려는 때를 맞아 국한문을 함께 쓰는 것은, 무엇보다도 대황제 폐하의 성칙(聖勅)을 따르기 위해서이며, 또한 옛글과 현재의 글을 함께 전하고 많은 사람들에게 읽히기 위함이다. ㅡ (가) 창간사 ㅡ

Theme 황성신문(1898. 9.~1910)

Keyword 분석
- 자료의 (가)는 황성신문
- 남궁억 발간, 유생층 대상, 국한문 혼용체 일간 신문
- 장지연의 '시일야방성대곡' 게재

[2019. 소방직]

영국인 베델이 서울에 신문사를 창설하여 이를 (가) (이)라고 하고, 박은식을 주필로 맞이하였다. … (중략) … 각 신문사에서도 의병들을 폭도나 비류(匪類)로 칭하였지만 오직 (가) 은/는 의병으로 칭하며, 그 논설도 조금도 굴하지 않고 일본인의 악행을 게재하여 들으면 들은 대로 모두 폭로하였다. 그러므로 사람들은 모두 그 신문을 구독하여 한때 그 신문은 품귀상태에까지 이르렀고, 1년도 못 되어 매일 간행되는 신문이 7천~8천 장이나 되었다.

ㅡ 『매천야록』 ㅡ

Theme 대한매일신보

Keyword 분석
- 자료의 (가)는 대한매일신보
- 영국인 베델이 창간했다는 내용과 의병을 호의적으로 보도했다는 점 등을 통해 알 수 있다.

Solution+ 대한매일신보(1904. 7.~1910)
- 양기탁·영국인 베델 발행
- 순한글·국한문·영문 세 종류로 발행
- 을사조약의 부당성을 알리는 고종의 친서 발표
- 국채 보상 운동 지원(황성신문, 제국신문, 만세보와 함께)
- 발행부수 가장 많았음
- 강경한 항일 논조, 의병 운동을 호의적 보도
- 경술국치(1910) 이후 총독부에 강제 인수 → 매일신보로 개칭

[2024. 국가직 9급, 2024. 서울시 9급]

이 날을 목 놓아 우노라[是日也放聲大哭]. …… 천하만사가 예측하기 어려운 것도 많지만, 천만 뜻밖에 5개조가 어떻게 제출되었는가. 이 조건은 비단 우리 한국뿐 아니라 동양 삼국이 분열할 조짐을 점차 만들어 낼 것이니 이토[伊藤] 후작의 본의는 어디에 있는가? …… 오호라! 저 개, 돼지만도 못한 소위 우리 정부 대신이란 자들이 영달과 이득을 바라고 거짓된 위협에 겁을 먹고서 머뭇거리고, 벌벌 떨면서 달갑게 나라를 파는 도적이 되어, 4천년 강토와 5백년 종사를 남에게 바치고 2천만 목숨을 몰아 다른 사람의 노예로 만들었으니, …… 아! 원통하고 분하도다. 우리 남의 노예가 된 2천만 동포여! 살았느냐? 죽었느냐? 단군 기자 이래 4천년 국민 정신이 하룻밤 사이에 별안간 망하고 끝났도다! 아! 원통하고 원통하도다! 동포여 동포여!

Theme 장지연의 『시일야방성대곡』(1905. 11.)

Keyword 분석
- 을사늑약의 부당함을 규탄하는 장지연의 논설
- 황성신문에 게재된 후 며칠 뒤에 대한매일신보에도 게재됨

[2017. 법원직 9급]

문·무관, 유생 중에 어리고 총명한 자 40명을 뽑아 입학시키고 벙커와 길모어 등을 교사로 초빙하여 서양 문자를 가르쳤다. 문관으로는 김승규와 신대균 등 여러 명이 있고, 유사로는 이만재와 서상훈 등 여러 명이 있었다. 사색당파를 골고루 배정하여 당대 명문 집안에서 선발하였다.

— 매천야록 —

Theme 육영공원(1886~1894)

Keyword 분석
- 우리나라 최초의 근대적 관립학교
- 헐버트·길모어·벙커 등 외국인 교사 초빙
- 좌원(현직 관료)과 우원(양반 자제)으로 나누어 교육
- 영어, 수학, 자연 과학, 정치학 등 교육
- 1894년 정부의 재정난으로 폐교

[2022. 소방간부후보]

- 새로 설립된 학교를 ⎣(가)⎦(이)라 부른다. 내무부 수문사 당상이 관할하며 별도로 주사를 정해 해당 당상의 명령에 따라 사무를 진행하도록 한다. 당상은 하루 건너 사진하며 주사는 매일 출근하게 한다.
- 성품이 선량하고 재간 있으며 총명한 외국인 3명을 ⎣(가)⎦(으)로 초빙하여 '교사'라고 부를 것이며 가르치는 일을 전적으로 맡도록 한다. 그리고 외국의 말과 글을 이미 배워 잘 아는 사람을 따로 선발하여 교사가 명령하는 대로 적당하게 학도를 가르치는 것을 도와주는 자를 '교습'이라고 부른다. 또한 각종 과정에 대해서는 자신이 직접 연습하여 본 학업을 넓히도록 한다.

Theme 육영공원(1886~1894)

Keyword 분석

(가)에 해당하는 학교는 육영공원이다. 정부가 운영한 것(내무부 수문사 당상이 관할)과 외국인을 교사로 초빙한 것을 통해 이를 알 수 있다. 육영공원은 길모어, 헐버트, 벙커 등 미국인 선교사를 초빙하여 교육을 시켰다. 육영공원은 1886년 설립되었으며 1894년 정부의 재정난으로 운영이 어렵게 되자 폐교되었다.

[2015. 법원직 9급]

1886년 우리나라에 왔다. 을사늑약 사건 후 고종의 밀서를 휴대하고 미국에 가서 국무장관과 대통령을 면담하려 하였으나 실현하지 못하였다. 1906년에 다시 내한하였으며, 고종에게 헤이그에서 열리는 제2차 만국평화 회의에 밀사를 보내도록 건의하였다. 그는 이상설 등 헤이그 특사보다 먼저 도착하여 '회의시보'에 한국 대표단의 호소문을 싣게 하는 등 한국의 국권 회복을 위해 노력하였다.

Theme 헐버트

Keyword 분석

자료에서 설명하고 있는 인물은 헐버트이다. 고종에게 헤이그에서 열리는 제2차 만국 평화 회의에 밀사를 보내도록 건의(헤이그 특사 파견 건의)하였다는 내용 등을 통해 이를 알 수 있다.

Solution⁺ 헐버트(1863~1949)

1886년	길모어와 함께 육영공원 교사로 초빙
1905년	고종의 특사로 을사늑약의 부당함을 알리기 위해 미국 파견
1907년	헤이그 만국 평화 회의에 헤이그 특사 파견 건의
1949년	국빈으로 초대되어 한국 방문 → 그해 8월 서울에서 사망
기타	· 『사민필지』를 한글로 써서 세계 지리와 역사, 풍습 소개 · 아리랑에 최초로 음계를 붙임

[2018. 국가직 7급]

독립신문 발간에 관여했던 그는 독립신문사 안에 '국문동식회(國文同式會)'를 조직했으며, 1897년 4월에 '국문론'이라는 글을 발표하기도 했다. 그는 당시의 문장들이 한문에 토를 다는 형식에 그치고 있다면서 실제로 말하는 대로 글을 쓰는 '언문일치'가 필요하다고 주장했다.

Theme 주시경(1876~1914)

Keyword 분석

밑줄 친 '그'는 주시경이다. 주시경은 1896년 4월 독립신문을 창간한 서재필에게 발탁되어 독립신문사 회계사무 겸 교보원이 되었다. 순한글 신문제작에 종사하게 되자, 그 표기 통일을 해결하기 위한 국문동식회(國文同式會)를 조직(1896. 5.)하여 그 연구에 진력하였다.

PART 7
민족 독립 운동의 전개

Chapter 01   일제의 침략과 민족의 수난

Chapter 02   3·1 운동과 대한민국 임시 정부

Chapter 03   무장 독립 전쟁의 전개

Chapter 04   사회·경제적 민족 운동

Chapter 05   민족 문화 수호 운동

CHAPTER 01 일제의 침략과 민족의 수난

[2023. 서울시 9급 1차, 2017. 경찰 2차]

제1조 한·일 양국 사이에 항구적이고 변함없는 친교를 유지하고 동양 평화를 확립하기 위하여 대한제국 정부는 대일본제국 정부를 확고하게 믿고 시정 개선에 관한 충고를 받아들인다.

제4조 …… 대일본제국 정부는 전항의 목적을 성취하기 위하여 군사 전략상 필요한 지점을 상황에 따라 차지하여 이용할 수 있다.

Theme 한·일 의정서(1904. 2.)

Keyword 분석

자료는 1904년 2월에 체결된 한·일 의정서이다. 일본은 대한 제국의 중립 선언을 무시하고 러일 전쟁 발발 약 보름 뒤에 군사 전략상 필요한 요충지 사용·일본의 동의 없이는 3국과 조약을 체결할 수 없다는 내용의 한·일 의정서를 강제로 체결하였다.

[2024. 법원직 9급, 2017. 국가직 9급]

제1조 일본국 정부는 동경의 외무성을 경유하여 금후 한국의 외국과의 관계 및 사무를 감리, 지휘할 수 있고, 일본국의 외교 대표자와 영사는 외국에 있는 한국의 신민 및 이익을 보호할 수 있다.

제2조 일본국 정부는 한국과 타국 간에 현존하는 조약의 실행을 완수하는 임무를 담당하고, 한국 정부는 지금부터 일본국 정부의 중개를 거치지 않고서는 국제적 성질을 가진 어떤 조약이나 약속을 맺지 않을 것을 서로 약속한다.

제3조 일본국 정부는 그 대표자로 한국 황제 폐하 밑에 1명의 통감을 두되, 통감은 오로지 외교에 관한 사항을 관리하기 위하여 경성에 주재하고, 친히 한국 황제 폐하를 만날 수 있는 권리를 가진다.

Theme 을사늑약(제2차 한·일 협약, 1905. 11.)

Keyword 분석

- 외교권 박탈
- 통감부 설치(1906. 2, 통감 정치) : 초대 통감 이토 히로부미

[2024. 법원직 9급, 2021. 경찰 2차]

1. 대한 정부는 일본 정부가 추천한 일본인 1명을 재정 고문으로 삼아 대한 정부에 용빙하여 재무에 관한 사항은 일체 그의 의견을 물어서 시행해야 한다.

2. 대한 정부는 일본 정부가 추천한 외국인 1명을 외교 고문으로 삼아 외부에 용빙하여 외교에 관한 중요한 사무는 일체 그의 의견을 물어서 시행해야 한다.

Theme 제1차 한·일 협약(1904. 8.)

Keyword 분석

- 고문 정치(재정 고문 : 메가타, 외교 고문 : 스티븐스)

[2018. 서울시 7급 1차]

아, 우리나라 우리 민족의 치욕이 이 지경에 이르렀구나. 생존경쟁이 심한 이 세상에 우리 민족의 운명이 장차 어찌 될 것인가. 살기를 원하는 사람은 반드시 죽고, 죽기를 맹세하는 사람은 살아 나갈 수 있으니 이는 여러분이 잘 알 것이다.

Theme 을사늑약에 대한 항거(민영환의 유서)

Keyword 분석

자료는 1905년 11월 17일 을사늑약이 체결되자 이를 개탄한 민영환이 11월 30일 자결하기 직전 자신의 명함에 남긴 유서이다. 사료에는 키워드가 전혀 없다. 눈에 익혀야 하는 고난도 사료이다.

[2022. 지방직 9급] 난이도 ★★★

오늘날 사람은 모두 법에 의하여 생활하고 있는데 실제로 사람을 죽인 자가 벌을 받지 않고 생존할 도리는 없는 것이다. … (중략) … 나는 한국의 의병이며 지금 적군의 포로가 되어 와 있으므로 마땅히 만국공법에 의해 처단되어야 할 것으로 생각한다.

Theme 안중근

Keyword 분석

자료의 밑줄 친 '나'는 안중근이다. 안중근은 재판 과정에서 명성 황후 시해, 을사늑약 체결, 한국 황제 폐위, 군대 해산, 의병 등 양민 살해, 교과서 폐지, 신문지법, 화폐 정리 사업, 동양 평화 교란 등 이토 히로부미의 죄상 15개를 밝혔다. 안중근은 자신이 한국 의병 참모 중장으로서 동양 평화의 적인 이토를 척살한 것이기에 범죄자가 아닌 군인으로 처리해 달라고 요구하였다.

Solution+ 도마 안중근(1879~1910)
- 1907년 연해주에서 의병장으로 활약(대한의군참모중장)
- 1909년 동지들과 단지회(비밀결사) 조직
- 1909년 만주 하얼빈에서 이토 사살
- 1910년 중국 뤼순 감옥에서 사형
- 『동양평화론』 저술(미완성)

[2021. 경찰 2차] 난이도 ★★☆

한국 황제는 외관상으로는 아직까지 통치권을 보유하고 있는 것으로 보이며, 한국 대신들은 당분간은 일본인에 의해 대체되지 않고 있습니다. 조약이 공포되고 난 며칠 후, 이로 인하여 한국 민중의 동요가 그렇게 극심하게 증대되지 않았음이 확인된 후에야 그때까지 비밀에 붙여졌던 추가 협약 사실이 공포되었는데, 그 내용은 한국 황제가 자신의 군대를 해산한다는 것이었습니다.

— 오스트리아 헝가리 제국 외교 보고서 —

Theme 한·일 신협약과 대한 제국 군대 해산

Keyword 분석
- 밑줄 친 '조약'은 한·일 신협약(정미 7조약)
- 대한 제국의 군대 해산은 1907년 한일 신협약의 부수 각서에 의해 해산되었다.

Solution+ 한·일 신협약(정미 7조약)의 부수 각서

육군 1대대를 존치하여 황궁 수위를 담당하게 하고 기타를 해산할 것.

[2024. 지역인재 9급, 2019. 서울시 9급] 난이도 ★★★

제1조 한국정부는 시정 개선에 관하여 통감의 지도를 받는다.
제2조 한국의 법령 제정 및 중요한 행정상의 처분은 미리 통감의 승인을 거친다.
제4조 한국 고등 관리의 임면은 통감의 동의로써 이를 시행한다.
제5조 한국정부는 통감이 추천하는 일본인을 한국 관리에 임명한다.

Theme 한·일 신협약(정미 7조약, 1907. 7.)

Keyword 분석
- 차관 정치 : 한국 정부의 각 부에 일본인 차관을 두어 내정 장악
- 통감이 법령 제정 및 고등 관리 임면 등 내정권 장악
- 행정권 박탈, 고급 관리 임명권 박탈 + 군대 해산(부수 각서)

[2024. 법원직 9급, 2023. 국가직 9급] 난이도 ★★☆

제1조 회사의 설립은 조선 총독의 허가를 받아야 한다.
제5조 회사가 본령 혹은 본령에 기초해 발표된 명령 및 허가의 조건을 위반하거나 또는 공공의 질서 및 선량한 풍속에 반하는 행위를 했을 때에는 조선 총독은 사업의 정지·금지, 지점의 폐쇄 또는 회사의 해산을 명령할 수 있다.

Theme 회사령(1910) → 1920년 철폐

Keyword 분석

일제는 조선인의 기업 활동을 억제할 목적으로 1910년 회사령을 제정하여, 국내에서의 회사 설립을 총독의 사전 허가를 받도록 하고 허가 조건 위반 시에는 총독이 기업의 해산까지도 명할 수 있게 하였다.

[2023. 서울시 9급, 2016. 지방직 9급]

제1조 3개월 이하의 징역 또는 구류에 처하여야 할 자는 그 정상에 따라 태형에 처할 수 있다.
제6조 태형은 태로써 볼기를 치는 방법으로 집행한다.
제13조 본령은 조선인에 한하여 적용한다.

Theme 조선 태형령(1912) → 1920년 폐지

Keyword 분석
자료는 일제가 1912년에 제정한 조선 태형령이다. 일제는 조선 태형령을 제정하여 한국인에게만 태형을 적용하였다. 태형령은 문화 통치 시기인 1920년에 폐지되었다.

[2018. 국가직 9급, 2016. 서울시 9급]

지주는 조선 총독이 정하는 기간 내에 ┌(가)┐ 혹은 그 것의 출장소 직원에게 신고해야 한다. 만약 제출을 태만히 하거나 신고서를 제출하지 않을 시에는 당국에서 해당 토지에 대해 소유권의 유무 등을 조사하다가 소유자를 알지 못하는 경우에 지주가 없는 것으로 간주하여 국유지로 편입할 수 있다.

Theme 토지 조사 사업 실시(1910~1918)

Keyword 분석
· 자료의 (가)는 1910년 설치된 임시 토지 조사국(1918년에 폐지)

Solution+ 토지 조사 사업(1910~1918)

목적	식민지 지배를 위한 안정적 조세 확보
추진	· 임시 토지 조사국 설치(1910) · 토지 조사령 공포(1912) → 본격화
방법	'기한부 신고제'(신고주의 적용, 토지 소유권 신고)
결과	· 미신고 토지, 궁방전(궁장토), 역둔토 등 국유지 및 문중 토지 약탈 → 동양 척식 주식회사와 일본인에게 헐값 불하 · 관습상 경작권 및 도지권·입회권 부정 · 화전민·해외 이주민 증가, 일본인 지주 증가 · 총독부의 재정(지세) 수입 증대

[2023. 법원직 9급, 2021. 국가직 9급, 2021. 소방직]

제1조 토지의 조사 및 측량은 본령에 따른다.
제2조 토지 소유자는 조선 총독이 정한 기간 내에 주소, 성명 또는 명칭 및 소유지의 소재, 지목, 자 번호, 사표, 등급, 지적, 결수를 임시토지조사국장에게 신고해야 한다. 단 국유지는 보관 관청이 임시토지조사국장에게 통지해야 한다.

Theme 토지 조사령(1912)

Keyword 분석
자료는 1912년에 발표된 토지 조사령의 일부이다. 이는 1910년대 실시된 토지 조사 사업과 관련된 것이다. 1910년에 시작된 토지 조사 사업은 1912년 토지 조사령을 공포하면서 본격화되었다.

[2017. 교행 9급]

신임 총독은 전임 총독이 시행한 정책에 대신해 새로운 정책을 실시하였다고 말한다. … (중략) … 신임 총독의 정책 중에서 그나마 주목할 만한 것이 있다면 지방 제도를 개정해 일정 금액 이상의 세금을 내는 조선인들에게 선거권을 주고 부 협의회 선거를 처음으로 실시한 것 정도이다. 하지만 그것도 자문 기구에 불과하다.

Theme 1920년대 일제의 문화 통치

Keyword 분석
밑줄 친 '새로운 정책'은 사이토 총독이 표방한 문화 통치(민족 분열 통치)이다. 일제는 한국인의 정치 참여를 선전하려 도평의회와 부·면 협의회 등을 설치하고 일부 지역에 선거제를 도입하였다. 그러나 이들 기관은 실권이 없는 자문 기관에 지나지 않았으며, 선거권도 극히 일부의 한국인에게만 주어졌다.

[2024. 서울시 9급, 2022. 계리직, 2018. 기상직 9급]

- 총독은 문무관 어느 쪽이라도 임용될 수 있는 길을 열고, 나아가 헌병에 의한 경찰 제도를 바꿔 경찰에 의한 경찰 제도를 채택할 것이다. 그리고 복제를 개정하여 일반관리, 교원이 제복을 입고 칼을 차던 것을 폐지하고, ……
- 다른 한편으로 지방자치를 실시하여 민의 창달의 길을 강구하고, 교육제도를 개정하여 교화 보급의 신기원을 이루었고, 게다가 위생시설의 개선을 촉진하였다. …… 일본인과 조선인 사이의 차별 대우를 철폐하고 동시에 조선인 소장층 중 유력자를 발탁하는 방법을 강구하여, 군수·학교장 등에 발탁된 자가 적지 않다.

Theme 일제의 문화 통치(1920년대)

Keyword 분석

문관의 총독 임용 가능, 경찰에 의한 경찰 제도(보통 경찰제) 채택, 일반 관리 및 교원의 제복 및 칼 착용 폐지, 지방자치 허용 등을 통해 문화 통치 시기와 관련된 내용임을 알 수 있다.

Solution+ 1920년대 문화 통치

정책	실상
문관 총독 임명 관제 개정	해방까지 문관 총독 임명 無
헌병 경찰제 → 보통 경찰제	· 경찰 수 증가, 장비 강화 · 고등 경찰제 실시
언론의 허용 : 1920년 조선일보와 동아일보 창간 허용	검열, 정간, 압수, 삭제 등의 탄압
결사의 자유 허용	치안 유지법 제정(1925) → 사회주의자 및 독립 운동가 탄압
지방 자치 허용 : 도평의회, 부면 협의회 설치, 일부 지역 선거제 도입	친일파로 구성, 상층 자산가에게만 선거권 부여, 대부분의 일반 면에서는 임명제 실시
· 제2차 조선 교육령(1922) - 조선어 필수과목 지정 - 대학 설립 규정 - 보통학교 수업 연한 연장	· 민족 교육 억제 · 여전히 조선에 대한 차별적 교육 실시 · 경성제국 대학 설립(1924)
기타 : 관리와 교원의 제복·칼착용 폐지, 태형령과 회사령 폐지 (1920)	

[2016. 경찰 2차]

- 친일 분자를 귀족·양반·유생·부호·실업가·교육가·종교가 등에 침투시켜 그 계급과 사정에 따라 각종 친일 단체를 조직케 할 것.
- 종교적 사회 운동을 이용하기 위해 사찰령을 개정하여 불교 각 종파의 총 본산을 경성에 두고, 이를 관장하거나 원조하는 기관의 회장에 친일 분자를 앉히는 한편 기독교에 대해서도 상당한 편의와 원조를 제공할 것.
- 친일적인 민간 유지자(有志者)에게 편의와 원조를 제공하고, 수재 교육의 이름 아래 조선 청년을 친일 분자의 인재로 양성할 것.
- 조선인 부호·자본가에 대해 일·선(日·鮮) 자본가의 연계를 추진할 것.

Theme 민족 분열을 꾀한 1920년대 문화 통치

Keyword 분석

자료는 1920년대 문화통치의 본질을 보여주는 사이토 마코토 총독의 「조선 민족 운동에 대한 대책」(1920)이다. 일제는 1920년대 문화 통치 시기에 양반, 실업가, 교육가, 종교인 등 각계에 친일 세력을 양성하는 데 힘을 쏟았다. 일제는 이들에게 상당한 편의와 원조를 제공하여 식민 지배에 협조하는 세력으로 삼고자 하였다.

[2020. 국가직 9급, 2018. 서울시 9급 기술직렬]

제1조 국체를 변혁하거나 사유 재산제도를 부인하는 것을 목적으로 결사를 조직하거나 또는 사정을 알고 이에 가입한 자는 10년 이하의 징역 또는 금고에 처한다.

제2조 전조 제1항의 목적으로 그 목적이 되는 사항의 실행에 관하여 협의를 한 자는 7년 이하의 징역 또는 금고에 처한다.

Theme 치안유지법(1925)

Keyword 분석

자료는 치안 유지법의 내용이다. 이 법은 일제가 국가 체제(천황제)나 사유 재산 제도를 부정하는 사상을 통제하고 탄압하기 위해 제정한 법률이다. 이를 통해 일제는 사회주의 운동뿐만 아니라 농민·노동자 운동, 항일 민족 운동까지 탄압하였다. 치안 유지법은 1925년에 제정되어 1928년과 1941년에 개정을 거치면서 1945년까지 존속하였다.

[2022. 서울시 9급 1차, 2018. 국가직 9급]

제4조 정부는 전시에 국가총동원상 필요하다고 인정될 때에는 칙령이 정하는 바에 따라서 제국 신민을 징용하여 총동원 업무에 종사하도록 할 수 있다.

제7조 정부는 칙령이 정하는 바에 따라 노동 쟁의의 예방 혹은 해결에 관한 명령, 작업소 폐쇄, 작업 혹은 노무의 중지 … (중략) … 등을 명할 수 있다.

Theme 민족 말살 통치기(1930년대 이후) 국가 총동원법(1938. 4.)

Keyword 분석

일제는 중일 전쟁(1937)을 일으키고 국가를 전시 총동원 체제로 바꾸기 위해 총력을 기울였다. 이를 법제적으로 뒷받침한 것이 바로 '국가 총동원법'이었다.

[2013. 지방직 9급]

7월 20일, 학생들과 체조를 하고 있었는데 면사무소 직원이 징병영장을 가져왔다. 흰 종이에는 '징병영장' 그리고 '8월1일까지 함경북도에 주둔한 일본군 나남 222부대에 입대하라'고 적혀 있었다. 7월 30일, 앞면에는 '무운장구(武運長久)' 뒷면에는 '축 입영'이라고 적힌 붉은 천의 어깨 띠를 두르고 신사를 참배한 후 순사와 함께 나룻배를 타고 고향을 떠났다. 용산역에서 기차를 탈 때까지 순사는 매섭게 나를 감시하였다.

Theme 민족 말살 통치 시기의 모습(징병제 실시)

Keyword 분석

자료의 징병 영장을 통해 징병제가 실시되고 있음을 알 수 있다. 일제는 1944년에 징병제를 시행하여 일본이 패망할 때까지 수많은 청년을 전쟁터로 끌고 갔다.

Solution+ 민족 말살 통치기 일제의 인적 수탈

중일 전쟁 발발 이후(1937~)	태평양 전쟁 이후(1941~)
· 육군 특별 지원병령(1938. 2.)	· 학도 지원병제(1943)
· 근로 보국대(1938. 6.)	· 징병제(1944. 4.)
· 국민 징용령(1939. 7.)	· 여자 정신대 근무령(1944. 8.)

[2023. 서울시 9급 1차, 2019. 지방직 9급]

신고산이 우르르 함흥차 가는 소리에
지원병 보낸 어머니 가슴만 쥐어뜯고요
… (중략) …
신고산이 우르르 함흥차 가는 소리에
정신대 보낸 어머니 딸이 가엾어 울고요

Theme 민족 말살 통치 시기의 모습

Keyword 분석

자료는 「신고산타령」의 앞 대목과 여음을 그대로 두고 중간 부분을 개작한 민요이다. 자료의 '함흥차(화물차)'는 구체적으로 학도 지원병을 태우고 만주로 떠나는 기차이며, 지원병들의 어머니들이 이 함흥차(화물차) 소리를 듣고 겪어야 했던 슬픔을 말하고 있다. 뒤의 내용에서는 정신대로 차출되어 함흥차에 실려가는 소녀들에 대한 그녀들의 어머니의 애절한 슬픔을 보여 준다.

[2016. 법원직 9급]

김군과 그의 아버지는 경찰서에 가서 새로운 이름을 등록해야 했다. 새 이름은 귀에 설게 들렸다. '이와모토' 새이름을 입에 담아 보았다. 우리의 새 이름, 나의 새 이름, '이와' – 암석(岩), '모토' – 토대(本), '이와모토' – 岩本. '그래, 이게 우리의 다른 이름, 일본식 이름이야.'

– 재미 동포 리처드 김의 자전적 소설 –

Theme 민족 말살 통치 시기의 창씨개명

Keyword 분석

일제는 민족 말살 정책의 수단으로 이름과 성을 일본식으로 고치는 창씨개명을 시행하였다(1940).

[2020. 국가직 7급]

그해에는 이미 나의 앞에는 한 발자국 내어 디딜 땅조차 없었다. 그 때문에 사회로 나선 나의 첫 발길은 오대산으로 더 깊이 들어가는 것이었다. … (중략) … 전해에는 『동아』, 『조선』 두 신문의 폐간을 보았고, 그해에는 다시 『문장』 폐간호를 절간에서 받아 보게 되었다.

- 조지훈, 『화동 시절의 추억』 -

Theme 동아일보와 조선일보 폐간(1940)

Keyword 분석
- 밑줄 친 '그해'는 1941년
- 동아일보와 조선일보는 1940년에 폐간

Solution+ 민족 말살 통치기 일제의 식민지 지배 정책

황국 신민화 정책 (민족 말살 정책)	• 내선일체, 일선동조론 강조 • 황국신민서사 암송(1937) • 신사 참배·궁성 요배 • 우리말·우리 역사 교육 금지 • 창씨 개명(1939 → 1940, 시행)
통제 정책 강화	• 농촌 진흥 운동(1932~1940) : 농촌 통제 강화 • 조선 사상범 보호 관찰령(1936) • 대화숙 설치(1937) : 사상범 감시 → 1941년 확대 설치 • 3차 조선 교육령(1938. 3.) : 조선어 수의과목 → 사실상 금지 • 국가 총동원법(1938. 4.) : 인적·물적 자원 수탈 강화 • 국민 정신 총동원 조선 연맹(1938. 7.), 애국반 조직 → 1940년 국민 총력 조선 연맹으로 개편(국민 총력 동원) • 동아일보·조선일보 폐간(1940) • 조선 사상범 예방 구금령(1941) • 국민학교령(1941) : 소학교 → 국민학교 • 조선어 학회 사건(1942) : 조선어 학회 회원들을 치안 유지법 위반으로 구속 • 4차 조선 교육령(1943) : 전시 교육 체제

[2021. 국회직 9급]

말을 막 배우는 아이의 첫마디와 죽어 가는 노인의 마지막 말, 그것이 '하이큐[배급]'라는 말을 우리는 조선인에게서 수없이 들었다. 배급표로 지급되는 쌀, 정확히 말해서 대체물[옥수수·수수]은 아무리 길어도 2주일을 넘기지 못하였다. 생선·달걀, 그밖의 다른 식료품은 일본인에게만 지급되었다. … (중략) … 서울에서 대부분의 가게와 수리점이 문을 닫았다. 배급소 근처에는 헤아릴 수 없을 만큼 많은 사람들이 줄 서 있었다. 사람들은 굶주림뿐만 아니라 추위에도 고통을 당하였다.

Theme 민족 말살 통치기 일제의 물적 수탈

Keyword 분석
- 민족 말살 통치기 미곡 공출과 식량 배급제 실시

Solution+ 민족 말살 통치기 일제의 인적·물적 자원 수탈(순서)

구분	시기	내용
육군특별지원병령	1938년 2월	지원병제
국가총동원법	1938년 4월	전시 총동원 체제
국민징용령	1939년 7월	징용제 실시
산미 증식 계획 재개	1940년	군량 확보를 위한 산미 증식 계획 재개
학도 지원병제	1943년	학생들의 전쟁 동원
징병제	1944년 4월	징병제 시행
여자 정신 근로령	1944년 8월	여성 노동력 강제 착취

CHAPTER 02 3·1 운동과 대한민국 임시 정부

[2018. 경찰 2차] 난이도 ★★★

- 부호의 의연 및 일본인이 불법 징수하는 세금을 압수하여 무장을 준비한다.
- 남북 만주에 사관학교를 설치하여 독립 전사를 양성한다.
- 중국과 러시아에 의뢰하여 무기를 구입한다.
- 일인 고관 및 한인 반역자를 수시 수처에서 처단하는 행형부를 둔다.

Theme 대한 광복회 강령

Keyword 분석

- 대한 광복회(1915)

조직	· 대구에서 박상진, 우재룡, 채기중 등이 결성 · 풍기 광복단(의병 계열) + 조선 국권 회복단(애국 계몽 운동 계열)
특징	· 민주 공화제의 근대 국가 수립 지향 · 군대식 조직(총사령 박상진, 부사령 김좌진)
활동	· 군자금 모금, 친일파 처단 · 국내 각지와 만주에 지부 설치 · 만주에 무관 학교 설립 시도

Solution⁺ 독립 의군부(1912)

조직	전라도에서 임병찬(최익현 제자, 전라남북도 순무총장)이 고종의 밀명을 받아 의병과 유생들을 규합하여 결성
활동	· 복벽주의(전제군주제 복구, 고종 복위) 표방 · 군대식 조직을 갖춤 · 국권 반환 요구서 제출(to 일본 총리 대신 및 조선 총독), 전국적 의병 봉기 준비 but 계획 발각, 해체 → 임병찬 거문도 유배·순국(1916)

[2017. 국가직 7급] 난이도 ★★☆

이곳에서는 한인 집단 거주지인 신한촌이 형성되어 자치 기구와 학교가 만들어졌으며, 다양한 독립운동이 일어났다. 이곳에서 이상설 등은 성명회를 조직하여 독립 운동을 벌였고, 이후 임시정부의 성격을 가진 대한국민 의회가 전로한족회중앙총회로부터 개편 조직되었다.

Theme 연해주 지역의 독립 운동

Keyword 분석

성명회, 전로 한족회 중앙 총회, 대한 국민 의회 등은 모두 연해주에서 결성된 단체들이다. 따라서 자료의 밑줄 친 '이곳'은 연해주이다.

Solution⁺ 1910년대 연해주의 독립 운동 단체

13도 의군(1910)	유인석, 이상설, 이범윤 조직
성명회(1910)	· 유인석, 이상설, 이범윤 조직 · 한일 합방 규탄 격문 발표
권업회(1911)	· 이상설 등이 조직 · 권업신문 발행 · 한민학교 설립(1912)
대한 광복군 정부 (1914)	· 권업회가 주도하여 설립 · 정통령 이상설·부통령 이동휘
전로 한족회 중앙 총회(1917)	대한 국민 의회(1919)로 개편

154 Part 7 민족 독립 운동의 전개

[2017. 국가직 9급] 난이도 ★★☆

1903년에 우리나라 공식 이민단이 이곳에 도착하였다. 이주 노동자들은 사탕수수 농장, 개간 사업장, 철도 공사장 등에서 일하며 한인 사회를 형성하여 갔다. 노동 이민과 함께 사진 결혼에 의한 부녀자들의 이민도 이루어졌다. 또한 한인합성협회 등과 같은 한인 단체가 결성되었다.

Theme 하와이

Keyword 분석

밑줄 친 '이곳'은 '하와이'이다. 미주로의 이주는 1903년 백여 명의 한국인이 하와이 사탕수수 농장의 노동자로 이주하면서 시작되었다. 독신 남성이었던 이들 대부분은 한국인 신부를 구하고자 하였다. 천여 명의 한국인 여성이 사진만 보고 결혼하는 방식으로 하와이로 건너갔는데, 이들을 '사진 신부'라고 하였다.

Solution+ 1910년대 미주 지역의 독립 운동

- 대한인 국민회(1909 or 1910, 안창호, 박용만, 이승만)
- 흥사단(1913, 안창호, 미국 샌프란시스코)
- 대조선 국민군단(1914, 박용만, 하와이), 숭무학교(1910, 멕시코)

[2020. 지방직 9급, 2019. 서울시 사회복지직] 난이도 ★★★

경술년(1910)에 여러 형제들이 모여서 만주로 갈 준비를 하였다. …… 그(1867~1932)는 1만여 석의 재산과 가옥을 모두 팔고 큰집, 작은 집이 함께 압록강을 건너 떠났다. 그는 만주에서 독립군 양성 기관인 신흥 강습소를 설립하였다.

Theme 이회영

Keyword 분석

- 밑줄 친 '그'에 해당하는 인물은 신민회의 이회영
- 신흥 강습소를 설립하는 등 삼원보를 독립운동 기지로 개척

Solution+ 우당 이회영(1867~1932)

1907년	안창호 등과 신민회 조직
1910년	6형제가 전 재산을 처분하여 독립 운동 자금 마련 후 만주로 망명
1911년	경학사 조직, 신흥 강습소 설립
1931년	항일 구국 연맹 결성, 흑색 공포단 조직
1932년	다롄에서 일본 경찰에 검거, 고문 끝에 순국

[2019. 소방직] 난이도 ★★☆

그는 을사조약이 체결되자 조약의 무효를 주장하는 상소를 올렸다. 1906년에는 이동녕 등과 함께 간도 용정촌에 서전서숙을 설립하여 항일 민족정신을 높이기 위해 온 힘을 다하였다. 1907년 이준, 이위종 등과 함께 고종의 특사로 헤이그 만국 평화 회의에 참석하려다가 일본의 방해로 좌절되었다. 이 사건으로 국내에서는 궐석 재판이 진행되어 사형이 선고되었다.

Theme 이상설

Keyword 분석

- 밑줄 친 '그'는 이상설
- 서전서숙 설립, 헤이그 특사로 파견

Solution+ 이상설(1870~1917)

1904년	협동회 회장
1905년	을사늑약 반대 상소
1906년	북간도 용정에 서전서숙 건립
1907년	헤이그 특사로 파견
1909년	밀산부 한흥동 건설(독립운동 기지)
1910년	13도 의군 및 성명회 조직
1911년	권업회 조직
1914년	대한 광복군 정부 조직(정통령)
1915년	신한 혁명당 조직
1917년	니콜리스크에서 병으로 서거

[2019. 기상직 9급] 난이도 ★★★

궐기하라 독립군! 독립군은 일제히 천지를 휩쓸라! 한번 죽음은 인간의 면할 수 없는 바이니 개, 돼지와 같은 일생을 누가 구차히 도모하겠는가? …… 황천(皇天)의 명령을 받들고 일체의 못된 굴레에서 해탈하는 건국임을 확신하여 육탄 혈전으로 독립을 완성하라.

Theme 대한 독립 선언(무오 독립 선언, 1919)

Keyword 분석

대한 독립 선언(무오 독립 선언)은 1919년 2월 만주 길림에서 독립운동가 39인(신채호, 박은식 등)이 전쟁(육탄혈전)을 통해 독립을 쟁취할 것을 주장한 선언이다.

[2024. 지방직 9급, 2020. 소방직] 난이도 ★★☆

- 금일 오인(吾人)의 이 거사는 정의 인도 생존 존영을 위하는 민족적 요구이니, 오직 자유적 정신을 발휘할 것이요, 결코 배타적 감정으로 일주(逸走)지 말라.
- 최후의 한사람까지, 최후의 한순간까지 민족의 정당한 의사를 쾌히 발표하라.
- 일체의 행동은 가장 질서를 존중하여 오인의 주장과 태도로 하여금 어디까지든지 광명정대하게 하라.

Theme 기미 독립 선언서(3·1 독립 선언서)의 공약 삼장

Keyword 분석
자료는 3·1 운동 기미 독립 선언서의 공약 삼장에 해당하는 내용이다. 기미 독립 선언서는 최남선이 기초하였으며, 마지막의 공약 3장은 한용운이 작성하였다.

Solution+ 만해 한용운(1879~1944)
- 1910년 조선불교유신론 저술
- 1919년 민족 대표 33인 중 1인, 기미 독립 선언서의 공약 3장 작성
- 1926년 '님의 침묵' 발간
- 1927년 신간회 가입, 경성지회장
- 1935년 조선일보에 장편소설 '흑풍' 연재
- 1944년 중풍으로 별세

[2019. 국가직 9급] 난이도 ★★☆

상쾌한 아침의 나라라는 뜻을 지닌 조선은 일본의 총칼 아래 민족정신을 무참하게 유린당했다. … (중략) … 조선 민족은 독립항쟁을 줄기차게 계속하였다. 그 중에서도 중요한 것은 ㉠1919년의 독립만세운동이었다.
- 네루, 『세계사 편력』 -

Theme 3·1 운동(1919)에 대한 평가

Keyword 분석
자료는 인도의 독립 운동가 네루가 딸에게 보낸 편지의 일부 내용이고, 밑줄 친 '㉠'에 해당하는 민족 운동은 3·1 운동이다. 1919년의 독립 만세 운동이라는 내용을 통해 알 수 있다.

[2022. 법원직 9급, 2020. 소방간부후보] 난이도 ★★★

- 동대문 밖에서 다시 한 번 일대 시위 운동이 일어났다. 이날은 태황제의 인산날이었으므로 망곡하러 모인 군중이 수십 만이었다. 인산례(因山禮)가 끝나고 융희제(순종)와 두 분의 친왕 이하 여러 관료와 궁속들이 돌아오다가 청량리에 이르렀다. 이때 곡 소리와 만세 소리가 일시에 폭발하여 천지가 진동하였다.
- 터졌구나, 터졌구나! 조선 독립의 소리
  10년을 참고 참아 인제 터졌네.
  3천 리 금수강산 2천만 민족
  살았구나, 살았구나! 이 한 소리에
  만만세! 조선 만만세! 대한 만만세! 대한 만만세!
  - 「배달의 맥박」 -

Theme 3·1 운동(1919)의 확산

Keyword 분석
- 태황제의 인산날 = 고종의 장례일
- 두 번째 자료는 독립가로 3·1 운동과 관련된다. '10년을 참고 참아 인제 터졌네'라는 내용을 통해 식민 지배(1910년 한일 병합) 이후 약 10년의 시간이 흘러 일어난 3·1 운동임을 유추할 수 있다.

Solution+ 3·1 운동의 전개와 의의

1단계 (점화기)	· 서울 태화관 : 민족 대표 33인의 이름으로 독립 선언서 낭독 → 자진 투옥 · 탑골 공원 : 학생 + 시민들의 독립 선언식 거행
2단계 (도시 확산기)	학생들의 주도로 도시로 확산 + 상인·노동자 등이 만세 시위, 파업 등으로 가세
3단계 (농촌 확산기)	무력적 저항으로 변모(토지조사사업으로 피해를 본 농민들의 적극 참여) → 농민층이 가장 많이 투옥
해외 확산	만주·연해주·미국(필라델피아 한인 자유 대회)·일본 등지에서도 국외 동포에 의해 시위 전개
의의	· 대한민국 임시정부 수립 계기 마련 · 국외 무장 투쟁 활성화에 영향 · 일제의 통치 방식의 변화 계기(무단 통치 → 문화 통치) · 1920년대 노동·농민·학생 운동 등 다양한 사회 운동 전개의 기반이 됨 · 세계 약소 민족 독립 운동에 자극(중국 5·4 운동, 인도 간디의 비폭력 저항 운동, 베트남·이집트·필리핀 민족 운동 등)

[2017. 국가직 9급] 난이도 ★★★

베이징 방면의 인사는 분열을 통탄하며 통일을 촉진하는 단체를 출현시키고 상하이 일대의 인사는 이를 고려하여 개혁을 제창하고 있다. … (중략) … 근본적 대해결로써 통일적 재조를 꾀하여 독립운동의 신국면을 타개하려고 함에는 다만 민의뿐이므로 이에 ㉠의 소집을 제창한다.

Theme 국민 대표 회의 소집 제창(1921) → 1923년 개최

Keyword 분석
- 밑줄 친 '㉠'은 국민 대표 회의(1923)
- 자료는 박은식 등이 1921년에 「우리 동포에게 고함」이라는 성명서를 발표하여 국민 대표 회의 소집을 제창하고 있는 내용
- 베이징 방면의 인사 → 신채호, 박용만 등
- 상하이 일대의 인사 → 안창호 등

[2021. 국가직 9급] 난이도 ★★★

본 회의는 2천만 민중의 공정한 뜻에 바탕을 둔 국민적 대회합으로 최고의 권위를 가지고 국민의 완전한 통일을 공고하게 하며, 광복 대업의 근본 방침을 수립하여 우리 민족의 자유를 만회하며 독립을 완성하기를 기도하고 이에 선언하노라. … (중략) … 본 대표 등은 국민이 위탁한 사명을 받들어 국민적 대단결에 힘쓰며 독립운동이 나아갈 방향을 확립하여 통일적 기관 아래에서 대업을 완성하고자 하노라.

Theme 국민 대표 회의 선언서(1923)

Keyword 분석
1923년 민족 운동가들은 독립운동의 새로운 방향을 모색하기 위해 상하이에서 국민 대표 회의를 개최하였다.

Solution⁺ 국민 대표 회의(1923)

내용	· 창조파 : 임시정부 해체!!, 새 정부 수립!!(신채호, 박용만 등)
	· 개조파 : 임시정부 개편!!(안창호)
	· 현상 유지파
	   - 임시정부 그대로 유지!!(김구, 이동녕)
	   - 국민 대표회의 불참
	   - 국민 대표 회의의 해산을 명하는 내무부령 공포(김구)

결과	결렬 → 많은 애국지사들의 임정 이탈 → 침체

[2019. 소방간부, 2016. 지방직 7급] 난이도 ★★☆

대한민국 임시 정부는 대한민국 원년에 정부가 공포한 군사 조직법에 의거하여 … (중략) … (가) 을/를 조직하고 … (중략) … 공동의 적인 일본 제국주의자들을 타도하기 위해 연합군의 일원으로 항전을 계속한다. … (중략) … 우리는 한·중 연합 전선에서 우리 스스로의 계속 부단한 투쟁을 감행하여 동아시아를 비롯한 아시아 민중의 자유와 평등을 쟁취할 것을 약속하는 바이다.

— (가) 선언 —

Theme 한국 광복군 선언(1940)

Keyword 분석
대한민국 임시정부의 군사 조직법에 의거해 조직했다는 내용과 연합군의 일원으로 항전한다는 내용 등을 통해 (가)가 한국 광복군(1940. 9.)임을 알 수 있다.

Solution⁺ 한국 광복군의 활동
- 1940년 9월 충칭에서 창설
- 대일·대독 선전 포고(1941)
- 김원봉의 조선 의용대 흡수(1942)
- 인도·미얀마 전선에서 영국군과 연합 작전 수행(1943)
- 국내 진공 작전 계획(1945. 5.)

[2013. 지방직 9급] 난이도 ★★☆

이번 연합군과의 작전에 모든 운명을 거는 듯하였다. 주석(主席)과 우리 부대의 총사령관이 계속 의논하는 것을 옆에서 들었기 때문에 더욱 일의 중대성을 절감하였다. 드디어 시기가 온 것이다! 독립투쟁 수십 년에 조국을 탈환하는 결정적 시기가 온 것이다.

— 『장정』—

Theme 한국 광복군의 국내 진공 작전 계획

Keyword 분석
- 밑줄 친 '우리 부대'는 한국 광복군
- 『장정』은 한국 광복군에서 활동한 김준엽의 저서
- 국내 진공 작전 계획(1945. 5.)
  - 미국 전략 정보국(OSS)과 합작, 국내 정진군 편성
  - 일본의 패망으로 계획 실현 무산

[2019. 지방직 9급] 난이도 ★★★

건국 시기의 헌법상 경제체계는 국민 각개의 균등생활 확보 및 민족 전체의 발전 그리고 국가를 건립 보위함과 연환(連環)관계를 가진다. 그러므로 다음에 나오는 기본 원칙에 따라서 경제 정책을 집행하고자 한다.
가. 규모가 큰 생산기관의 공구와 수단 … (중략) … 은행·전신·교통 등과 대규모 농·공·상 기업 및 성시(城市) 공업 구역의 주요한 공용 방산(房産)은 국유로 한다.
나. 적이 침략하여 점령 혹은 시설한 일체 사유자본과 부역자의 일체 소유자본 및 부동산은 몰수하여 국유로 한다.

Theme 대한민국 건국 강령(1941. 11.)

Keyword 분석
자료는 대한민국 임시정부가 발표한 대한민국 건국 강령의 일부이다. 삼균주의를 바탕으로 한 내용과 '대생산기관의 국유화' 등을 통해 이를 알 수 있다.

Solution+ 대한민국 건국 강령(요약)
· 보통 선거를 통한 민주 공화국 수립
· 토지와 대생산 기관의 국유화, 의무(무상) 교육 실시
· 정치·경제·교육의 균등, 자영농 위주의 토지 개혁 시행

[2024. 법원직 9급, 2024. 국회직 9급, 2017. 지방직 9급] 난이도 ★★☆

· 우리나라의 건국정신은 삼균제도(三均制度)의 역사적 근거를 두었으니 선조들이 분명히 명한 바 수미균평위(首尾均平位)하야 흥방보태평(興邦保泰平)하리라 하였다. 이는 사회 각층 각급의 지력과 권력과 부력의 향유를 균평하게 하야 국가를 진흥하며 태평을 보유(保維)하려 함이니 홍익인간(弘益人間)과 이화세계(理化世界)하자는 우리 민족의 지킬 바 최고 공리(公理)임

· 보통선거제를 실시하여 정권을 고르게 하고, 국유제를 채용하여 이권을 고르게 하고, 공비 교육으로 학권을 고르게 하며, 국내외에 대하여 민족자결의 권리를 보장하여 민족과 민족 및 국가와 국가의 불평등을 없앨 것이며, 이를 국내에 실현하면 특권 계급이 곧 소멸하고, 소수 민족이 침략당하는 일을 모면하고, 정치와 경제와 교육의 권리가 고르게 되어 높낮이가 없어지니, 동족과 이민족에 대하여 또한 이렇게 한다.

Theme 조소앙의 삼균주의에 기초한 대한민국 건국 강령

Keyword 분석
· 자료는 조소앙의 삼균주의를 기초로 한 대한민국 임시 정부의 대한민국 건국 강령
· 조소앙의 삼균주의
  - 정치, 경제, 교육 분야에서의 균등 주장
  - 토지 및 대기업의 국유화 주장
  - 식민 정책과 침략 전쟁 반대

Solution+ 조소앙(1887 ~ 1958)

1917년	대동단결 선언 발표
1919년	대한민국 임시 정부 국무원 비서장
1930년	한국 독립당 결성
1941년	임시 정부 건국 강령 발표
1944년	대한민국 임시 정부 외무부장
1948년	· 남북 협상 참가 · 제헌 국회 의원 선거(5·10 총선거) 불참
1950년	· 제2대 국회의원 당선(최다 득표 당선) · 6·25 전쟁 때 납북

[2019. 국가직 7급] 난이도 ★★★

민국 23년에 채택한 (㉠)에는 언론과 종교의 자유를 보장하며, 무상 교육을 시행하겠다는 내용이 담겨 있다. … (중략) … 현재 우리의 급무는 연합군과 같이 일본을 패배시키고 다른 추축국을 물리치는 데에 있다. 우리는 독립과 우리가 원하는 정부, 국가를 원한다. 이를 위해 (㉠)의 정신을 바탕으로 독립된 나라를 건설해 나가야 한다.
- 『신한민보』 -

Theme 대한민국 건국 강령(1941. 11.)

Keyword 분석
㉠에 해당하는 것은 대한민국 임시정부의 대한민국 건국강령이다. '민국 23년(1941년)' 채택되었다는 것과 무상 교육 실시 등의 내용이 담긴 것을 통해 알 수 있다.

[2021. 법원직 9급, 2020. 국가직 9급]

우리는 3천만 한국 인민과 정부를 대표하여 삼가 중·영·미·소·캐나다 기타 제국의 대일 선전이 일본을 격패케 하고 동아를 재건하는 가장 유효한 수단이 됨을 축하하여 이에 특히 다음과 같이 성명한다.
1. 한국 전 인민은 현재 이미 반침략 전선에 참가하였으니 한 개의 전투 단위로서 추축국에 선전한다.
2. 1910년의 합방 조약과 일체의 불평등 조약의 무효를 거듭 선포하며 아울러 반(反) 침략 국가인 한국에 있어서의 합리적 기득권익을 존중한다.
  … (중략) …
5. 루스벨트·처칠 선언의 각조를 견결히 주장하며 한국 독립을 실현키 위하여 이것을 적용하여 민주 진영의 최후 승리를 축원한다.

Theme 대한민국 임시 정부의 대일 선전 포고

Keyword 분석
- 자료는 1941년 12월 중국 충칭에서 대한민국 임시 정부가 발표한 대일 선전 포고
- 자료의 추축국은 제2차 세계대전 당시 연합국과 싸웠던 나라들이 형성한 국제 동맹(독일, 이탈리아, 일본 중심)

Solution+ 충칭 대한민국 임시 정부

1940년	5월	한국 독립당 결성
	9월	중국 국민당 정부를 따라 충칭 정착
	9월	한국 광복군 창설 (총사령관 지청천, 참모장 이범석)
	10월	4차 개헌 : 주석 중심제(주석 김구)
1941년	11월	대한민국 건국 강령 발표
	12월	태평양 전쟁 발발
	12월	대일 선전 포고
1942년		김원봉의 조선 민족 혁명당 통합 및 조선 의용대 일부 흡수
1943년		영국군과 연합 작전 (인도·미얀마 전선에 한국 광복군 공작대 파견)
1944년		5차 개헌 : 주석·부주석제 채택 (주석 김구, 부주석 김규식)
1945년		국내 진공 작전 계획 : 미국 전략 정보국(OSS)과 합작, 국내 정진군 편성 → 일본의 패망으로 계획 실현 무산

[2015. 법원직 9급]
- 주석 : 김구
- 부주석 : 김규식
- 국무위원 : 이시영, 조성환, 조소앙, … 김원봉, 김성숙

Theme 대한민국 임시 정부의 5차 개헌

Keyword 분석

대한민국 임시정부가 주석·부주석제를 둔 것은 1944년 5차 개헌 때이다.

Solution+ 대한민국 임시정부 개헌사
- 제헌(1919. 4.) : 국무총리 이승만, 의장 이동녕
- 1차 개헌(1919. 9.) : 대통령 중심제(대통령 이승만)
- 2차 개헌(1925. 4.) : 국무령 중심의 내각 책임제
- 3차 개헌(1927. 3.) : 국무 위원 중심의 집단 지도 체제
- 4차 개헌(1940. 10.) : 주석 중심제(주석 김구)
- 5차 개헌(1944. 4.) : 주석·부주석제(주석 김구, 부주석 김규식)

CHAPTER 03 무장 독립 전쟁의 전개

[2018. 지방직 9급]

1922년 3월, 중국 상하이에서 (㉠)이/가 일본 육군대장 타나카 기이치(田中義一)를 암살하고자 한 사건이 발생했다. 이때 체포된 독립운동가들은 일본 경찰에 인도되어 심문을 받게 되었는데, 그 심문 과정에서 (㉠)에 속한 김익상이 1921년 9월 조선총독부 건물에 폭탄을 던진 의거의 당사자라는 사실이 밝혀졌다.

Theme 의열단의 활동

Keyword 분석

· 자료의 ㉠은 의열단
· 자료는 1922년 의열단의 황포탄 의거(일본 육군대장 타나카 암살 시도)와 의열단원 김익상의 조선 총독부 폭탄 투척(1921) 의거

Solution+ 의열단원들의 의거

박재혁	부산 경찰서 투탄(1920. 9.)
최수봉	밀양 경찰서 투탄(1920. 12.)
김익상	조선 총독부 투탄(1921) → 상하이 황포탄 의거(1922)
김상옥	종로 경찰서 투탄(1923)
김지섭	도쿄 궁성 이중교(니주바시) 투탄(1924)
나석주	조선 식산 은행과 동양 척식 주식회사 투탄(1926)

[2023. 서울시 9급, 2022. 간호직, 2019. 지방직 9급]

민중은 우리 혁명의 대본영(大本營)이다. 폭력은 우리 혁명의 유일한 무기이다. 우리는 민중 속으로 가서 민중과 손을 맞잡아 끊임없는 폭력-암살, 파괴, 폭동-으로써 강도 일본의 통치를 타도하고 우리 생활에 불합리한 일체의 제도를 개조하여 인류로써 인류를 압박하지 못하며, 사회로써 사회를 박탈하지 못하는 이상적 조선을 건설할지니라.

Theme 조선 혁명 선언(1923)

Keyword 분석

· 자료는 신채호의 조선 혁명 선언(김원봉의 요청으로 신채호가 작성)
· 폭력 투쟁을 통해 민중이 직접 혁명에 나서야 한다고 강조
· 의열단은 조선 혁명 선언을 활동 지침으로 삼아 일제 요인 처단과 식민 통치 기관 파괴 등에 주력

[2017. 경찰 2차]

1. 천하의 정의의 사(事)를 맹렬(猛烈)히 실행하기로 함.
2. 조선의 독립과 세계의 평등을 위하여 신명(身命)을 희생하기로 함.
3. 충의의 기백과 희생의 정신이 확고한 자라야 단원이 된다.
9. 일(一)이 구(九)를 위하여 구가 일을 위하여 헌신함.
10. 단의를 배반한 자는 척살한다.

Theme 의열단의 '공약 10조'

Keyword 분석

공약 10조는 눈에 익혀 두어야 하는 사료이기 때문에 1조와 9조와 10조의 내용을 암기해 두자.

[2022. 지방직 9급]

우리는 '외교', '준비' 등의 미련한 꿈을 버리고 민중 직접 혁명의 수단을 취함을 선언하노라. 조선 민족의 생존을 유지하자면 강도 일본을 쫓아내야 하고, 강도 일본을 쫓아내려면 오직 혁명으로써만 가능하니, 혁명이 아니고는 강도 일본을 쫓아낼 방법이 없는 바이다.

Theme 신채호의 조선 혁명 선언

Keyword 분석

· 준비론, 자치론, 외교론, 문화운동론 등의 한계를 비판하고 독립을 위한 민중의 직접 혁명 주장

[2017. 사회복지직 9급] 난이도 ★★☆

이제 폭력의 목적물을 대략 열거하건대, 조선 총독 및 각 관공리, 일본 천황 및 각 관공리, 정탐노 . 매국적, 적의 일체 시설물, 이 밖에 각 지방의 신사나 부호가 비록 현저히 혁명 운동을 방해한 죄가 없을지라도 언어 혹 행동으로 우리의 운동을 완화하고 중상하는 자는 폭력으로써 대응할지니라.

Theme 신채호의 조선 혁명 선언

Keyword 분석
- 의열단의 행동 목표(5파괴 7가살)
  - 5파괴 : 조선 총독부, 동양 척식 주식회사, 매일신보사, 각 경찰서, 왜적 중요 기관
  - 7가살 : 조선 총독 이하 고관, 군부 수뇌, 대만 총독, 매국노, 친일파 거두, 적의 밀정, 반민족적 토호

[2012. 법원직 9급] 난이도 ★★☆

아침 일찍 프랑스 공무국에서 비밀리에 통지가 왔다. 과거 10년간 프랑스 관헌이 나를 보호하였으나, 이번에 나의 부하가 일왕에게 폭탄을 던진 것에 대해서는 일본의 체포 및 인도 요구를 거절할 수 없다는 것이다. 중국 국민당 기관지『국민일보』는 "한국인이 일왕을 저격했으나 불행히도 맞지 않았다."고 썼다.

Theme 김구와 이봉창 의거

Keyword 분석
- 밑줄 친 '나'는 김구, 자료는 이봉창 의거 관련 내용
- 이봉창 의거(1932. 1.) : 일본 국왕(히로히토) 폭살 시도(실패) → 중국 신문들이 의거 실패에 대한 아쉬움 표현 → 상하이 사변(1932. 1.)

[2014. 경찰간부후보] 난이도 ★★★

당시 정세로 말하자면, 우리 민족의 독립사상을 떨치기로 보나, 만보산 사건, 만주 사변 같은 것으로 우리 한인에 대해 심히 악화된 중국인의 악감정을 풀기로 보나, 무슨 새로운 국면을 타개할 필요가 있었다. 그래서 우리 임시 정부에서 회의한 결과 (가) 을(를) 조직하여 암살과 파괴 공작을 하되, 돈이나 사람이나 내가 전담하고, 다만 그 결과를 정부에 보고하도록 위임을 받았다.
- 『백범일지』 -

Theme 한인 애국단(1931) 결성의 배경

Keyword 분석
- 밑줄 친 '(가)'는 한인 애국단(1931)
- 국민 대표 회의(1923)가 결렬된 뒤 대한민국 임시 정부는 활동이 크게 위축되었다. 더욱이 만보산 사건(1931. 7.)으로 한국인에 대한 중국인들의 감정이 나빠지면서 중국 내에서의 독립운동이 어려워졌으며, 일본군의 만주 침략(만주 사변, 1931. 9.)은 독립군에게도 큰 위협이 되었다. 이런 상황에서 김구는 1931년 10월 한인 애국단을 조직하여 침체된 임시 정부에 활기를 불어넣고자 하였다.

[2013. 국가직 9급, 2020. 국가직 7급] 난이도 ★★☆

- 상해의 한국 독립투사 조직에 속해 있는 한국의 한 젊은이는 비밀리에 도쿄로 건너갔다. 그는 마침 군대를 사열하기 위해 마차에 타고 있던 일본 천황에게 수류탄을 던졌다.
- 그 길로 함께 안공근의 집에 가서 선서식을 하고 폭탄 두 개와 300원을 주면서 "선생은 마지막 가시는 길이니 이 돈을 아끼지 말고 동경(東京) 가시기까지 다 쓰시오. 동경에 도착하여 전보를 치면 다시 돈을 보내드리리다."라고 말했다. 그리고 기념사진을 찍기 위해 사진관으로 갔는데, 사진을 찍을 때 내 얼굴에 자연 슬픈 기색이 있었던지 그가 나를 위로하면서 "저는 영원한 쾌락을 누리고자 이 길을 떠나는 것이니 서로 기쁜 얼굴로 사진을 찍으십시다."라고 하였다.

Theme 이봉창의 일본 국왕 폭살 시도(1932. 1.)

Keyword 분석
- 밑줄 친 '선생'은 한인 애국단의 이봉창
- 1932년 1월 김구의 지령을 받은 이봉창은 일본 동경(도쿄)에 가서 일본 국왕이 탄 마차를 향해 폭탄을 던졌으나, 국왕 폭살은 실패하였다.

[2021. 경찰 2차]

본단(本團)은 일찍부터 실행을 중하게 여기고 발언을 피하여 왔다. 그런 까닭으로 이번 최흥식, 유상근 두 의사의 다롄[大連] 사건에 대해서도 일체 침묵을 지켰으나, 놈들 간악한 적은 여러 가지로 요언(謠言)을 만들어내고, 또 다롄 폭탄 사건은 국제 연맹 조사 단원을 암살하려는 음모라고 선전하고 있으나 이는 우리가 승인할 수 없는 바이다. …… 본단은 왜적 이외에는 어느 나라 사람이나 다 같이 친우로 대하려 하며 절대로 해치지 않으니, 이것은 훙커우 공원 사건이 증명하고 있는 바이다.

Theme 한인 애국단의 활동

Keyword 분석
- 밑줄 친 '본단'은 한인 애국단
- 한인 애국단의 최흥식, 유상근은 1932년 5월 중국 다롄에서 국제 연맹 조사단원을 마중 나온 일본 고관을 암살하려다 미수에 그침.

Solution+ 한인 애국단(1931)

배경	만보산 사건(1931. 7, 만주) → 만주사변(1931. 9.)
결성	1931년 상하이에서 김구가 조직
목적	침체에 빠진 임정에 활기를 불어넣기 위해
활동	· 이봉창 의거(1932. 1.) : 일본 국왕(히로히토) 폭살 시도 (실패) · 윤봉길 의거(1932. 4.) : 상하이 훙커우 공원 축하식에 투탄 · 이덕주·유진만(1932. 4.) : 총독 암살 시도 · 최흥식·유상근(1932. 5.) : 일본 고관 암살 시도
영향	· 중국 국민당 정부의 대한민국 임시 정부 지원 강화[중국 내 우리 민족의 무장 독립 활동 허용 → 한국 광복군 창설(1940, 충칭)의 바탕이 됨] · 일제의 탄압 강화로 임시 정부가 상하이를 떠나 이동

[2019. 경찰 2차]

6월 7일 상오 7시 북간도에 주둔한 아군 7백 명은 북로 사령부 소재지인 왕청현 봉오동을 향하여 행군하다가 일본군 3백 명을 발견하였다. 아군을 지휘하던 홍범도, 최진동 두 장군은 즉시 공격을 개시하여, 일본군 1백 20여 명의 사상자를 내는 큰 승리를 거두었다.

Theme 봉오동 전투(1920. 6.)

Keyword 분석
- 1920년 6월 홍범도의 대한 독립군은 안무의 국민회군, 최진동의 군무 도독부군과 연합하여 일본군을 봉오동에서 대파함.

[한국사능력검정시험 고급 27회]

완루구에서 홍범도 장군은 일본군의 포위 작전을 미리 알아채고 치고 빠지는 전술로 적들을 교란하였다. 마주 오던 일본군은 우리 부대가 이미 진지를 빠져 나간 줄도 모르고 자기편끼리 사격을 퍼부었다. 이 틈에 우리는 적의 후미를 공격해 대승을 거두었다. …… 어랑촌에서 적은 병력으로도 적의 총공세에 맞서 싸우던 김좌진 부대는 뒤이어 당도한 우리 부대의 지원 사격에 힘입어 승리를 이끌었다.

Theme 청산리 전투(1920. 10.) – 독립 전쟁 사상 최대 규모 승리

Keyword 분석
- 김좌진의 북로군정서군, 홍범도의 대한 독립군을 비롯한 독립군 연합 부대가 청산리 일대의 삼림 지대에서 약 6일 동안 10여 차례의 전투 끝에 일본군을 대파함.

Solution+ 청산리 전투 일지

10월 21일	백운평 전투, 완루구 전투
10월 22일	천수평 전투, 어랑촌 전투
10월 23일	맹개골 전투, 만기구 전투
10월 24~25일	천보산 전투
10월 26일	고동하 전투

[2013. 국가직 9급]
경신년에 왜군이 내습하여 31명이 살고 있는 촌락을 방화하고 총격을 가하였다. 나도 가옥 9칸과 교회당, 학교가 잿더미로 변한 것을 보고 그것이 사실임을 알았다. 11월 1일에는 왜군 17명, 왜경 2명, 한인 경찰 1명이 와서 남자들을 모조리 끌어내어 죽인 뒤 … (중략) … 남은 주민들을 모아 일장 연설을 하였다.

Theme 간도참변(경신참변, 1920. 10.)

Keyword 분석
봉오동 전투와 청산리 대첩에서 독립군에 대패한 일본군은 독립군의 지지 기반을 무너뜨리려는 목적으로 간도 지역의 한인 마을을 습격하여 가옥, 학교 등을 불태우고 우리 동포를 무차별 학살하는 만행을 저질렀다(간도 참변).

[2019. 국가직 9급]
아군은 사도하자에 주둔 병력을 증강시키면서 훈련에 여념이 없었다. 새벽에 적군은 황가둔에서 이도하 방면을 거쳐 사도하로 진격하여 왔다. 그런데 적군은 아군이 세운 작전대로 함정에 들어왔고, 이에 일제히 포문을 열어 급습함으로써 적군은 응전할 사이도 없이 격파되었다.

Theme 한국 독립군의 사도하자 전투(1933)

Keyword 분석
- 1930년대 북만주 지역의 한중 연합 적전
- 한국 독립군(지청천) + 중국 호로군 → 쌍성보(1932), 경박호(1933), 사도하자(1933), 동경성(1933), 대전자령(1933) 전투 승리

[2021. 경찰간부후보]
한국인이 무기를 가지고 다니거나 한국으로 침입하는 것을 엄금하며, 위반자는 검거하여 일본 경찰에 인도한다. 일본이 지명하는 독립운동가를 체포하여 일본 경찰에 인도한다.

Theme 미쓰야 협정(1925)

Keyword 분석
일제는 만주 지역에서 활동하는 독립군을 색출하기 위해 만주 군벌과 「미쓰야 협정」을 맺었다. → 만주 지역 독립군 활동 위축

Solution+ 1920년대 이후 무장 독립 전쟁 순서
봉오동 전투(1920. 6.) ⇨ 훈춘 사건(1920. 10.) ⇨ 청산리 전투(1920. 10.) ⇨ 간도 참변(1920. 10.) ⇨ 대한 독립 군단 조직(1920. 12.) ⇨ 자유시 참변(1921. 7.) ⇨ 3부 성립[참(1923)·정(1924)·신(1925)] ⇨ 미쓰야 협정(1925) ⇨ 3부 통합 운동[혁신의회(1928, 북만주), 국민부(1929, 남만주)]

[2018. 서울시 9급]
"대전자령의 공격은 이천만 대한인민을 위하여 원수를 갚는 것이다. 총알 한 개 한 개가 우리 조상 수천 수만의 영혼이 보우하여 주는 피의 사자이니 제군은 단군의 아들로 굳세게 용감히 모든 것을 희생하고 만대 자손을 위하여 최후까지 싸우라."

Theme 한국 독립군의 대전자령 전투(1933)

Keyword 분석
- 자료는 한국 독립군을 이끈 지청천의 어록

Solution+ 백산 지청천(이청천, 1888~1957)

1913년	일본 육군 사관학교 졸업
1919년	신흥 무관 학교 교성대장
1920년	서로군정서 간부, 대한 독립군단 참여
1921년	자유시 참변을 겪음
1924년	정의부 조직
1928년	혁신 의회 조직
1930년대	한국 독립군의 한중 연합 작전 지휘
1940년	한국 광복군 총사령관
1948년	제헌 국회의원
1950년	제2대 국회의원

[2018. 기상직 9급]
1. 한·중 양군은 최악의 상황이 오는 경우에도 장기간 항전할 것을 맹세한다.
2. 중동 철도를 경계선으로 서부 전선은 중국이 맡고, 동부 전선은 한국이 맡는다.
3. 전시의 후방 전투 훈련은 한국 장교가 맡고, 한국군에 필요한 군수품은 중국군이 공급한다.

Theme 한국 독립군과 중국 호로군의 합의 내용

Keyword 분석
사료의 키워드는 중동 철도이다. 중동 철도는 중국 둥베이 지방에 있는 철도로 북만주 지방에 위치해 있다. 1930년대 초 만주에서의 무장 독립 전쟁이 북만주 지역에서는 한국 독립군이, 남만주 지역에서는 조선 혁명군이 중심이 되어 추진되었다는 사실을 알면 사료가 어렵지 않게 해석된다.

[2024. 서울시 9급]
본 당은 혁명적 수단으로써 원수이며 적인 일본의 침탈 세력을 박멸하여 5천년 독립 자주해 온 국토와 주권을 회복하고 정치, 경제, 교육의 평등에 기초를 둔 진정한 민주 공화국을 건설하여 국민 전체의 생활 평등을 확보하고 나아가 세계 인류의 평등과 행복을 촉진한다.

Theme 민족 혁명당(1935) 강령

Keyword 분석
- 혁명적 수단으로 일본 제국주의를 물리치고 정치·경제·교육의 평등에 기초를 둔 민주공화국을 건설한다는 목표 제시
- 더 나아가 세계 인류의 평등과 행복을 촉진한다는 점에 주목할 필요가 있음. 여기서 말하는 민주공화국은 노동자, 농민, 소생산자의 연합 국가를 의미함.

Solution+ 민족 혁명당
- 중국 관내 최대 규모의 통일 전선 정당
- 의열단(김원봉, 좌익) + 한국 독립당(조소앙, 우익) + 조선 혁명당(지청천, 우익) 포함 5개 단체 통합

[2012. 법원직 9급]
중국 한커우[漢口]에서 이 부대가 조직되었다. 부대는 1개 총대, 3개 분대로 편성되었는데 100여 명의 대원은 대부분 조선 민족혁명당원이다. 총대장은 황포군관학교 제4기 출신인 진국빈이며, 부대는 대일 선전 공작과 대일 유격전을 수행함을 목적으로 하였다.

Theme 조선 의용대(1938)

Keyword 분석
- 밑줄 친 '이 부대'는 조선 의용대(1938)
- 조선 의용대는 1938년 우한 한커우에서 창설됨
- 자료의 진국빈은 김원봉의 가명

Solution+ 약산 김원봉(1898 ~ 1958)

1919년	의열단 조직(만주 지린)
1926년	황푸 군관학교 졸업
1932년	조선 혁명 간부학교 설립(난징)
1935년	민족 혁명당 결성(난징)
1938년	조선 의용대 창설(우한 한커우)
1942년	임시 정부에 합류(한국 광복군 부사령관 겸 제1지대장)

[2018. 법원직 9급]
중국(의용군)과 한국 양국의 군민은 한마음 한뜻으로 일제에 대항하여 싸우고, 인력과 물자는 서로 나누어 쓰며, 합작의 원칙하에 국적에 관계없이 그 능력에 따라 항일 공작을 나누어 맡는다.

Theme 조선 혁명군과 중국 의용군의 합의 내용

Keyword 분석
- 1930년대 남만주 지역의 한중 연합 작전
- 조선 혁명군(양세봉) + 중국 의용군 → 영릉가(1932), 흥경성 전투(1933) 승리

[2020. 소방간부후보] 난이도 ★★★

우리 조선 혁명자들은 이 정의로운 전쟁에 직접 참가하기 위해, 나아가 중국 항전을 조국 독립 쟁취의 기회로 삼기 위해 '조선 민족 전선 연맹'의 기치 아래 일치단결하였다. … (중략) … (가) 의 임무는 매우 중대하다 할 수 있다. 우리는 식민지 노예가 되기를 원하지 않는 천백만 조선 동포의 민족적 각성을 일깨우고 이들을 (가) 의 깃발 아래 결집시키기 위해 노력할 것이다.

Theme 조선 의용대(1938)

Keyword 분석
- 자료의 (가)는 조선 의용대
- '조선 민족 전선 연맹'의 기치 아래 일치단결 → 조선 의용대는 조선 민족 전선 연맹 산하의 군사 조직

Solution+ 조선 의용대

결성	김원봉이 중국 우한 한커우에서 조직(1938)
특징	· 중국 관내에서 결성된 최초의 한인 무장 부대 · 조선 민족 전선 연맹 산하의 군사 조직
조선 의용대의 분열	
주력 부대	화북 지방으로 이동 → 조선 의용대 화북 지대 결성 → 호가장 전투(1941), 반소탕전(1942) → 1942년 조선 의용군으로 편성
김원봉과 잔류 부대	충칭으로 이동 → 한국 광복군에 합류(1942)

[2015. 기상직 9급] 난이도 ★★★

1. 본 동맹은 조선에 대한 일본 제국주의의 지배를 전복하고 독립 자유의 조선민주주의 공화국을 수립할 목적으로 다음 임무를 실현하기 위해 싸운다.
(1) 전 국민의 보통 선거에 의한 민주 정권의 수립
(6) 조선에 있는 일본 제국주의자의 일체 자산 및 토지를 몰수하고, 일본 제국주의와 밀접한 관계에 있는 대기업을 국영으로 귀속하며, 토지 분배를 실행한다.
(9) 국민 의무 교육 제도를 실시하고, 이에 필요한 경비는 국가가 부담한다.

Theme 조선 독립 동맹(1942)의 강령

Keyword 분석

조선 독립 동맹의 강령은 대한민국 임시 정부의 대한민국 건국 강령과 매우 유사하다. 조선 독립 동맹 강령에서는 조선 민주주의 공화국(조선 민주 공화국) 수립을 목적으로 한다고 되어 있다. 대한민국 건국 강령에도 보통 선거를 통한 민주 공화국 수립이 규정되어 있으나 '조선' 민주 공화국이라는 표현이 아닌 대한민국이라는 표현을 쓰고 있다. 또한 대한민국 건국 강령에는 삼균 제도라는 표현이 많이 등장하지만 조선 독립 동맹 강령에는 삼균 제도라는 표현이 직접적으로 언급되지 않는다. 또한 '본 동맹'이라는 표현을 통해서도 임시 정부의 대한민국 건국 강령과 구분할 수 있다.

CHAPTER 04 사회·경제적 민족 운동

[2023. 국회직 9급, 2013. 서울시 7급]

공평은 사회의 근본이고 사랑은 인간의 본성이다. 고로 우리는 계급을 타파하고 모욕적인 칭호를 폐지하여 교육을 장려하고 우리도 참다운 인간으로 되고자 함이 본 사(本社)의 주지이다. 지금까지 우리는 어떠한 지위와 압박을 받아왔던가? 과거를 회상하면 종일 통곡하고도 피눈물을 금할 수 없다.

Theme 조선 형평사 설립 취지문(1923)

Keyword 분석
- 형평 운동: 백정의 사회적 차별 철폐 추구

Solution+ 형평 운동

배경	갑오개혁 때 신분 제도 폐지 but 일제 강점기에도 여전히 백정(도한) 출신에 대한 사회적 차별
전개	조선 형평사 창립(1923, 경남 진주, 이학찬) → 전국적 조직 확대
변질	1920년대 말 내부적 이념 갈등 및 일제의 탄압 강화 → 1930년대 중반 이후 순수한 경제적 이익 향상 운동으로 변질

[2019. 소방간부, 2018. 교행 9급]

우리는 이와 같은 견지에서 우리 조선 사람의 물산을 장려하기 위하여, 첫째 조선 사람은 조선 사람이 지은 것을 사 쓰고, 둘째 조선 사람은 단결하여 그 쓰는 물건을 스스로 제작하여 공급하기를 목적하노라.
— 『산업계』 —

Theme 물산 장려 운동

Keyword 분석
- 자료는 조선 물산 장려회 취지서(1923)

Solution+ 물산 장려 운동의 전개

배경	· 회사령 철폐(1920) · 일본의 관세 철폐 움직임(1923년 관세 철폐)
시작	평양에서 시작 → 전국 확산
단체	· 조선 물산 장려회(1920, 평양, 조만식) · 자작회(1922), 토산 애용 부인회(1923) 등
전개	· 국산품 애용 강조, 근검저축 · 생활 개선, 금주·단연 등
구호	· '내 살림 내 것으로', '조선 사람 조선 것으로' · '우리는 우리 것으로 살자'
한계	· 일제의 감시 및 탄압으로 큰 성과× · 민족주의 계열 주도 · 사회주의 계열은 비판 : 부르주아(자본가)를 위한 운동 · 일부 상인과 자본가들에 의해 토산물 가격 상승

[2018. 지방직 9급]

조선 사람은 조선 사람이 만든 물건만 쓰고 살자고 하는 운동이 일어나고 있다. 그렇게 하면 조선인 자본가의 공업이 일어난다고 한다. … (중략) … 이 운동이 잘 되면 조선인 공업이 발전해야 하지만 아직 그렇지 않다. … (중략) …… 이 운동을 위해 곧 발행된다는 잡지에 회사를 만들라고 호소하지만 말고 기업을 하는 방법 같은 것을 소개해야 한다.
— 『개벽』 —

Theme 물산 장려 운동

Keyword 분석
- 밑줄 친 '운동'은 물산 장려 운동
- 민족 산업을 보호·육성하여 민족 경제의 자립을 이루자는 운동

[2013. 법원직 9급]

이 운동의 사상적 도화수가 된 것은 누구인가? 저들의 사회적 지위로 보나 계급적 의식으로 보나 결국 중산 계급임을 벗어나지 못하였으며, 적어도 중산 계급의 이익에 충실한 대변인인 지식 계급 아닌가. …… 실상을 말하면 노동자에게는 …… 말할 필요가 없는 것이다. …… 그네는 자본가 중산 계급이 양복이나 비단 옷을 입는 대신 무명과 베옷을 입었고, 저들 자본가가 위스키나 브랜디나 정종을 마시는 대신 소주나 막걸리를 먹지 않았는가? …… 이리하여 저들은 민족적, 애국하는 감상적 미사(美辭)로써 눈물을 흘리면서 저들과 이해가 전연 상반한 노동 계급의 후원을 갈구하는 것이다.

— 이성태, 『동아일보』 —

Theme 사회주의자의 물산 장려 운동 비판

Keyword 분석
- 밑줄 친 '이 운동'은 물산 장려 운동
- 자료는 사회주의자이자 언론인이었던 이성태가 동아일보에 기고한 글로, 물산 장려 운동을 중산 계급의 이기적인 운동이라고 비판하고 있다. 이처럼 사회주의자들은 물산 장려 운동의 실상은 중산 계급의 이익을 위해 애국심에 기대어 노동자들의 희생을 요구한 계급적 착취로 보았다.

[2022. 소방직, 2014. 법원직 9급, 2013. 지방직 9급]

- 민중의 보편적 지식은 보통 교육으로 능히 수여할 수 있으나 심원한 지식과 심오한 학리는 고등 교육에 기대하지 아니하면 불가할 것은 설명할 필요도 없거니와 사회 최고의 비판을 구하며 유능한 인물을 양성하려면 최고 학부의 존재가 가장 필요하도다.
- 유감스러운 것은 우리에게 아직도 대학이 없는 일이라. 물론 관립대학도 조만간 개교될 터지만 … (중략) …우리 학문의 장래는 결코 일개 대학으로 만족할 수 없다. 그처럼 중대한 사업을 우리 민중이 직접 영위하는 것은 오히려 우리의 의무이다.

Theme 민립 대학 설립 운동

Keyword 분석

주도	조선 교육회(이상재), 조선 민립 대학 기성회(1923)
구호	'한민족 1천만이 한 사람이 1원씩'
전개	· 1,000만 원 모금 운동 전개(전국적) · 만주·미국·하와이 등 해외에서도 모금 운동 전개
결과	· 일제의 방해 → 경성제국대학(1924) 설립(한국인의 불만 무마 목적) · 1924~1925년 가뭄·수해로 인해 모금 운동이 어렵게 됨 → 결국 실패

[2020. 지방직 7급]

(가) 황제가 영원히 가시던 길에 엎드려 크게 통곡하던 우리는 … (중략) … 우리 민족의 새로운 기백과 책동이 발발하기를 간절히 기대하는 바이다.

— 『동아일보』 1926년 6월 12일 —

Theme 순종 황제의 승하(1926)

Keyword 분석
- (가)에 해당하는 황제는 대한 제국의 순종
- 1926년 순종 승하 → 순종의 인산일을 기해 6·10 만세 운동이 일어남

[2023. 계리직, 2017. 경찰간부후보] 난이도 ★★★

- 조선 민중아! 우리의 철천지 원수는 자본·제국주의 일본이다. 이천만 동포야! 죽음을 각오하고 싸우자! 만세 만세 조선 독립 만세.
- 조선은 조선인의 조선이다! 학교의 용어는 조선어로! 학교장은 조선 사람이어야 한다! 동양척식주식회사를 철폐하라! 일본인 물품을 배척하자!
- 8시간 노동제를 실시하라! 동일노동 동일임금! 소작제를 4·6제로 하고 공과금은 지주가 납부한다! 소작권을 이동하지 못한다! 일본인 지주의 소작료는 주지 말자!

Theme 6·10 만세 운동 격문

Keyword 분석
자료는 1926년에 일어난 6·10 만세 운동 격문이다. 자료에서의 포인트는 '조선 민중아! 우리의 철천지 원수는 자본·제국주의 일본이다.'라는 표현이다.

Solution+ 6·10 만세 운동 격문(요약)
- 조선은 조선인의 조선이다!
- 학교의 용어는 조선어로!
- 동양 척식 주식회사를 철폐하라!
- 소작권을 이동하지 못한다!
- 일본인 지주에게 소작료를 바치지 말자!
- 8시간 노동제를 실시하라!

[2016. 교육행정직 9급] 난이도 ★★☆

시간대별 상황
오전 8시 30분 : 종로 3가 단성사 앞에서 국장 행렬이 통과한 뒤 중앙고보생 30~40명이 만세를 부르며 격문 약 1,000여 장과 태극기 30여 장을 살포함.
오전 9시 30분 : 만세 시위를 주도하던 조선 학생 과학 연구회 간부 박두종이 현장에서 일경에 체포됨.
오후 1시 00분 : 훈련원 서쪽 일대에서 천세봉의 선창으로 만세 시위가 일어남.

Theme 6·10 만세 운동(1926)의 전개 상황

Keyword 분석
- 순종의 장례일에 장례 행렬이 지나는 곳곳에서 만세 시위 전개
- 조선 학생 과학 연구회가 주도적 역할

Solution+ 6·10 만세 운동(1926)

배경	· 순종 서거, 일제의 수탈 · 식민지 교육에 대한 불만
준비	· 조선 공산당(사회주의계) + 천도교계(민족주의계) → 일제에 의해 사전 발각 · 조선 학생 과학 연구회(1925, 서울) → 예정대로 시위 운동 계획 추진
전개	순종의 인산일(6월 10일)에 만세 시위 전개 → 일제가 치안 유지법을 적용하여 탄압
의의	민족주의 계열과 사회주의 계열 함께 추진 → 연대 계기 마련(민족 유일당 운동의 계기가 됨, 1927년 신간회 결성에 영향)

[2021. 법원직 9급, 2017. 법원직 9급]

학생, 대중이여 궐기하라! 우리의 슬로건 아래로!
- 검거된 학생들을 즉시 우리 손으로 탈환하자.
- 경찰의 교내 진입을 절대 반대한다.
- 언론·출판·집회·결사·시위의 자유를 획득하자.
- 식민지적 노예 교육 제도를 철폐하라.
- 전국 학생 대표자 회의를 개최하라.

– 학생 투쟁 지도 본부 격문 –

Theme 광주 학생 항일 운동(1929) 격문

Keyword 분석

자료는 1929년에 일어난 광주 학생 항일 운동 당시의 격문이다. '검거된 학생들을 즉시 우리 손으로 탈환하자.', '경찰의 교내 진입을 절대 반대한다.', '전국 학생 대표자 회의를 개최하라.'라는 내용 등을 통해 이를 알 수 있다. 광주 학생 항일 운동은 주로 학생들이 주도하였기 때문에 경찰의 교내 진입 반대와 노예 교육 철폐와 같은 교육 문제, 학교 문제의 구호들이 많이 보인다.

Solution+ 광주 학생 항일 운동(1929)

배경	• 6·10 만세 운동 이후 식민지 차별 교육과 억압에 저항하는 학생들의 동맹 휴학 확산 • 전국 각지 학교에 비밀 결사 조직 • 신간회의 활동으로 국민들의 자각↑
발단	광주~나주 간 열차에서 일본인 학생이 우리나라 여학생(박기옥) 희롱 → 한(박준채)·일(후쿠다) 학생들 간에 충돌 → 일본의 편파적 사건 처리
전개	광주 학생 총궐기(11월 3일) → 각지의 학생들이 동맹 휴학과 시위로 동조, 민중 가세 → 전국 규모 항일 투쟁으로 확대(독서회·신간회 등의 노력)
의의	3·1 운동 이후 최대의 민족 운동으로 발전

[2018. 법원직 9급, 2012. 국가직 9급]

지금의 조선 민족에게는 왜 정치적 생활이 없는가? …… 일본이 조선을 병합한 이래로 조선인에게는 모든 정치 활동을 금지한 것이 첫째 원인이다. …… 지금까지 해 온 정치적 운동은 모두 일본을 적대시하는 운동뿐이었다. 이런 종류의 정치 운동은 해외에서나 할 수 있는 일이고, 조선 내에서는 허용되는 범위 내에서 일대 정치적 결사를 조직해야 한다는 것이 우리의 주장이다.

– 이광수, 동아일보 –

Theme 이광수의 민족적 경륜(1924)

Keyword 분석

자료는 이광수가 1924년 동아일보에 기고한 『민족적 경륜』의 일부이다. '조선 내에서는 허용되는 범위 내에서 일대 정치적 결사를 조직해야 한다는 것이 우리의 주장이다.'라는 자치 운동 내용을 통해 이를 알 수 있다. 자치운동이란 절대 독립이나 독립 전쟁 대신 일제의 지배를 인정하는 범위 내에서 자치권을 획득하자는 운동이다.

[2018. 기상직 9급, 2017. 국가직 9급 추가채용]

민족주의적 세력에 대하여는 그 부르주아 민주주의적 성질을 분명히 인식함과 동시에 과정상의 동맹자적 성질도 충분히 승인하여, 그것이 타락하지 않는 한 적극적으로 제휴하여 대중의 이익을 위해서도 종래의 소극적인 태도를 버리고 싸워야 할 것이다.

Theme 정우회 선언(1926)

Keyword 분석
- 사회주의 세력의 정우회 선언 발표(비타협적 민족주의 세력과의 협동 강조) → 신간회 창립에 영향

[2023. 지방직 9급, 2017. 지방직 9급 추가채용]

1. 우리는 정치·경제적 각성을 촉구한다.
1. 우리는 단결을 공고히 한다.
1. 우리는 기회주의를 일체 부인한다.

Theme 신간회(1927) 강령

Keyword 분석
· 정치·경제적 각성 촉구, 민족 단결, 기회주의 배격

[2017. 교행 9급]

11월 3일 광주에서 일어난 고등보통학교 학생과 일본인 학생의 충돌 사건에 대하여, (가) 본부는 중앙 상무 집행위원회를 열고 광주 지회에 긴급 조사를 실시하라고 지시하였다. 또 중요 간부들이 긴급 상의하여 사건 내용을 철저히 조사하는 동시에 구금된 학생들의 석방도 교섭하기로 하고, 중앙 집행위원장 허헌, 서기장 황상규, 회계 김병로를 광주에 급파하기로 하였다.

Theme 광주 학생 항일 운동과 신간회

Keyword 분석
· 자료의 (가)는 신간회
· 신간회의 광주 학생 항일 운동 지원[진상 조사단 파견, 민중 대회 계획(개최×)]

Solution+ 신간회의 활동(1927~1931)
· 한국인 본위의 교육 실시
· 착취 기관 철폐(동양 척식 주식회사 폐지) 주장
· 일본인의 조선 이민 반대
· 농민 운동 지원, 노동 운동 지원(원산 노동자 총파업 지원)
· 청년·여성·형평 운동 등과도 연계하여 활동
· 광주 학생 항일 운동 지원[진상 조사단 파견, 민중 대회 계획(개최×)]
· 갑산 화전민 학살 사건(1929)에 대한 진상 규명 운동

[2016. 법원직 9급]

창립 당시는 소위 민족적 단일한 정치 투쟁 단체로 이 회가 필요했지만 그 후 본회의 통일적 운동의 발자취를 돌아보면 너무나 막연하여 종잡을 수 없음을 통감하지 않을 수 없다. 따라서 최근 본회의 근본 정신인 비타협주의를 무시하고 합법 운동으로 방향을 전환하려는 민족적 개량주의자가 발호해 온 것이 심히 유감된 일이며, 이는 본회의 근본적 모순으로부터 온 당연한 귀결이라고 할 수 있지 않겠는가. 그렇다면 우리들은 이 같은 불순한 도정을 따라온 회의 존립을 그대로 용인할 수 없으므로 첨예한 계급 단체를 조직하고 본회를 해소하는 것은 당연하다고 생각한다.

Theme 신간회 해소(1931)

Keyword 분석
· 사회주의 계열이 민족주의자와의 협동 전선 포기(민족주의자들은 반대)

Solution+ 신간회 해소 배경
· 중국의 1차 국공합작 결렬(1927)
· 코민테른(국제 공산당 조직)의 노선 변화 : 12월 테제(1928. 12.)
· 광주 학생 항일 운동 진상 보고를 위한 민중 대회 개최 계획 발각 이후 집행부의 우경화 → 각 지회의 반발

[2024. 지방직 9급, 2020. 지방직 9급]

(가) 발기취지(發起趣旨)

인간 사회는 많은 불합리를 산출한 동시에 그 해결을 우리에게 요구하고 있다. 여성 문제는 그중의 하나이다. …… 과거의 조선 여성운동은 분산되어 있었다. 그것에는 통일된 조직이 없었고 통일된 지도 정신도 없었고 통일된 항쟁이 없었다. …… 우리는 우선 조선 자매 전체의 역량을 공고히 단결하여 운동을 전반적으로 전개하지 아니하면 아니 된다.

- 『동아일보』, 1927. 5. 11. -

Theme 근우회(1927~1931)

Keyword 분석
· (가)는 '조선 여자의 공고한 단결과 지위 향상'을 목적으로 하는 민족 협동 단체인 근우회(1927)
· 좌우 합작, 신간회 자매단체, 기관지 『근우』 발간

CHAPTER 05 민족 문화 수호 운동

[2021. 경찰 1차, 2012. 법원직 9급] 난이도 ★★★

제2조 국어를 상용하는 자의 보통 교육은 소학교령, 중학교령 및 고등여학교령에 의함.
제3조 국어를 상용치 아니하는 자에 보통 교육을 하는 학교는 보통학교, 고등보통학교 및 여자고등보통학교로 함.
제5조 보통학교의 수업 연한은 6년으로 함. 보통학교에 입학하는 자는 연령 6년 이상의 자로 함.
제7조 고등보통학교의 수업연한은 5년으로 함. ……

Theme 제2차 조선 교육령(1922)
Keyword 분석
· 보통학교 수업 연한 6년, 조선어 필수 과목 지정
· 사범학교 설립 및 대학에 관한 규정 마련(결과 : 경성 제국 대학 설립)

[2020. 소방직, 2019. 기상직 9급] 난이도 ★★☆

대개 국교(國敎)·국학·국어·국문·국사는 혼(魂)에 속하는 것이요, 전곡·군대·성지(城地)·함선·기계 등은 백에 속하는 것으로 혼의 됨됨은 백(魄)에 따라 죽고 사는 것이 아니다. 그러므로 국교와 국사가 망하지 않으면 그 나라도 망하지 않는 것이다. 오호라 한국의 백은 이미 죽었으나, 이른바 혼은 살아있는가, 없는가.

Theme 박은식의 『한국통사』
Keyword 분석
· '국혼' 강조 : 민족 정신을 '혼(魂)'으로 파악
· 혼이 담겨 있는 민족사의 중요성 강조

[2018. 경찰 2차] 난이도 ★★★

제1조 소학교는 국민 도덕의 함양과 국민 생활의 필수적인 보통의 지능을 갖게 함으로써 충량한 황국 신민을 육성하는 데 있다.
제13조 심상 소학교의 교과목은 수신, 국어(일어), 산술, 국사, 지리, 이과, 직업, 도화, 소공, 창가, 체조이다. 조선어는 수의 과목으로 한다.

Theme 제3차 조선 교육령(1938)
Keyword 분석
· 조선어를 수의 과목(선택 과목)으로 변경 → 사실상 금지
· 교육 기관명 개칭
  – 보통학교 → (심상)소학교
  – 고등 보통학교 → 중학교
  – 여자 고등 보통학교 → 고등 여학교

[2022. 서울시 9급 1차, 2014. 지방직 7급] 난이도 ★★☆

옛 사람들이 말하기를 나라는 멸망할 수 있지만 역사는 멸망할 수 없다고 하였으니, 나라는 형(形)이고 역사는 신(神)이기 때문이다. 지금 한국의 형은 허물어졌으나 신만이 홀로 남을 수는 없는 것인가.

Theme 박은식의 『한국통사』
Keyword 분석
박은식은 『한국통사』 서문에서 국가는 "형(形, 형체)이요, 역사는 신(神, 정신)이다"라는 말을 남겼다.

[2019. 국가직 9급, 2014. 지방직 9급]

무릇 동양의 수천 년 교화계(敎化界)에서 바르고 순수하며 광대 정밀하여 많은 성현들이 전해주고 밝혀 준 유교가 끝내 인도의 불교와 서양의 기독교와 같이 세계에 큰 발전을 하지 못함은 어째서이며 … (중략) … 유교계에 3대 문제가 있는지라. 그 3대 문제에 대하여 개량하고 구신(求新)을 하지 않으면 우리 유교는 흥왕할 수가 없을 것이다.

Theme 박은식의 유교 구신론(1909)

Keyword 분석

- 유교의 개량과 혁신을 주장한 글
- 성리학 비판, 양명학 강조
- 유교계의 3대 문제 지적
  - 유교의 정신이 전적으로 제왕 편에 있고 인민 사회에 보급할 정신이 부족함
  - 학생들이 유학자를 찾아오기만을 기다림으로써 불교나 기독교처럼 전파되지 못함
  - 간소하고 적절한 가르침을 요구하지 않고 지리하고 산만한 공부만 해 온점

Solution+ 백암 박은식(1859~1925)

1898년	독립 협회 가입, 황성신문 주필
1904년	대한매일신보 주필
1907년	신민회 가입
1909년	대동교 창시, 유교 구신론 주창
1910년	조선 광문회 조직(최남선과 함께)
1912년	상하이 동제사 조직(신규식과 함께)
1915년	한국통사 편찬, 대동보국단 조직
1919년	(대한국민) 노인동맹단 조직
1920년	한국독립운동지혈사 간행
1925년	대한민국 임시 정부 2대 대통령
기타 저서	· 『동명성왕실기』, 『천개소문전』(연개소문) · 『안중근전』, 『이준전』 등

[2019. 소방직, 2018. 국가직 7급]

국가의 역사는 민족의 소장성쇠(消長盛衰)의 상태를 서술할지라. 민족을 빼면 역사가 없으며 역사를 빼어 버리면 민족의 그 국가에 대한 관념이 크지 않을지니, 오호라 역사가의 책임이 그 역시 무거울진저 … (중략) … 만일 그렇지 않으면 이는 무정신의 역사이다. 무정신의 역사는 무정신의 민족을 낳으며, 무정신의 국가를 만들 것이니 어찌 두렵지 아니하리오.

Theme 신채호의 『독사신론』(1908)

Keyword 분석

자료는 신채호가 1908년 대한매일신보에 연재한 『독사신론』의 일부이다. 신채호는 "국가의 역사는 민족의 소장성쇠(消長盛衰, 흥망성쇠)의 상태를 서술하는 것이며, 영토의 득실을 논하는 것은 아니다."고 하여 국가주의·민족주의의 입장에서 역사를 보고 있다.

[2021. 소방직, 2017. 지방직 9급]

역사란 무엇이냐. 인류 사회의 아와 비아의 투쟁이 시간부터 발전하며 공간부터 확대하는 심적 활동 상태의 기록이니, 세계사라 하면 세계 인류의 그리 되어온 상태의 기록이며, 조선사라 하면 조선 민족의 그리 되어온 상태의 기록이다.

Theme 신채호의 『조선상고사』

Keyword 분석

신채호는 『조선상고사』에서 역사를 '아(我)와 비아(非我)의 투쟁'이라는 투쟁 사관을 내세웠다.

Solution+ 단재 신채호(1880~1936)의 저서와 사상

조선상고문화사	대종교와 연결되는 전통적 민간 신앙에 관심
낭가사상	화랑 정신, 우리 고유 사상 강조
조선상고사	· '역사는 아(我)와 비아(非我)의 투쟁의 기록' · 고대사 연구에 초점을 맞춤
조선사연구초	묘청의 서경천도 운동을 '조선 일천년래 제일 대사건'으로 평가

[2023. 지방직 9급, 2021. 법원직 9급]

우리 조선의 역사적 발전의 전 과정은 가령 지리적 조건, 인종학적 골상, 문화 형태의 외형적 특징 등 다소의 차이는 인정되더라도, 다른 문화 민족의 역사적 발전 법칙과 구별되어야 하는 독자적인 것이 아니다. 세계사적인 일원론적 역사 법칙에 의해 다른 민족과 거의 같은 궤도로 발전 과정을 거쳐 왔다.

Theme 사회경제사학자 백남운

Keyword 분석
- 자료는 백남운의 『조선사회경제사』
- 백남운의 사회 경제 사학

특징	· 마르크스의 유물 사관을 바탕으로 연구 · 한국사가 세계사의 보편적 발전 법칙에 입각해 발전했음을 강조 → 민족주의 사관과 식민 사관(정체성론) 모두 비판
저서	『조선 사회 경제사』(1933) 『조선 봉건 사회 경제사』(1937)

[2017. 국가직 9급]

계급투쟁은 민족의 내부 분열을 초래할 것이며, 민족의 내쟁은 필연적으로 민족의 약화에 따르는 다른 민족으로 부터의 수모를 초래할 것이다. 계급투쟁의 길은 우리가 반드시 취해야 할 필요는 없고, 민족 균등이 실현되는 날 그것은 자연 해소되는 문제다. - 『조선민족사 개론』-

Theme 손진태의 조선민족사 개론

Keyword 분석

『조선민족사 개론』은 1948년 손진태가 저술한 역사서이다. 그는 이 책에서 '신민족주의사관'을 제창하며 민족 내부의 균등과 단결(계급투쟁보다 민족 균등의 입장 강조), 그리고 그에 기반한 민족국가의 건설을 주장했다.

Solution⁺ 손진태
- 진단 학회 발기인, 진단 학보 발행에 참여
- 계급투쟁보다 민족 균등의 입장 강조
- 민속학 연구 : 조선 민속학회 창설(1932), 조선민속 창간(1933)
- 저서 : 『조선민족사 개론』(1948), 『국사대요』(1948)

[2017. 국가직 9급 추가채용]

나의 조선경제사의 기도(企圖)는 사회의 경제적 구성을 기축으로 대체로 다음과 같은 제 문제를 취급하려 하였다.
제1. 원시 씨족 공산체의 태양(態樣)
제2. 삼국의 정립 시대의 노예 경제
제3. 삼국 시대 말기 경부터 최근세에 이르기까지의 아시아적 봉건 사회의 특질
제4. 아시아적 봉건국가의 붕괴 과정과 자본주의 맹아 형태
제5. 외래 자본주의 발전의 일정과 국제적 관계
제6. 이데올로기 발전의 총 과정

Theme 백남운의 『조선사회경제사』

Keyword 분석

백남운은 우리나라의 역사가 '원시 공산 사회 - 노예 사회 - 봉건 사회 - 자본주의 사회'라는 보편적 역사 발전의 단계를 거쳐 왔다고 서술하였다.

[2018. 서울시 9급 기술직렬]

영진은 전문학교를 다닐 때 독립만세를 부르다가 왜경에게 고문을 당해 정신이상이 된 청년이었다. 한편 마을의 악덕 지주 천가의 머슴이며, 왜경의 앞잡이인 오기호는 빚 독촉을 하며 영진의 아버지를 괴롭혔다. 더욱이 딸 영희를 아내로 준다면 빚을 대신 갚아줄 수 있다고 회유하기까지 하였다. …… 오기호는 마을 축제의 어수선한 틈을 타 영희를 겁탈하려 하고 이를 지켜보던 영진은 갑자기 환상에 빠져 낫을 휘둘러 오기호를 죽인다. 영진은 살인혐의로 일본 순경에게 끌려가고, 주제곡이 흐른다.

Theme 나운규의 아리랑(1926)

Keyword 분석
- 1926년 서울 단성사에서 처음 개봉된 영화
- 나라를 잃은 민족의 울분과 설움을 표현
- 이 영화가 개봉된 시기의 문화 동향에 대해 묻는 문제가 출제되고 있다.

PART 8
현대 사회의 발전

Chapter 01   광복과 대한민국의 수립

Chapter 02   민주주의의 시련과 발전

Chapter 03   통일 정책과 평화 통일의 과제

Chapter 04   경제 성장과 사회·문화의 변화

CHAPTER 01 광복과 대한민국의 수립

[2018. 서울시 9급 기술직렬, 2016. 국가직 7급] 난이도 ★★☆

우리 동맹국은 일본이 제1차 세계대전 이후에 탈취하거나 점령한 태평양의 도서 일체를 박탈할 것과 만주, 팽호도와 같이 일본이 청국에게서 빼앗은 지역을 모두 중화민국에 반환할 것을 목표로 한다. … (중략) … 그리고 우리 세 나라는 현재 한국 국민이 노예 상태하에 있음을 유의하여 적당한 시기에 한국을 자주·독립국가로 할 결의를 가지고 있다.

Theme 카이로 선언(1943)

Keyword 분석

제2차 세계 대전에서 연합군이 승기를 잡자 1943년 11월 미국, 영국, 중국의 대표들은 이집트 카이로에 모여 상호 협력과 전후 처리에 대해 논의하였다. 이 회담에서 각국 대표들은 적당한 시기에 한국을 독립시킬 것 등을 내용으로 하는 카이로 선언을 발표하였다.

Solution+ 광복 직전 한국 문제에 대한 국제 논의

카이로 회담 (1943. 11.)	· 참가국 : 미·영·중 · 한국 독립 최초 약속("in due course")
얄타 회담 (1945. 2.)	· 참가국 : 미·영·소 · 소련의 대일전 참전 약속 · 신탁 통치 문제 언급(루스벨트)
포츠담 선언 (1945. 7.)	· 참가국 : 미·영·중·소(후에 참여) · 카이로 회담(한국의 독립) 재확인 · 일본의 무조건 항복 요구

[2023. 계리직, 2020. 국가직 7급, 2016. 지방직 7급] 난이도 ★★★

아침 8시, (가) 은/는 조선총독부 엔도 정무총감을 만나 다섯 가지 요구 사항을 제시하였다.
첫째, 전국에 구속되어 있는 정치·경제범을 즉시 석방하라.
둘째, 3개월간의 식량을 확보하여 달라.
셋째, 치안 유지와 건설 사업에 아무 간섭하지 말라.
넷째, 학생 훈련과 청년 조직에 대해 간섭하지 말라.
다섯째, 전국 사업장에 있는 노동자를 우리들의 건설 사업에 협력시키며 아무 괴로움을 주지 말라.

— 『매일신보』 —

Theme 여운형이 조선 총독부 엔도 정무총감에게 요구한 5조항

Keyword 분석

· 자료의 (가)는 여운형
· 일본의 패전이 기정사실화 되자 조선 총독부는 한국에 거주하는 일본인의 무사 귀환과 정권의 안정적인 이양이 매우 중요하다고 생각하였다. 이를 위해 조선 내의 치안 유지가 관건이라고 보고, 한국인 지도자에게 협력을 요청하기 시작했다. 1945년 8월 15일 오전, 정무총감 엔도 류사쿠와 여운형의 회담은 그 일환이었다. 여운형은 정치범과 경제범을 즉시 석방하고, 3개월간의 식량을 보전하며, 정치운동에 간섭을 배제하였으며, 학생과 청년, 그리고 노동자와 농민을 훈련하고 동원하는 데 조선 총독부가 간섭하지 않을 것을 조건으로 엔도의 요청을 받아들였다.

Solution+ 몽양 여운형(1886~1947)

1907년	국채보상 단연동맹지회 설립
1918년	신한 청년당 결성(상하이)
1919년	대한민국 임시정부 외무부 차장 취임
1922년	안창호 등과 국민대표 대회 주비위원회 조직
1923년	국민대표 회의 참석(임시 정부 개조 주장)
1933년	조선중앙일보 사장 취임 → 손기정 일장기 말소 사건(1936)으로 신문이 폐간되어 사장직 퇴임
1944년	조선 건국 동맹 결성
1945년	조선 건국 준비 위원회 결성, 조선 인민 공화국 선포
1946년	미군정의 지원으로 좌우 합작 위원회 조직
1947년	서울 혜화동에서 한지근에 의해 피살

[2021. 법원직 9급, 2017. 국가직 7급 추가채용]
- 우리는 완전한 독립 국가의 건설을 기함
- 우리는 전 민족의 정치적, 사회적 기본 요구를 실현할 수 있는 민주주의 정권의 수립을 기함
- 우리는 일시적 과도기에 있어서 국내 질서를 자주적으로 유지하며 대중 생활의 확보를 기함

Theme 조선 건국 준비 위원회(건준)의 강령

Keyword 분석

자료는 조선 건국 준비 위원회(건준)의 강령 내용이다. '우리는 일시적 과도기에 있어서 국내 질서를 자주적으로 유지하며 대중 생활의 확보를 기함.'이라는 내용을 통해 알 수 있다. 건준은 전국 각지에 지부를 두고, 치안대를 조직하여 질서를 유지하는 데 힘썼다.

[2019. 국가직 7급]

본 위원회는 우리 민족을 진정한 민주주의적 정권으로 재조직하기 위한 새 국가건설의 준비기관인 동시에 모든 진보적 민주주의적 세력을 집결하기 위하여 각층 각계에 완전히 개방된 통일기관이요, 결코 혼잡된 협동기관은 아니다.

Theme 조선 건국 준비 위원회 선언

Keyword 분석

건준은 1945년 8월 말「조선 건국 준비 위원회의 선언과 강령」을 발표하였는데, 건준은 스스로를 '새 국가 건설의 준비 기관'이자 '민주주의 세력을 결집하기 위한 통일 기관'이라고 밝히면서도, 친일 세력을 배제한다는 의미에서 '혼잡한 협동 기관'은 아니라고 천명하였다. 결국 건준은 친일파를 제외한 국내외 여러 정치 세력을 망라하여 국가 건설에 나서고자 한 것이다.

Solution+ 조선 건국 준비 위원회(건준, 1945. 8. 15.)
- 조선 건국 동맹을 확대·개편하여 결성, 좌우 합작
- 위원장 여운형(중도 좌파), 부위원장 안재홍(중도 우파)
- 치안대·식량 대책 위원회 조직, 전국에 145개의 지부 조직
- 좌익의 건준 주도권 장악 → 안재홍 등 우익의 건준 탈퇴
- 조선 인민 공화국 선포(1945. 9. 6.) 및 각 지부를 인민 위원회로 전환

[2020. 국회직 9급, 2012. 법원직 9급]

제1조 북위 38도선 이남의 조선 영토와 조선 인민에 대한 통치의 모든 권한은 당분간 본관의 권한하에 시행한다.
제2조 정부 등 모든 공공사업 기관에 종사하는 유급·무급 직원과 고용인, 그리고 기타 중요한 제반 사업에 종사하는 자의 별도의 명령이 있을 때까지 종래의 정상 기능과 업무를 수행할 것이며, 모든 기록 및 재산을 보호, 보존하여야 한다.
제5조 군정 기간 동안 영어를 모든 목적을 위해 사용하는 공용어로 한다.

Theme 미군정 포고문(1945. 9.)

Keyword 분석

자료는 1945년 9월 7일에 발표된 미군정 포고문(태평양 미 육군 총사령관 맥아더 포고령 제1호)의 일부 내용이다. 미국은 소련의 한반도 단독 점령을 막기 위해 38도선을 기준으로 한 분할 점령을 소련에 제안하였다. 이 제안에 따라 38도선 이북 지역은 소련군이, 이남 지역은 미군이 관리하게 되었다. 미국은 군정청을 설치하고 남한 지역을 직접 통치하였다.

[2018. 서울시 7급 2차, 2016. 국가직 9급]
- 첫째, 한국을 독립국가로 재건하기 위해 민주주의 임시 정부를 수립한다.
- 둘째, 한국 임시정부 수립을 위해 미·소공동위원회를 설치한다.
- 셋째, 미국, 영국, 중국, 소련의 4개국이 공동 관리하는 최고 5년 기한의 신탁통치를 시행한다.

Theme 모스크바 3국 외상 회의 결정문

Keyword 분석
- 미국, 영국, 소련의 외무장관 회의
- 회의 결정 내용
  - 민주주의 임시 정부의 수립
  - 미·소 공동 위원회 설치
  - 최고 5년간 미·영·중·소 4개국의 신탁 통치 실시

[2023. 지역인재 9급, 2018. 국가직 9급]

이제 우리는 무기 휴회된 미소공동위원회가 다시 열릴 기색도 보이지 않으며, 통일 정부를 고대하나 여의치 않게 되었다. 우리는 남방만이라도 임시정부 또는 위원회 같은 것을 조직하여 38도선 이북에서 소련이 물러나도록 세계 여론에 호소해야 할 것이니 여러분도 결심해야 할 것이다.

Theme 이승만의 정읍 발언(1946. 6.)

Keyword 분석
- 제1차 미소 공동 위원회 결렬 이후 이승만이 전라도 정읍에서 남한 단독 정부 수립 주장.

[2022. 간호직, 2018. 국가직 9급]

미군정 아래에서 육성된 그들은 경찰을 시켜 선거를 독점하도록 배치하고 인민의 자유를 유린하고 있다. …… 나는 통일된 조국을 건설하려다 38선을 베고 쓰러질지언정, 일신의 구차한 안일을 위하여 단독 정부를 세우는 데는 협력하지 않겠다.

Theme 김구의 '삼천만 동포에게 읍고함(1948. 2.)'

Keyword 분석
- 자료는 김구가 1948년 2월에 남한 단독 정부 수립을 반대하며 주장한 '삼천만 동포에게 읍고함' 중의 일부 내용

[2023. 지방직 9급, 2019. 법원직 9급]

1. 조선의 민주 독립을 보장한 삼상 결정에 의하여 남북을 통한 좌우합작으로 민주주의 임시정부를 수립할 것.
2. 미소공동위원회 속개를 요청하는 공동성명을 발표할 것.
3. 토지개혁에 있어 몰수, 유조건 몰수, 체감 매상 등으로 토지를 농민에게 무상으로 분여하여 적정 처리하고, 중요 산업을 국유화하여 ……
4. 친일파 민족 반역자를 처리할 조례를 본 합작 위원회에서 입법 기구에 제안하여 …… 실시하게 할 것.

Theme 좌우 합작 위원회의 좌우 합작 7원칙(1946. 10.)

Keyword 분석
- 자료는 1946년 7월에 결성된 좌우 합작 위원회가 1946년 10월 좌익의 5원칙과 우익의 8원칙을 절충하여 결정한 '좌우 합작 7원칙'

Solution+ 좌우 합작 운동

좌우 합작 위원회 결성 (1946. 7.)	· 미군정의 지원 → 여운형(중도 좌파), 김규식(중도 우파) 결성 · 좌우 합작 7원칙 발표(1946. 10.)
좌우 합작 운동 실패의 원인	· 김구, 이승만, 조선공산당, 한민당 등 주요 세력 불참 · 트루먼 독트린 발표(1947. 3.) → 냉전 심화 → 미 군정의 좌우 합작 운동 지지(지원) 철회 · 여운형이 극우파 청년에게 암살됨(1947. 7.)

[2023. 국가직 9급, 2016 국가직 7급]

(가) …… 조속히 유엔 한국 임시 위원단을 설치하여 한국에 부임케 하고 이 위원단에게 전 한국을 통하여 여행, 감시, 협의할 수 있는 권한을 부여할 것을 결의한다. ……

(나) …… 유엔 한국 임시 위원단이 한국 전역 선거의 감시를 진행시킬 것과 만일 그것이 불가능하다면 위원단이 접근할 수 있는 한의 한국 내 지역의 선거 감시를 진행시킬 것이 필요하다고 간주하며 ……

Theme 유엔 총회와 소총회의 결의

Keyword 분석
(가)는 1947년 11월 유엔 총회에서 채택된 남북한 총선거 결의안
(나)는 1948년 2월 유엔 소총회에서 채택된 한국 총선거 관련 결의문

Solution+ 유엔 총회와 유엔 소총회의 결의

유엔 총회 (1947. 11.)	· 유엔 한국 임시 위원단 설치 · 유엔 감시 아래 '인구 비례에 따른 남북한 총선거' 결의
유엔 소총회 (1948. 2.)	· 유엔 한국 임시 위원단의 활동이 가능한 지역에서 선거 실시 결정 → 남한 단독 선거 결정

[2024. 서울시 9급, 2019. 경찰 2차] 난이도 ★★★

유구한 역사와 전통에 빛나는 우리들 대한 국민은 기미 3·1운동으로 대한민국을 건립하여 세계에 선포한 위대한 독립 정신을 계승하여, 이제 민주 독립 국가를 재건함에 있어서 정의·인도와 동포애로써 민족의 단결을 공고히 하여, 모든 사회적 폐습을 타파하고 민주주의 제도를 수립하여 정치·경제·사회·문화의 모든 영역에서 각인의 기회를 균등히 하고 [하략]

Theme 제헌 헌법(1948) 전문

Keyword 분석

당시에 제헌헌법을 작성하고 심의했던 의원들은 임시정부의 정신을 계승하고 이를 헌법에 반영해야 한다는 생각이 강했다. 제헌헌법 전문에서는 대한민국이 "기미 삼일운동으로 대한민국을 건립하여 세계에 선포한 위대한 독립정신을 계승"한 것임을 분명히 하고 있다. 또한 전문에는 "모든 영역에 있어서 각인의 기회를 균등히 하고", "국민생활의 균등한 향상을 기함"을 표방했다.

[2024. 지방직 9급, 2019. 지방직 9급, 2018. 법원직 9급] 난이도 ★★☆

제5조 정부는 다음에 의하여 농지를 취득한다.
1. 다음의 농지는 정부에 귀속한다.
   (가) 법령 및 조약에 의하여 몰수 또는 국유로 된 토지
   (나) 소유권의 명의가 분명하지 않은 농지
제12조 농지의 분배는 …… 1가당 총 경영 면적 3정보를 초과하지 못한다.

Theme 농지 개혁법(1949. 6.) → 1950년 3월 일부 개정·시행

Keyword 분석

· 이승만 정부의 농지 개혁

원칙 및 방법	· 경자유전, 유상 매입·유상 분배 · 한 가구당 농지 소유 상한을 3정보로 제한 · 농지를 받은 농민은 매년 평균 수확량의 30%씩 5년 동안 분할 상환
결과	· 자작농(자영농) 증가 · 전근대적 지주제 소멸, 소작제 폐지
한계	· 농지를 제외한 토지는 개혁 대상에서 제외

[2022. 경찰간부후보] 난이도 ★★★

제53조 대통령과 부통령은 국회에서 무기명 투표로써 각각 선거한다.
제55조 대통령과 부통령의 임기는 4년으로 한다. 단, 재선에 의하여 1차 중임할 수 있다.

Theme 제헌 국회에서 제정된 제헌 헌법(1948. 7.)

Keyword 분석

· 대통령 중심제(임기 4년에 중임제)
· 내각제 요소 가미
· 대통령 간선제(국회에서 대통령 선출)
· 국회는 단원제로 구성

[2022. 지방직 9급, 2017. 지방직 9급] 난이도 ★★☆

제1조 일본 정부와 통모하여 한·일 합병에 적극 협력한 자, 한국의 주권을 침해하는 조약 또는 문서에 조인한 자와 모의한 자는 사형 또는 무기 징역에 처하고, 그 재산과 유산의 전부 혹은 2분의 1 이상을 몰수한다.
제3조 일본 치하 독립운동자나 그 가족을 악의로 살상·박해한 자 또는 이를 지휘한 자는 사형, 무기 또는 5년 이상의 징역에 처하고 그 재산의 전부 혹은 일부를 몰수한다.

Theme 반민족 행위 처벌법(1948. 9.)

Keyword 분석

제헌 국회는 일제 강점기의 반민족 행위자 처벌 및 재산 몰수 등의 조항이 담긴 반민족 행위 처벌법을 제정(1948)하였다.

Solution+ 제헌 국회 통과 주요 법안
· 반민족 행위 처벌법(반민법, 1948. 9.), 국가 보안법(1948. 12.)
· 농지 개혁법(1949. 6.), 귀속 재산 처리법(1949. 12.)

[2015. 국가직 7급] 난이도 ★★☆

제2 의제 : 전투 행위를 정지한다는 전제 아래 양측 군대 사이에 비무장 지대를 설치하고자 군사분계선을 정하는 일 … (중략) …
제5 의제 : 외국 군대의 철수와 한반도 문제의 평화적 해결에 관해서 쌍방 관련 국가의 정부에 권고하는 일

Theme 6·25 전쟁 당시 휴전 회담 의제

Keyword 분석

- 휴전(정전) 회담의 쟁점
  - 군사분계선의 설정과 포로 송환 문제 등
  - 북한 측 : 강제(자동) 송환 주장
  - 유엔 측 : 자유(자유의사) 송환 주장

Solution+ 6·25 전쟁의 전개 과정(1950. 6.~1953. 7.)

1950년	북한의 기습 남침(6. 25.) → 3일 만에 서울 함락[국군의 한강 인도교(철교) 폭파] → UN군 참전(7월) → 낙동강 전선까지 후퇴(8월) → 인천 상륙 작전 성공(9. 15.) → 서울 탈환(9. 28.) → 38도선 돌파(10. 1., 현 국군의 날) → 평양 탈환(10. 19.) → 압록강 연안 초산까지 진격(10. 26.) → 중공군의 개입으로 후퇴 → 흥남 철수 작전(12월)
1951년	1·4 후퇴(1월, 서울 재함락) → 평택·오산까지 후퇴 → 국군과 유엔군의 반격으로 서울 재탈환(3월) → 38도선 부근에서 전선 고착[맥아더 장군 유엔군 총사령관직 해임(4월)] → 소련이 유엔에 휴전 제의(6월) → 휴전 회담 시작(7월)
1953년	이승만의 반공 포로 석방(6월) → 휴전 협정 체결(7월) → 한·미 상호 방위 조약 체결(10월)

[2023. 법원직 9급] 난이도 ★★★

제3조 각 당사국은 타 당사국의 행정 지배하에 있는 영토와 각 당사국이 타 당사국의 행정 지배하에 합법적으로 들어갔다고 인정하는 금후의 영토에 있어서 타 당사국에 대한 태평양 지역에 있어서의 무력 공격을 자국의 평화와 안전을 위태롭게 하는 것이라 인정하고 공통한 위험에 대처하기 위하여 각자의 헌법상의 수속에 따라 행동할 것을 선언한다.
제4조 상호적 합의에 의하여 미합중국의 육군, 해군과 공군을 대한민국의 영토 내와 그 부근에 배치하는 권리를 대한민국은 이를 허여하고 미합중국은 이를 수락한다.

Theme 한·미 상호 방위 조약(1953. 10.)

Keyword 분석

- 남한에는 한·미 상호 방위 조약으로 미군이 주둔하면서 미국의 영향력이 강화됨.

CHAPTER 02 민주주의의 시련과 발전

[2022. 경찰간부후보]
제53조 대통령과 부통령은 국민의 보통·평등·직접·비밀 투표에 의하여 각각 선거한다.
제55조 대통령과 부통령의 임기는 4년으로 한다. 단, 재선에 의하여 1차 중임할 수 있다.

Theme 발췌 개헌(1차 개헌, 1952. 7.)

Keyword 분석

개요	6·25 전쟁 중인 1952년 임시 수도 부산에서 개정된 1차 개헌
과정	정부가 부산 일대 비상 계엄령 선포(1952. 5.) → 기립(거수) 표결로 발췌 개헌안 통과(1952. 7.)
내용	대통령 직선제, 국회 양원제(실제로는 양원제 시행 ×)

[2022. 경찰간부후보, 2021. 법원직 9급]
제55조 대통령과 부통령의 임기는 4년으로 한다. 단, 재선에 의하여 1차 중임할 수 있다. 대통령이 궐위된 때에는 부통령이 대통령이 되고 잔임 기간 중 재임한다.
부칙 이 헌법 공포 당시의 대통령에 대하여는 제55조 제1항 단서의 제한을 적용하지 아니한다.

Theme 사사오입 개헌(2차 개헌, 1954. 11.)

Keyword 분석
· 초대 대통령(개헌 당시 대통령)의 3선 제한(중임 제한) 철폐

[2021. 국회직 9급, 2019. 지방직 7급]
개헌안에 대한 국회 표결 결과, 재적 의원 203명, 재석의원 202명, 찬성 135표, 반대 60표, 기권 7표였다. 이것은 헌법 개정에 필요한 의결 정족수(재적 의원의 3분의 2 이상)인 136표에 1표가 부족한 135표 찬성이므로 부결된 것이었다. 그러나 자유당 간부회는 재적 의원 203명의 3분의 2는 135.333…이므로 이를 사사오입하면 135명이 개헌 정족수가 된다고 주장하였다. 이들은 이 주장을 자유당 의원 총회에서 채택하고, 국회에서 야당 의원들이 퇴장한 가운데 '번복 가결 동의안'을 상정하여 통과시켰다.

Theme 사사오입 개헌(1954)의 통과 과정

Keyword 분석
· 자유당이 초대 대통령(개헌 당시 대통령)의 중임 제한 철폐 개헌안 국회 제출 → 1표 차이로 부결 → 사사오입의 논리로 개헌안 통과

[2015. 서울시 9급]
· 총 유권자의 40%에 해당하는 표를 자유당 후보에게 기표하여 투표 당일 투표함에 미리 넣어 놓는다.
· 나머지 60%의 유권자는 3인, 5인, 9인조로 묶어 매수 혹은 위협을 통해 자유당 후보에게 투표하도록 한다.
· 투표소 부근에 여당 완장을 착용한 완장 부대를 배치하여 야당 성향의 유권자를 위협한다.
· 야당 참관인은 적당한 구실을 만들어 투표소 밖으로 내쫓는다.

- 『동아일보』, 1960년 3월 4일 -

Theme 자유당 정권의 3·15 부정 선거 지시 비밀 지령

Keyword 분석
자료는 민주당이 폭로한 자유당 정권의 3·15 부정 선거 지시 비밀 지령의 일부이다. 이승만 정부는 1960년 3월 15일에 열릴 정·부통령 선거를 앞두고 대대적인 부정 선거를 계획하였다. 선거 직전에 야당 대통령 후보 조병옥이 사망하여 이승만의 대통령 당선은 확실시되었다. 문제는 85세의 고령이었던 이승만의 건강에 이상이 생겼을 경우 대통령직을 승계하도록 되어 있는 부통령직이었다. 이승만 정부는 부통령에 자유당의 이기붕을 당선시키기 위해 3~9인조 투표, 4할 사전 투표 등 각종 부정을 자행하였다(3·15 부정 선거).

[2022. 국회직 9급] 난이도 ★★☆

11일 상오 11시 30분경 마산 중앙부두 앞바다에서 오른쪽 눈에 파편이 박힌 17, 8세의 학생풍 변사체가 발견되어, 3·15 사건 이후 행방불명자를 못 찾고 있던 당지 시민들을 긴장시켰다. 시체는 낚시꾼에 의하여 발견되어 경찰에 신고된 것인데 … (하략) …
― 『매일신보』 ―

Theme 김주열 학생의 시신 발견

Keyword 분석

3·15 부정 선거를 규탄하는 시위에 참가하였다가 행방불명된 김주열 학생이 눈에 최루탄이 박힌 채, 마산 앞 바다에서 시체로 발견되었다. 이에 마산에서는 4월 11일 대규모의 시위가 다시 일어났으며, 이는 전국적으로 확산되었다.

[2022. 지방직 9급, 2017. 법원직 9급] 난이도 ★★★

1. 마산, 서울 기타 각지의 데모는 주권을 빼앗긴 국민의 울분을 대신하여 궐기한 학생들의 순수한 정의감의 발로이며 부정과 불의에는 언제나 항거하는 민족정기의 표현이다.
3. 합법적이고 평화적인 데모 학생에게 총탄과 폭력을 거리낌 없이 남용하여 참극을 빚어낸 경찰은 자유와 민주를 기본으로 한 대한민국의 국립 경찰이 아니라 불법과 폭력으로 권력을 유지하려는 일부 정부 집단의 사병이다.
― 「대학 교수단 4·25 선언문」 ―

Theme 4·19 혁명 당시 대학 교수단의 시국 선언문

Keyword 분석

자료는 1960년 4·19 혁명 때 3·15 부정 선거를 규탄하는 대학교수단의 「4·25 선언문」(1960. 4. 25.)이다. 교수들은 시국 선언문에서 학생 데모를 불의에 항거한 민족 정기의 발로로 규정하였다.

[2021. 경찰 2차, 2019. 서울시 9급] 난이도 ★★★

상아의 진리탑을 박차고 거리에 나선 우리는 질풍과 같은 역사의 조류에 자신을 참여시킴으로써 이성과 진리, 그리고 자유의 대학정신을 현실의 참담한 박토에 뿌리려 하는 바이다. … (중략) … 무릇 모든 민주주의 정치사는 자유의 투쟁사다. 그것은 또한 여하한 형태의 전제로 민중 앞에 군림하든 '종이로 만든 호랑이'같이 헤슬픈 것임을 교시한다. … (중략) … 근대적 민주주의의 근간은 자유다. (하략)
― 서울대학교 문리과대학 학생 일동 ―

Theme 서울대학교 문리대 학생의 4·19 선언문

Keyword 분석

자료상에서는 특별한 키워드가 잡히지 않는다. 따라서 본 사료는 4·19 혁명을 대표하는 사료 중 하나이기 때문에 눈에 익혀 두어야 하는 사료이다. 특히 '상아의 진리탑을 박차고 거리에 나선 우리는 질풍과 같은 역사의 조류에 자신을 참여시킴으로써'라는 부분을 눈에 익혀 두자.

[2021. 소방직] 난이도 ★★☆

· 국민이 원한다면 대통령직을 사임할 것이다.
· 지난번 정·부통령 선거에서 많은 부정이 있었다고 하니 선거를 다시 실시하도록 지시하였다.
· 선거로 인한 모든 불미스러운 것을 없게 하기 위하여 이미 이기붕 의장에게 공직에서 완전히 물러나도록 하였다.

Theme 1960년 4·19 혁명으로 인한 이승만 대통령 하야 성명

Keyword 분석

1960년 4·19 혁명의 결과 4월 26일에 이승만은 "국민이 원한다면 대통령직을 사임하겠다."는 성명을 발표하고 하야하였다.

Solution+ 4·19 혁명(1960. 4.)

배경	· 2·28 대구 학생 시위(1960), 3·15 부정 선거(1960. 3.)
경과	마산 의거(3.15.) → 김주열 시신 발견(4.11.) → 고려대 학생 시위(4.18.) → 학생·시민 대규모 시위(4·19 혁명.) → 경무대로 행진 → 경찰의 무차별 총격 및 정부의 계엄령 선포 → 대학 교수들의 시국 선언문 발표 (4.25.) → 이승만 하야(4.26.)
결과	허정 과도 정부 수립 → 허정 과도 정부 하 3차 개헌(1960. 6.) → 7월 총선에서 민주당 압승

[2020. 지방직 9급] 난이도 ★★☆

정부에서는 6월 15일 국회에서 통과된 개헌안을 이송받자 이날 긴급 국무회의를 소집하고 정식으로 이를 공포하였다. 이로써 개정된 새 헌법은 16일 0시를 기해 효력을 발생케 되었다. 새 헌법이 공포됨으로써 16일부터는 실질적인 내각책임체제의 정부를 갖게 되었으며 허정 수석국무위원은 자동으로 국무총리가 된다.

― 『경향신문』, 1960. 6. 16. ―

Theme 허정 과도 정부 하 3차 개헌(1960. 6.)

Keyword 분석

- 내각 책임제 정부, 1960년 등의 힌트를 통해 밑줄 친 '새 헌법'이 1960년 3차 개헌임을 알 수 있다.
- 1960년 4·19 혁명을 계기로 이승만 대통령이 하야하고, 허정 과도 정부하에서 국회는 민주당의 주도로 내각 책임제와 양원제 국회를 골자로 하는 3차 개헌이 이루어졌다(1960. 6.). 그리고 새 헌법에 따라 민의원과 참의원을 선출하기 위한 7월 총선에서 민주당이 압승하였다.

[2018. 국회직 9급] 난이도 ★★★

제32조 민의원 의원의 정수와 선거에 관한 사항은 법률로써 정한다. 참의원 의원은 특별시와 도를 선거구로 하여 법률이 정하는 바에 의하여 선거하며 그 정수는 민의원 정원 수의 4분의 1을 초과하지 못한다.

제53조 대통령은 양원 합동회의에서 선거하고 재적 국회의원 3분의 2 이상의 투표를 얻어 당선된다.

제71조 국무원은 민의원에서 국무원에 대한 불신임 결의안을 가결한 때에는 10일 이내에 민의원 해산을 결의하지 않는 한 총사직하여야 한다.

Theme 3차 개헌(1960. 6. 내각 책임제 개헌)

Keyword 분석

- 내각 책임제(의원 내각제) 개헌
- 양원제 국회(민의원·참의원)
- 대통령 간선제(국회 간선제)

[2021. 경찰 1차] 난이도 ★★★

셋째로, 부정 선거의 원흉들과 발포 책임자에 대해서는 이미 공소가 제기되어 있으므로 사법부에서 법과 혁명 정신에 의하여 엄정한 판결을 내릴 것으로 믿고 ……
여섯째로, 경제 건설과의 균형상 국방비의 과중한 부담을 경감시키기 위하여 점차적 감군을 주장하여 온 우리 당의 정책을 실현하고자 국제 연합군 사령부와 협의하여 신년도부터 약간 감군할 것을 계획 중에 있으며, 동시에 새로운 장비를 도입하기 위한 계획도 이미 수립되어 있음을 양해하시기를 바란다.

Theme 장면 내각의 시정 방침(1960. 8.)

Keyword 분석

1. 일본과의 국교 정상화 및 유엔 감시하의 남북한 자유선거에 의한 통일 달성
2. 관료 제도의 합리화와 공무원 재산 등록 및 경찰 중립화를 통한 민주주의 구현
3. 부정 선거의 원흉과 발포 책임자, 부정·불법 축재자 처벌
4. 외자 도입과 경제 원조 확대를 통한 경제 개발 계획 추진
5. 군비 축소와 군의 정예화 추진을 통한 국방력 강화 및 군의 정치적 중립 확보

※ 장면 내각은 시정 방침을 통해 경제 개발 계획 추진을 목표로 하였으나 5개년 계획까지만 수립하고 실행에 옮기지는 못함.

Solution+ 장면(민주당) 내각(제2공화국, 1960. 8. ~ 1961. 5.)

성립		· 4代 대통령에 윤보선 선출(1960. 8, 국회 간선) · 국무총리에 장면 인준
활동	통일 정책	· UN 감시 하 남북한 총선거 주장 · 민간 차원의 통일 운동 반대
	정치	4차 개헌(1960. 11.) : 3·15 부정 선거자 처벌을 위한 소급 입법
	경제	· 경제 제일주의 표방 · 경제 개발 5개년 계획 마련 · 국토 건설 사업 추진
	기타	· 반민주 행위자 공민권 제한법(1960. 12) · 지방 자치제 전면적 실시 · 공무원 공개 채용 제도 실시

[2019. 기상직 9급] 난이도 ★★★

(가) 정권과 그 호위 세력들은 소위 '반공임시특별법' 및 '국가보안법' 보강 등 인류 역사상 그 유례를 찾아볼 수 없는 반민주·반민족 악법을 공공연히 획책하고 있다. …… 현행법만으로는 공산 간첩을 잡지 못한다는 억지보다 더한 억지가 또한 어디에 있는가. 이런 전 논리적 대중 우롱을 받아들일 만큼 이 민족은 무지하지 않다.

Theme 장면 내각

Keyword 분석

(가)에 해당하는 정권은 장면 내각이다. 자료는 1961년 3월 장면 정권이 당시 빈번하던 통일운동과 노동운동 등을 억압하기 위해 반공임시 특별법과 데모 규제법안을 추진하려고 하자 이에 반발하는 내용이 담겨있다.

[2018. 국가직 9급] 난이도 ★★☆

일본 측은 한국 측에 무상원조 3억 달러, 유상원조 (해외경제협력기금) 2억 달러, 그리고 수출입은행 차관 1억 달러 이상을 제공한다.

Theme 김종필·오히라 각서(1962. 11.)

Keyword 분석

· 대일 청구권 문제에 관한 합의 사항 메모로 교환

[2021. 경찰간부후보, 2018. 서울시 9급 일행] 난이도 ★★★

제2조: 1910년 8월 22일 및 그 이전에 대한제국과 일본 제국 간에 체결된 모든 조약 및 협정이 이미 무효임을 확인한다.
제3조: 대한민국 정부가 국제연합 총회의 결의 제195(Ⅲ)호에 명시된 바와 같이 한반도에 있어서의 유일한 합법정부임을 확인한다.

Theme 한·일 기본 조약(한·일 협정, 1965)

Keyword 분석

· 대한민국과 일본국 간의 기본 관계에 관한 조약과 여기에 부속하는 4개의 협정 및 25개 문서로 구성
· 4개의 부속 협정 : 〈청구권·경제 협력에 관한 협정〉, 〈재일 교포의 법적 지위 및 대우에 관한 협정〉, 〈어업에 관한 협정〉, 〈문화재·문화 협력에 관한 협정〉

Solution+ 한일 국교 정상화 과정

김종필·오히라 각서(1962)	독립 축하금 명목의 후원금과 차관 제공 내용
6·3 시위 (1964)	· '굴욕적인 한·일 회담 반대', '민족적 민주주의 장례식' · 정부가 비상 계엄령을 선포하고 시위 진압

한·일 협정 체결 (1965)	· 영향 : 공산주의 세력에 대한 한·미·일 공동 안보 체제 형성
	· 한계
	  – 일본의 식민지 지배에 대한 사죄×, 독도 문제 해결×
	  – 위안부 및 강제 동원 희생자 개인 피해에 대한 배상 문제 해결×

[2022. 소방간부후보] 난이도 ★★★

국회는 몇 달 전 3월 15일에 실시된 선거와 관련하여 부정행위를 한 자와 그 부정행위에 항의하는 국민에 대하여 살상·기타의 부정행위를 한 자를 처벌, 또는 4월 26일 이전에 특정 지위에 있음을 이용하여 현저한 반민주행위를 한 자의 공민권을 제한하기 위한 특별법을 제정할 수 있으며, 4월 26일 이전에 지위 또는 권력을 이용하여 부정한 방법으로 재산을 축적한 자에 대한 행정상 또는 형사상의 처리를 하기 위하여 특별법을 제정할 수 있다.

Theme 4차 개헌(3·15 부정 선거자 처벌을 위한 소급 입법, 1960. 11.)

Keyword 분석

자료는 1960년 4차 개헌(소급 입법 개헌)의 내용으로 밑줄 친 '국회'는 소급 입법 개헌을 추진한 제5대 국회(1960~1963)이다. 제5대 국회는 1960년 11월 29일 3·15 부정 선거 관련자 및 그 부정행위에 항거하는 국민에 대하여 살상 기타 부정행위를 한 자, 반민주행위자와 부정축재자의 처벌근거를 마련하기 위하여 부칙만을 개정하는 제4차 개헌안을 의결하였다.

[2019. 지방직 9급]

우리는 원했든 원하지 않았든 이미 이 전쟁에 직접적인 관계를 맺었고 파병을 찬반(贊反)하던 국민이 이젠 다 힘과 마음을 합해서 파병된 용사들을 성원하고 있거니와 근대 전쟁이 전투하는 사람만의 전쟁이 아니라 온 국민이 참가하는 '총력전'이라는 것을 알고 이 전쟁의 승리를 위해 모든 국민의 단합을 호소하는 바이다.

Theme 베트남 파병(1964~1973)

Keyword 분석
- 명분 : 6·25 전쟁을 지원한 우방에 대한 보답과 민주주의 수호
- 파병 : 박정희 정부 때인 1964년부터 파병(전투 부대 파병은 1965년부터) 1973년까지 32만 여명 파병

[2023. 서울시 9급, 2018. 국가직 9급]
- 한국군의 현대화 계획을 위해 앞으로 수년 동안에 걸쳐 상당량의 장비를 제공한다.
- 수출을 늘리는 데 필요한 모든 분야에서 한국에 대한 기술 원조를 강화한다.
- 미군, 한국군을 위한 보급 물자와 노동력 및 장비는 가급적 한국에서 구매한다.
- 미국은 한국에 추가로 AID 차관과 군사 원조를 제공한다.

Theme 브라운 각서(1966)

Keyword 분석
- 한국군의 베트남 추가 파병에 대한 미국 측의 보상 조치를 약속한 문서
- 경제 개발에 필요한 차관 제공 약속
- 국군의 현대화와 한국 기업의 베트남 건설 사업 참여 보장
- 영향 : 베트남 특수로 한국 경제 발전↑

[2023. 법원직 9급, 2022. 지방직 9급, 2019. 서울시 9급]

제39조 ① 대통령은 통일주체국민회의에서 토론 없이 무기명투표로 선거한다. ② 통일주체국민회의에서 재적 대의원 과반수의 찬성을 얻은 자를 대통령 당선자로 한다.

제40조 통일주체국민회의는 국회의원 정수의 1/3에 해당하는 수의 국회의원을 선거한다.

제53조 대통령은 천재지변 또는 중대한 재정·경제상의 위기에 처하거나, 국가의 안전 보장 또는 공공의 안녕질서가 중대한 위협을 받을 우려가 있어 신속한 조치를 할 필요가 있다고 판단할 때에는 내정·외교·국방 경제 등 국정 전반에 걸쳐 필요한 긴급 조치를 할 수 있다.

Theme 유신헌법(7차 개헌, 1972. 12.)

Keyword 분석

대통령을 통일 주체 국민 회의에서 선거한다는 내용과 통일 주체 국민 회의에서 국회의원 정수의 1/3을 선거한다는 내용, 대통령의 긴급 조치권 등을 통해 유신 헌법임을 알 수 있다.

Solution⁺ 유신 헌법(7차 개헌, 1972. 12.) 요약
- 대통령 간선제(통일 주체 국민 회의 간선)
- 대통령의 중임 제한 철폐
- 대통령이 국회의원의 1/3을 추천(사실상 대통령이 국회의원 1/3 임명)
- 대통령의 임기 6년으로 연장
- 대통령 권한↑(긴급 조치권, 국회 해산권)

[2021. 국가직 9급]

이 헌법은 한 사람의 집권자가 긴급조치라는 형식적인 법 절차와 권력 남용으로 양보할 수 없는 국민의 기본 인권과 존엄성을 억압하였다. 그리고 이러한 권력 남용에 형식적인 합법성을 부여하고자 … (중략) … 입법, 사법, 행정 3권을 한 사람의 집권자에게 집중시키고 있다.

Theme 유신 헌법(7차 개헌, 1972. 12.)

Keyword 분석
- 밑줄 친 '헌법'은 유신 헌법
- 시행 기간 : 1972년 12월부터 8차 개헌이 이루어진 1980년 10월까지

[2022. 소방간부후보] 난이도 ★★☆

재야인사들이 명동 성당에 모여 <u>(가)</u> 체제를 비판하며 '3·1 민주 구국 선언'을 아래와 같이 발표하였다.
1. 이 나라는 민주주의 기반 위에 서야 한다.
2. 경제 입국의 구상과 자세가 근본적으로 재검토되어야 한다.
3. 민족 통일은 오늘 이 겨레가 짊어진 지상의 과업이다.

Theme 3·1 민주 구국 선언(1976)

Keyword 분석
- 자료의 (가)는 유신 체제
- 1976년 재야인사들이 명동 성당에 모여 유신 체제를 비판하는 3·1 민주 구국 선언 발표

Solution+ 유신 체제에 대한 저항
- 개헌 청원 백만인 서명 운동(1973) : 장준하 등 민주 인사
- 천주교 정의 구현 사제단 조직(1974. 9.)
- 동아일보 기자들의 '자유 언론 실천 선언'(1974. 10.)
- 3·1 민주 구국 선언(1976) : 명동성당에서 윤보선·김대중 등

[2019. 소방직] 난이도 ★★★

우리는 왜 총을 들 수밖에 없었는가? 그 대답은 너무나 간단합니다. 너무나 무자비한 만행을 더 이상 보고 있을 수만 없어서 너도나도 총을 들고 나섰던 것입니다. … (중략) … 계엄 당국은 <u>18일</u> 오후부터 <u>공수 부대</u>를 대량 투입하여 시내 곳곳에서 학생, 젊은이들에게 무차별 살상을 자행하였으니!
— 광주 시민군 궐기문 —

Theme 5·18 민주화 운동(1980)

Keyword 분석
- 자료는 1980년 5·18 광주 민주화 운동 당시 광주 시민군이 발표한 '광주 시민군 궐기문'(1980. 5. 25)

Solution+ 5·18 민주화 운동(1980)

배경	신군부 세력의 비상 계엄 전국 확대
전개	신군부 세력 퇴진, 계엄령 철폐, 김대중 석방 등 요구 → 계엄군(공수부대)의 폭력 진압 및 발포 → 시민군 조직 및 대항
결과	계엄군에 의해 무력 진압됨
의의	· 필리핀·타이완 민주화 운동에 영향 · 5·18 민주화 운동 기록물 유네스코 세계 기록 유산 등재

[2021. 경찰간부후보] 난이도 ★★★

이제 본인은 <u>임기 중 개헌이 불가능</u>하다고 판단하고 현행 헌법에 따라 내년 2월 25일 본인의 임기 만료와 더불어 후임자에게 정부를 이양할 것을 천명하는 바입니다.

Theme 4·13 호헌 조치(1987)

Keyword 분석
1987년 4월 전두환 대통령은 당시 헌법에 규정된 대통령 간선제를 고수하겠다는 4·13 호헌 조치를 발표하였다.

[2022. 서울시 9급 2차, 2012. 국가직 7급] 난이도 ★★☆

국민합의 배신한 <u>4·13 호헌 조치는 무효임을 전 국민의 이름으로 선언</u>한다. 오늘 우리는 전 세계 이목이 우리를 주시하는 가운데 40년 독재정치를 청산하고 희망찬 민주국가를 건설하기 위한 거보를 전 국민과 함께 내딛는다. 국가의 미래요, 소망인 <u>꽃다운 젊은이를 야만적인 고문으로 죽여 놓고</u> 그것도 모자라 뻔뻔스럽게 국민을 속이려 했던 현 정권에게 국민의 분노가 무엇인지를 분명히 보여주고, 국민적 여망인 개헌을 일방적으로 파기한 <u>4·13 폭거</u>를 철회시키기 위한 민주장정을 시작한다.

Theme 6·10 국민 대회 선언문(1987) – 6월 민주 항쟁

Keyword 분석
- 자료는 6·10 국민 대회 선언문
- 4·13 호헌 조치는 무효라고 주장
- 꽃다운 젊은이를 야만적인 고문으로 죽여 놓고(박종철 고문 치사 사건)

Solution+ 6월 민주 항쟁(1987)

배경	· 부천 경찰서 성고문 사건(1986. 6.) · 서울대생 박종철 고문 치사 사건(1987. 1.) · 정부의 4·13 호헌 조치(1987. 4.)
전개	· 민주 헌법 쟁취 국민운동 본부 결성(1987. 5.) · "호헌철폐·독재 타도·민주헌법쟁취" 구호 → 시위 전개 · 시위 중 경찰 최루탄에 맞아 연세대생 이한열 중상(사망) · 민주 헌법 쟁취 범국민 대회(6·10 국민 대회) 개최
결과	· 여당 대통령 후보 노태우의 6·29 선언(1987. 6.) · 9차 개헌(1987. 10.) : 5년 단임의 대통령 직선제

[2021. 소방간부후보]

각계의 호헌 반대 민주 헌법 쟁취 주장을 전폭 지지하고 이를 실현하기 위한 국민적 행동을 조직 전개한다. 국민의 기본권을 철저히 억압하고 있는 현행 헌법과 유신 독재 국회와 국민대표기구가 아닌 독재기관이 입법한 집시법, 언기법, 형법과 국가보안법의 독소 조항, 노동법 등 모든 악법의 민주적 개정과 무효화 범국민운동을 실천한다.

Theme 6월 민주 항쟁(1987) 당시의 결의문

Keyword 분석

자료는 6월 민주 항쟁 당시의 결의문 내용이다. '호헌(4·13 호헌 조치) 반대'라는 내용을 통해 알 수 있다.

[2018. 교행 9급]

1. 당일 10시 각 본부별 종파별로 고문살인 조작 규탄 및 호헌철폐 국민대회를 개최한 후 오후 6시를 기하여 성공회 대성당에 집결, 국민운동 본부가 주관하는 국민대회를 개최한다.
2. (1) 오후 6시 국기 하강식을 기하여 전국민은 있는 자리에서 애국가를 제창하고
   (2) 애국가가 끝난 후 자동차는 경적을 울리고
   (3) 전국 사찰, 성당, 교회는 타종을 하고
   (4) 국민들은 형편에 따라 만세 삼창(민주헌법 쟁취 만세, 민주주의 만세, 대한민국 만세)을 하던지 제자리에서 11분간 묵념을 함으로써 민주쟁취의 결의를 다진다.
   - 국민운동본부, 「국민대회 행동요강」 -

Theme 6월 민주 항쟁(1987)

Keyword 분석

고문 살인 조작(박종철 고문 치사 사건) 규탄, 호헌 철폐 국민 대회 개최 등의 힌트를 통해 자료에 해당하는 민주화 운동이 1987년에 전개된 6월 민주 항쟁임을 알 수 있다.

[2021. 경찰간부후보, 2018. 국회직 9급]

- 여야 합의 하에 조속히 대통령 직선제 개헌을 하고 새 헌법에 의해 대통령 선거를 통해 평화적 정부 이양을 실현토록 해야겠습니다.
- 직선제 개헌이라는 제도의 변경뿐만 아니라, 이의 민주적 실천을 위하여는 자유로운 출마와 공정한 경쟁이 보장되어 국민의 올바른 심판을 받을 수 있는 내용으로 대통령 선거법을 개정하여야 합니다.
- 우리 정치권은 물론 모든 분야에 있어서의 반목과 대결이 과감히 제거되어 국민적 화해와 대단결을 도모하여야 합니다. 그러한 의미에서 과거에 어떠하였던 간에 김대중씨도 사면·복권되어야 한다고 생각합니다.

Theme 6·29 민주화 선언(1987)

Keyword 분석

1987년에 일어난 6월 민주 항쟁의 결과 전두환 정부는 국민의 민주화 요구에 굴복하여 여당 대통령 후보인 노태우를 통해 대통령 직선제 개헌, 기본권 보장 등을 주요 내용으로 하는 6·29 민주화 선언을 발표하였다. 이에 따라 5년 단임의 대통령 직선제를 핵심으로 하는 헌법 개정(제9차 개헌)이 이루어졌고, 국민이 직접 대통령을 선출하게 되었다.

Solution+ 6·29 민주화 선언 요약

- 대통령 직선제 개헌을 통한 평화적 정부 이양 보장
- 김대중 사면 복권과 시국 관련 사범 석방
- 개헌안에 기본권 강화 조항 보완
- 언론 관련 제도 개선 및 언론의 자율성 최대 보장
- 지방 자치 및 교육 자치 실시

[2023. 법원직 9급, 2019. 소방직]

저는 이 순간 엄숙한 마음으로 헌법 제76조 1항의 규정에 의거하여, 「금융실명 거래 및 비밀 보장에 관한 대통령 긴급명령」을 반포합니다. 아울러 헌법 제47조 3항의 규정에 따라, 대통령의 긴급명령을 심의하기 위한 임시국회 소집을 요청하고자 합니다. … (중략) … 이 시간 이후 모든 금융 거래는 실명으로만 이루어집니다.

Theme 금융 실명제(1993)

Keyword 분석
- 자료는 1993년 8월 12일 김영삼 대통령의 금융 실명제 실시 관련 담화문
- 김영삼 정부는 대통령 긴급 명령으로 금융 거래를 실제 거래자 이름으로 하는 금융 실명제 실시

[2024. 서울시 9급]

광역 및 기초 단체장과 의원을 뽑는 이번 선거를 계기로, 우리나라는 전면적인 지방자치를 실시하게 됩니다. …… 지방자치는 주민 개개인의 건설적 에너지가 지역 발전으로 수렴이 되고, 나아가서 국가발전으로 이바지하는 데 참뜻이 있습니다.

Theme 지방 자치제 전면 실시

Keyword 분석
김영삼 정부 때 지방 자치제 전면 실시(1995)

[2016. 교육행정직 9급]

친애하는 7천만 국내외 동포 여러분, 노태우 대통령을 비롯한 전직 대통령, 그리고 이 자리에 참석하신 내외 귀빈 여러분. 오늘 우리는 그렇게도 애타게 바라던 문민 민주주의의 시대를 열기 위하여 이 자리에 모였습니다. 오늘을 맞이하기 위하여 30년의 세월을 기다려야 했습니다. 마침내 국민에 의한, 국민의 정부를 이 땅에 세웠습니다. 오늘 탄생되는 정부는 민주주의에 대한 국민의 불타는 열망과 거룩한 희생으로 이루어졌습니다.

— ○○○ 대통령 취임사 —

Theme 김영삼 정부(문민 정부) 출범(1993. 2.)

Keyword 분석
- 자료는 1993년 2월 25일 14대 대통령(김영삼) 취임사
- 문민 민주주의 시대(문민 정부)

Solution+ 김영삼 정부(1993~1998) 시기의 주요 정책
- 금융 실명제 실시(1993)
- 공직자 윤리법(1981) 개정(1993) → 고위 공무원 재산 등록 의무화(1993)
- 부동산 실명제 도입(1995)
- 지방 자치제 전면 실시(1995, 지방 자치 단체장 선거)

[2022. 경찰간부후보]

최근 국민의 사랑과 존경을 받아야 할 전직 대통령 두 분이 구속되는 헌정사상 처음 있는 일이 벌어졌습니다. … (중략) … 전직 대통령을 구속하고 재판하는 일은 국가적으로 불행하고 부끄러운 일입니다. 그러나 이러한 과정을 거치지 않으면 우리 역사는 바로 설 수 없습니다. … (중략) … '역사바로세우기'는 잘못된 과거를 바로 잡아 미래를 바로 세우려는 노력입니다. 그것은 바로 '나라 바로 세우기'인 것입니다. 이는 제가 대통령에 취임한 이래 일관되게 추진해 온 일입니다.

Theme 김영삼 정부의 역사 바로 세우기 운동

Keyword 분석
- 밑줄 친 '대통령'은 김영삼
- 김영삼 정부는 역사 바로 세우기라는 이름으로 하나회를 해체하고, 5·18 특별법을 제정하였으며, 전두환, 노태우 등 12·12 군사 반란 및 5·18 민주화 운동 진압 관련자를 처벌하였다.

Solution+ 김영삼 정부의 역사 바로 세우기 운동
- 총독부 건물 철거(1995)
- 하나회 해체, 12·12 사태를 '쿠데타적 사건'으로 규정
- 5·18 민주화 운동 희생자들을 위한 추모식 거행과 명예 회복
- 국민 학교를 초등학교로 개칭(1996)

CHAPTER 03 통일 정책과 평화 통일의 과제

[2020. 소방간부후보] 난이도 ★★☆

나는 조국의 평화 통일을 위한 기반 조성과 관련하여 북한 당국자들에게 무력과 폭력의 포기를 요구하고 그 대신 남과 북이 각기 평화와 번영을 위해 선의의 경쟁을 할 것을 제의한 바 있습니다. 금년 5월 2일 이후락 중앙정보부장이 나의 뜻에 따라서 평양을 방문하여 … (중략) … 역사적인 성명이 서울과 평양에서 동시에 발표되었습니다.

Theme 7·4 남북 공동 성명(1972)

Keyword 분석
- 밑줄 친 '성명'은 1972년에 발표된 7·4 남북 공동 성명
- 박정희 대통령은 이후락 중앙 정보 부장을 비밀리에 북한에 보내 김일성을 만나게 하였고, 이러한 남북 간의 비밀 접촉으로 1972년 7월 '7·4 남북 공동 성명'이 서울과 평양에서 동시에 발표되었다.

[2018. 지방직 9급, 2018. 서울시 9급] 난이도 ★★☆

첫째, 통일은 외세에 의존하거나 외세의 간섭을 받음이 없이 자주적으로 해결하여야 한다.
둘째, 통일은 서로 상대방을 반대하는 무력행사에 의거하지 않고 평화적 방법으로 실현하여야 한다.
셋째, 사상과 이념, 제도의 차이를 초월하여 우선 하나의 민족으로서 민족적 대단결을 도모하여야 한다.

Theme 7·4 남북 공동 성명(1972)의 통일 3대 원칙

Keyword 분석
- 통일 3대 원칙 : 자주, 평화, 민족적 대단결

Solution+ 7·4 남북 공동 성명(1972. 7.)

과정	남북한 정부 당국이 비밀 접촉을 거쳐 서울과 평양 동시 발표
내용	· 통일 3대 원칙 : 자주, 평화, 민족적 대단결 · 남북 조절 위원회 구성(1972. 11.) · 서울·평양 간 상설 직통 전화 가설
의의	남북한 당국이 최초로 통일과 관련하여 합의 발표한 공동 성명

[2022. 법원직 9급, 2019. 국가직 7급] 난이도 ★★★

남과 북은 분단된 조국의 평화적 통일을 염원하는 온 겨레의 뜻에 따라, 7·4 남북 공동 성명에서 천명된 조국 통일 3대 원칙을 재확인하고, 정치 군사적 대결 상태를 해소하여 민족적 화해를 이룩하고, 무력에 의한 침략과 충돌을 막고 긴장 완화와 평화를 보장하며, … (중략) … 다음과 같이 합의하였다.
1. 남과 북은 서로 상대방의 체제를 인정하고 존중한다.
9. 남과 북은 상대방에 대하여 무력을 사용하지 않으며 상대방을 무력으로 침략하지 아니한다.
17. 남과 북은 민족 구성원들의 자유로운 왕래와 접촉을 실현한다.

Theme 남북 기본 합의서(1991, 노태우 정부 때)

Keyword 분석

기출 사료에는 생략되어 출제되었지만 남북 기본 합의서에는 남북 관계를 나라와 나라 사이의 관계가 아닌 통일을 지향하는 과정에서 잠정적으로 형성되는 특수 관계로 규정하였다는 내용을 기억해 두자.

Solution+ 남북 기본 합의서(1991. 12.)

정식 명칭	남북 사이의 화해와 불가침 및 교류·협력에 관한 합의서
내용	· 7·4 남북 공동 성명 재확인 · 상대방 무력 침략 ×(상호 불가침) · 상대방의 체제 인정 및 존중 · 남과 북 쌍방 사이의 관계를 '통일을 지향하는 과정에서 잠정적으로 형성되는 특수관계'로 규정 · 민족 내부 교류로서의 물자 교류 · 합작 투자 등 경제 교류 및 협력 · 판문점 남북 연락사무소 설치 · 군사 당국자 간 직통 전화 설치 · 남북 군사 공동 위원회 설치
의의	남북한 정부 간에 최초의 공식 합의서

> [2017. 경찰 2차]
> 1. 남과 북은 핵무기의 시험, 제조, 생산, 접수, 보유, 저장, 배치, 사용을 아니한다.
> 2. 남과 북은 핵에너지를 오직 평화적 목적에만 이용한다.
> 3. 남과 북은 핵재처리시설과 우라늄 농축시설을 보유하지 아니한다.
> … (후략) …

Theme 한반도 비핵화 공동 선언(1992)

Keyword 분석

자료는 한반도 비핵화 공동 선언의 일부 내용이다. 노태우 정부 때인 1992년 1월에는 남북한이 한반도 비핵화 공동 선언을 체결하여 한반도에서 핵무기의 시험과 생산, 보유를 금지하고 핵에너지는 오직 평화적 목적으로만 이용하기로 하였다.

Solution+ 노태우 정부(1988~1993)

여소야대 정국	1988년 4월 국회의원 선거에서 야당이 다수 의석 차지 → 민주 정의당 소수파 여당으로 전락
서울 올림픽 개최 (1988)	제24회 88 서울 올림픽 성공적 개최
북방 외교(정책) 추진	헝가리·폴란드와 수교(1989) → 소련과 수교(1990) → 중국과 수교(1992. 8.)
3당 합당 (1990)	· 여소야대 상황 타개 목적 · 민주 정의당(노태우) + 통일 민주당(김영삼) + 신민주 공화당(김종필) → 민주 자유당(민자당) 창당
지방 자치제 부분적 실시	1991년 지방 의회 선거가 실시되어 5·16 군사 정변 이후 중단되었던 지방 자치제 부분적 실시
국제 노동 기구(ILO) 가입	1991년 우리나라가 국제 노동 기구(ILO)의 가입국이 됨
통일 노력	남북한 유엔 동시 가입(1991. 9.) → 남북 기본 합의서 채택(1991. 12.) → 한반도 비핵화 공동 선언 채택(1992)

> [2022. 법원직 9급, 2018. 서울시 9급]
> 1. 남과 북은 나라의 통일 문제를 그 주인인 우리 민족끼리 서로 힘을 합쳐 자주적으로 해결해 나가기로 하였다.
> 2. 남과 북은 나라의 통일을 위한 남측의 연합제 안과 북측의 낮은 단계의 연방제 안이 서로 공통성이 있다고 인정하고, 앞으로 이 방향에서 통일을 지향시켜 나가기로 하였다.

Theme 6·15 남북 공동 선언(2000)

Keyword 분석

자료는 2000년에 김대중 대통령이 평양을 방문하여 김정일 국방 위원장과의 최초 남북 정상 회담을 통해 발표한 6·15 남북 공동 선언(2000)의 일부 내용이다. 남측의 연합제 안과 북측의 낮은 단계의 연방제 안의 공통성을 인정한 사실을 통해 알 수 있다.

Solution+ 6·15 남북 공동 선언(2000) 요약

· 통일 문제의 자주적 해결
· 남측의 연합제 안과 북측의 낮은 단계의 연방제 안의 공통성 인정
· 1국가 2체제 통일 방안 협의
· 이산가족 문제의 조속한 해결, 경제 협력

CHAPTER 04 경제 성장과 사회·문화의 변화

[2020. 법원직 9급] 난이도 ★★☆

제2조 본 법에서 귀속 재산이라 함은 …… 대한민국 정부에 이양된 일체의 재산을 지칭한다. 단, 농경지는 따로 농지 개혁법에 의하여 처리한다.
제3조 귀속 재산은 본 법과 본 법의 규정에 의하여 발하는 명령이 정하는 바에 의하여 국용 또는 공유재산, 국영 또는 공영 기업체로 지정되는 것을 제외하고는 대한민국의 국민 또는 법인에게 매각한다.

Theme 귀속 재산 처리법(1949. 12.)

Keyword 분석
- 1949년 12월 이승만 정부 때 제헌 국회에서 제정
- 귀속 재산이란 미군정이 적산(적의 재산)으로 접수한 일본인 소유의 재산을 말함.

Solution+ 귀속 재산의 처분

배경	• 광복 직후 미군정청이 일본인 재산을 동결하고 귀속 재산으로 접수 • 정부 수립 후 미군정이 관리하던 귀속 재산을 대한민국 정부로 이관
내용	• 1949년 12월 귀속 재산 처리법 제정 → 귀속 재산을 민간인 연고자들에게 매각 • 6·25 전쟁으로 중단되었다가 전후 재개되어 1958년 완료 • 귀속재산 불하 가격 : 시가의 1/4 ~ 1/5 정도, 상환 기간 최고 15년
한계	• 불하 과정에서 정경유착 발생 • 독점적 대기업 성장

[2023. 국가직 9급] 난이도 ★★★

나는 우리 국민이 선천적으로 타고난 재질을 최대한으로 활용하여 다각적인 생산 활동을 더욱 활발하게 하고, …(중략)… 공산품 수출을 진흥시키는 데 가일층 노력할 것을 요망합니다. 끝으로 나는 오늘 제1회 수출의 날 기념식에 즈음하여 …(중략)… 이 뜻깊은 날이 자립경제를 앞당기는 또 하나의 계기가 될 것을 기원합니다.

Theme 박정희 대통령의 제1회 수출의 날 치사(1964)

Keyword 분석
- 밑줄 친 '나'는 박정희 대통령
- 1964년 수출 1억 달러 달성 → 11월 30일을 수출의 날로 정함

Solution+ 박정희 정부 시기의 경제

3공화국
(1960년대~)
	• 1·2차 경제 개발 5개년 계획 추진(1962~1971)
	  - 경공업 중심, 수출 산업 성장
	  - 울산 정유 공장 건립(1964)
	  - 경인 고속도로 개통(1968)
	  - 경부 고속 국도 개통(1970)
	  - 마산 수출 자유지역 선정(1970)
	• 베트남 특수 : 경제 급속 성장
	• 새마을 운동 시작(1970)
	• 서독에 광부와 간호사 파견(1960년대~1970년대) : 실업 문제 해소와 외화 획득 목적

4공화국
(1970년대)
	• 3·4차 경제 개발 5개년 계획 추진(1972~1981)
	  - 중화학 공업 중심
	  - 포항 종합 제철 공장 완공(1973)
	  - 울산·거제 대규모 조선소 건립
	  - 창원·구미 공업 단지 건설
	  - 수출 100억 달러 달성(돌파)(1977)
	• 석유 파동
	  - 1차(1973) → 중동 건설 사업 진출(오일 달러 획득)로 극복
	  - 2차(1979) : 경제 불황 → 유신 체제 위협 요인으로 작용

MEMO